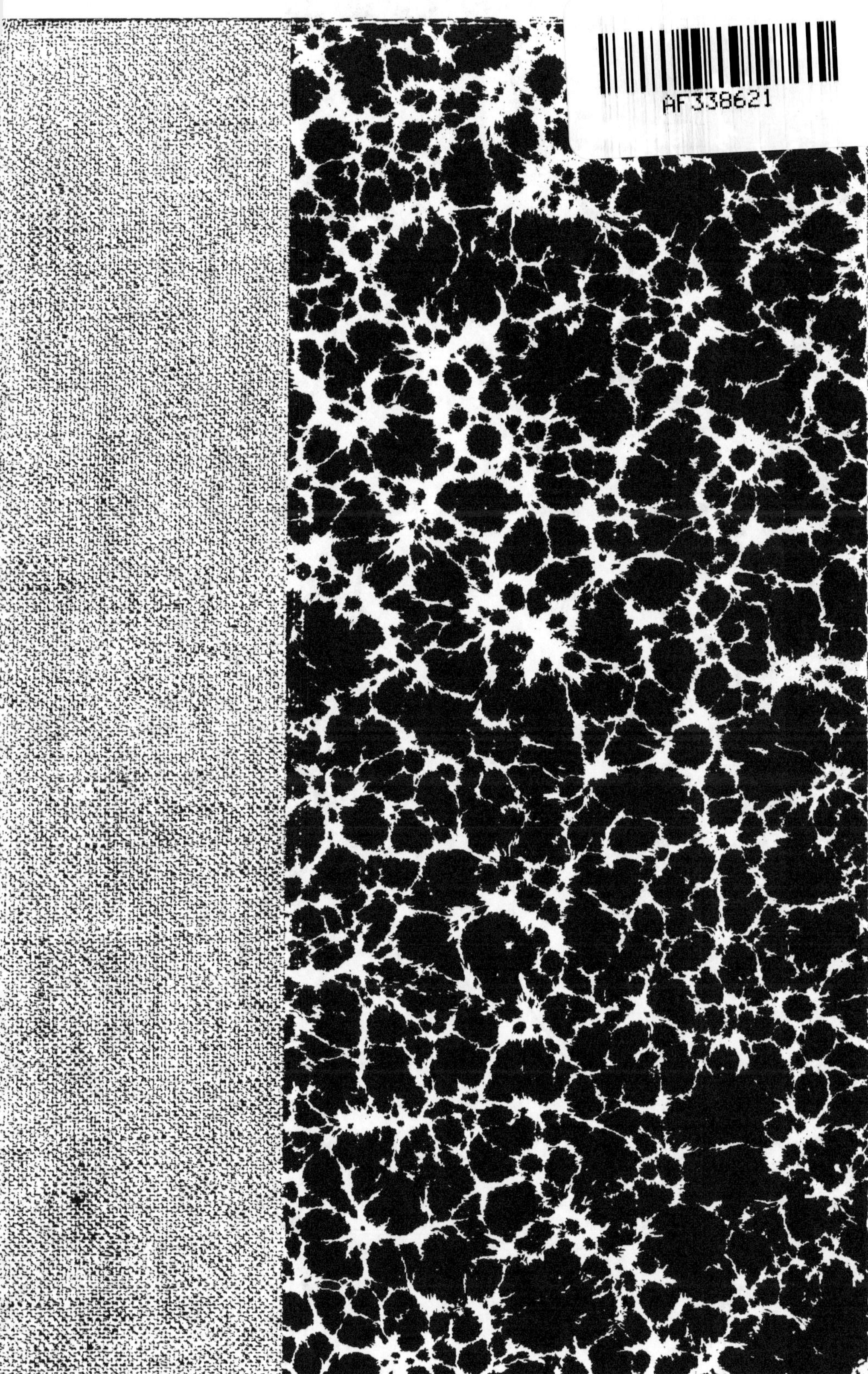
AF338621

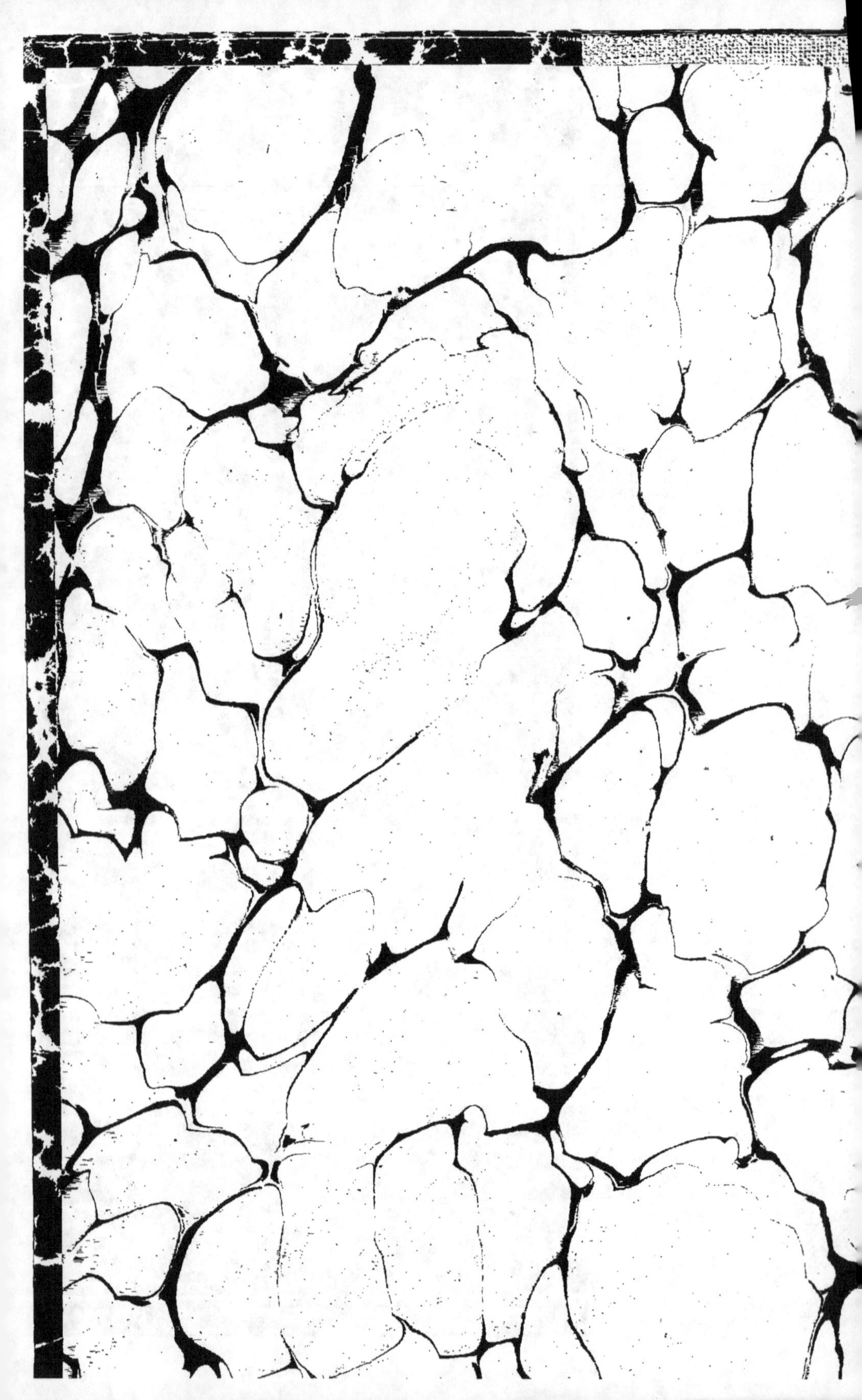

STEMPFER
1956

JOSEPH DAUTREMER

Consul de France,

Chargé de Cours à l'École des Langues Orientales

LA GRANDE ARTÈRE

DE LA CHINE

LE YANGTSEU

LIBRAIRIE ORIENTALE & AMÉRICAINE

E. GUILMOTO, Éditeur

6, Rue de Mézières, PARIS

LA GRANDE ARTÈRE

DE LA CHINE

LE YANGTSEU

BIBLIOTHÈQUE NATIONALE — R.F. — IMPRIMÉS

DU MÊME AUTEUR

L'Empire Japonais et sa vie économique. Un volume in-8º broché, avec illustrations et carte hors texte. . 6 fr.

Type de pont chinois.

JOSEPH DAUTREMER

Consul de France,
Chargé de Cours à l'École des Langues Orientales.

LA GRANDE ARTÈRE
DE LA CHINE

LE YANGTSEU

LIBRAIRIE ORIENTALE & AMÉRICAINE

E. GUILMOTO, Éditeur

6, Rue de Mézières, PARIS

LA GRANDE ARTÈRE

DE LA CHINE

LE YANGTSEU

CHAPITRE PREMIER

I. Le Yang-Tseu-Kiang et ses affluents. — II. La navigation sur le Yang-Tseu. — III. Essai de navigation à vapeur sur le haut-fleuve. IV. Les rives du fleuve et leur aspect; dangers de la navigation sur le haut-fleuve. — V. Climat. — VI. Les provinces arrosées par le Yang-Tseu et leurs productions. — VII. Origine des Chinois. — VIII. Caractère du Chinois.

I. — Le Yang-Tseu-Kiang, dit aussi Ta-Kiang (1) ou grand fleuve, et plus généralement connu des riverains

(1) Dans cet ouvrage, j'ai transcrit les noms chinois suivant l'orthographe française, par la raison bien simple qu'il n'existe pas, comme pour le japonais, de méthode internationale adoptée par tous les sinologues des divers pays et servant à transcrire les sons chinois. Cependant, pour les noms des ports ouverts, j'ai eu soin, à côté de l'orthographe française, de mettre entre parenthèses l'orthographe anglaise; car c'est sous cette dernière forme que les ports ouverts de la Chine sont connus des étrangers. La langue anglaise est le véhicule nécessaire,

sous le nom de Kiang, « le fleuve », le fleuve par excellence, prend sa source dans les montagnes du Thibet, et
se jette à la mer non loin du grand centre commercial de
Changhai. Il coule de l'ouest à l'est et, soit par lui-
même, soit par ses affluents, arrose les provinces du
Yunnan, du Sseu-Tchuen, du Kouei-Tcheou, du Houpe, du
Hounan, du Kiang-Si, du Ngan-Hoei, et du Kiang-Sou.
*Il parcourt donc la Chine dans toute sa largeur, de
l'occident à l'orient, et il a une longueur totale d'environ 4.845 kilomètres.*

Sur la rive droite, dans la province du Yunnan, la première qu'il traverse, il n'a pas d'affluents bien considérables, mais seulement de petits torrents peu longs et
peu larges qui viennent des hautes montagnes mêler leurs
eaux aux siennes.

Dans le Kouei-Tcheou, prend naissance la rivière Wou
qui s'unit au Yangtseu à quelque distance de Tchong-
King, dans la province du Sseu-Tchuen ; un autre
affluent, plus petit, le Li-Tchuen, se jette dans le fleuve un
peu en aval du précédent.

Dans la province du Hounan, la rivière Yuan constitue
un affluent indirect du grand fleuve en ce sens qu'elle
tombe dans le lac Tong-Ting, lequel communique avec le
Yangtseu au port de Yao-Tcheou ; il en est de même de la
rivière Siang, un peu à l'est de la dernière, et qui se dirige
aussi vers le lac Tong-Ting après avoir arrosé la capitale
de la province Tchang-Cha-Fou. Enfin, le dernier affluent

indispensable, des affaires en Extrême-Orient, et les maisons de commerce,
à quelque nationalité qu'elles appartiennent, traitent leurs opérations en
anglais. C'est un fait dont il faut tenir compte dans nos relations avec
la Chine, et nos négociants doivent se persuader que sans l'anglais ils ne
pourront rien entreprendre dans les ports de l'Empire chinois.

l'Empire du Milieu : c'est donc là qu'il est le plus inté-
sant d'étudier le caractère du Chinois et la vie chinoise.
En général les Chinois sont d'un caractère doux, calme
peu démonstratif; dans leurs manières il règne beaucoup
ffabilité et ils ne sont ni violents ni emportés. La modé-
ion de leurs allures se remarque même dans le peuple.
ssi lorsqu'un Européen a à traiter avec des Chinois, il
t bien se garder de se laisser aller à la fougue de son
npérament ; il lui faut être de grand sang-froid et maître
lui sous peine de passer pour un homme qui n'a pas
ducation. Toutefois, si, dans le commerce ordinaire de
vie, le Chinois est doux et paisible, lorsqu'on l'a offensé
levient violent et vindicatif à l'excès, et il ne se venge
nais qu'avec méthode ; il dissimulera son mécontente-
nt; il gardera vis-à-vis de son ennemi tous les dehors
la bienséance et de la mansuétude ; mais que se pré-
nte l'occasion de se venger, il la saisira sur-le-champ,
rès avoir attendu souvent des années pour exercer sa
ngeance.

Il est aussi menteur, et la bonne foi, la franchise n'est
s sa vertu favorite, surtout lorsqu'il doit traiter avec
Européen ; cependant il ne conviendrait pas d'être trop
vère avec lui sur ce chapitre ; car il pourrait peut-être
us retourner souvent à bon droit cette critique.

Ce que nous pouvons lui reprocher à plus juste titre,
est d'être sale; je sais bien qu'en Europe la propreté
est pas toujours et partout très en honneur ; cependant
ne crois pas que nous poussions la saleté au point où la
usse le Chinois. Chez nous, même le paysan, qui ne
end jamais de bain, change au moins de linge une fois
r semaine, c'est une espèce de propreté. Le Chinois, lui,

pendant la saison froide, accumule vêtement sur vêtement au fur et à mesure que la température baisse, et c'est à peine s'il se lave les mains et le bout du nez tous les matins. Dès que la saison chaude se fait sentir, il enlève ses fourrures également au fur et à mesure ; aussi une famille chinoise sent-elle horriblement mauvais. Je crois que les seuls habitants un peu propres du Céleste Empire sont les coolies qui, pour leurs efforts musculaires, étant vêtus légèrement, sont obligés de laver la sueur qui les couvre après leur travail ; mais on peut dire qu'en principe, le Chinois a peur de l'eau, surtout pour ses cheveux ; un pauvre diable même, n'ayant pas de parapluie, mettra sa veste autour de sa tête pour abriter ses cheveux et se laissera stoïquement mouiller le corps.

Quoique en général doux et poli, quand il a ses motifs de se mettre en colère, le Chinois devient violent et se livre à des outrances de langage qu'on ne pourrait pas rapporter même en latin. Le fond de sa nature est plutôt cruel, quoique caché sous des dehors aimables ; il est sans pitié pour le pauvre et le malade, il passera à côté d'eux sans s'arrêter ni se détourner. Que de fois dans mes voyages ai-je rencontré, dans les rues d'une ville, ou à la campagne sur les routes, des cadavres de gens morts sans que personne prenne garde à eux ! même des squelettes laissés sans sépulture ! Il va de soi que cette absence de pitié s'étend aux animaux.

Plus dépravé que le Japonais, le Chinois, à première vue, paraît cependant avoir une conduite meilleure ; ce n'est là qu'une apparence ; il est essentiellement licencieux mais toujours avec dissimulation. Quoique vicieux, il admire la vertu et la chasteté ; lorsque des veuves, par

Monument élevé à la mémoire d'une veuve fidèle.

exemple, ont vécu seules, pleurant leur mari défunt, il les honore après leur mort par des arcs de triomphe rappelant le dignité de leur vie. En fait de nourriture, à part les banquets de noces et de funérailles où il mange et boit à l'excès, il est généralement sobre et ne fait usage que du thé ou de l'eau.

Au point de vue commercial, sauf de très rares exceptions, il est admis par tous les Européens qui ont eu affaire à lui, que le Chinois est essentiellement honnête et qu'on peut compter sur sa parole, quoique l'argent ait sur lui un pouvoir d'attraction énorme. L'intérêt est le grand faible de la nation tout entière ; il est le mobile de toutes les actions ; dès qu'il se présente le moindre profit, rien ne coûte au Chinois, et il entreprendra les choses les plus pénibles ; l'intérêt, c'est là ce qui met la Chine dans un mouvement perpétuel, ce qui remplit les rues, les rivières, les grands chemins. Pour l'intérêt le Chinois fera tout. Entendez deux mandarins, deux commerçants, deux coolies causer dans la rue ; le mot *tsien*, argent, reviendra toujours dans la conversation.

CHAPITRE II

I. — Le Chinois est, en général, de bonne taille; la
teinte de sa peau, que nous qualifions de jaune, n'est
pas précisément de cette couleur; sur les côtes des provinces méridionales, à la vérité, les grandes chaleurs
donnent aux artisans, bateliers et gens de la campagne,
un teint basané et olivâtre; mais dans les provinces du
nord, ils sont à peu près aussi blancs que les Européens
et, sauf leurs yeux bridés, leur physionomie n'a rien de
rebutant; ils sont, en tout état de cause, bien mieux que
les Japonais.

Chez eux la maigreur est signe de laideur; un beau
Chinois doit être gros et dodu, bien rasé et avoir les joues
bien pleines; la queue tressée qu'ils portent en guise de
coiffure leur a été imposée par les conquérants mandchoux; car autrefois, sous les anciennes dynasties, ils
portaient leurs cheveux longs, relevés en chignon sur la

tête. Leurs vêtements sont de cotonnade pour les trav
leurs, de soie pour les gens de la bourgeoisie. Des p
talons attachés aux chevilles et une ample robe de fourr
en hiver forment leur costume habituel. Les femmes s
plus petites que les hommes ; elles portent une am
houppelande de cotonnade ou de soie suivant leurs moye
leur chevelure est huilée et abondamment ornée d'éping
et de fleurs. Autrefois on leur serrait les pieds dès la n
sance dans des bandelettes, afin de les empêcher
grandir ; mais cette coutume est aujourd'hui officiellem
abolie par décret impérial. La queue elle-même commer
à tomber en désuétude, et les Chinois qui vivent en Eur
l'ont tous coupée. Les soldats de la nouvelle armée l'
également supprimée. Ce qui relève beaucoup la gr
naturelle des dames chinoises, c'est une extrême modes
dans leur regard, leur attitude et leurs vêtements. Le
robes sont fort longues, leurs mains sont toujours cach
sous des manches très larges et si longues qu'elles tr
neraient presque jusqu'à terre si elles ne prenaient
soin de les relever. La couleur de leurs vêtements
rouge, bleue ou verte, selon leur goût ; les dames avanc
en âge s'habillent de noir ou de violet. Les vêteme
d'apparat sont magnifiquement brodés de fils d'or rep
sentant des dragons, des oiseaux et des fleurs.

Jamais les hommes n'ont la tête découverte ni la que
enroulée autour de la tête quand ils parlent à quelqu'u
ce serait une impolitesse.

II. — Les Chinois aiment la propreté dans leurs m
sons ; mais il ne faut pas s'attendre à y trouver quoi q
ce soit de bien luxueux ; leur architecture n'est pas f
élégante et ils n'ont guère, en fait de beaux bâtiments, q

les palais, les édifices publics, les arcs de triomphe et les temples. Les maisons des particuliers sont très simples et l'on n'y cherche que la commodité. Seuls, les riches y ajoutent quelques ornements de sculpture sur bois et de dorure qui les rendent plus riantes et plus agréables.

D'ordinaire, ils commencent par élever les colonnes et placer le toit; ils ne creusent pas de fondations. Les murailles sont de briques ou de terre battue; quelques-unes sont tout en bois et elles n'ont pas d'étages autres qu'un grenier pour mettre les grains ou les marchandises. La première pièce en entrant est le salon, où se trouvent les tablettes des ancêtres, les fleurs et les brûle-parfums; puis, derrière, une cour carrée autour de laquelle sont les différentes chambres de l'habitation; les appartements des femmes se trouvent tout au fond, dans l'endroit le plus retiré. Dans les maisons riches les demeures sont dissé-minées au milieu de jardins très compliqués : fleurs, arbres, rochers, petits lacs; sauf dans les pays du nord, la maison chinoise n'est pas chauffée; dans le nord, chaque maison a un poêle en briques dont le foyer est sous la maison; deux ouvertures extérieures permettent d'allumer le feu et de laisser passer la fumée.

Le mobilier chinois se compose, à peu de chose près, comme celui des maisons européennes, de lits, tables et chaises; un intérieur chinois ressemble fort à un intérieur européen et la *vie matérielle en Chine est pour un Européen bien plus confortable qu'au Japon.* Seulement la propreté manque parfois, notamment dans les auberges de voyageurs. Une auberge chinoise est quelque chose d'inénarrable comme saleté et il faut avoir passé par là pour s'en rendre compte.

III. — La nourriture du Chinois comporte deux aliments principaux : le riz et le porc ; c'est là la base du repas. Cependant les Chinois mangent aussi du poisson, de la volaille et des légumes. Quoique leurs viandes et leurs poissons se servent coupés en morceaux et bouillis, leurs cuisiniers ont l'art d'assaisonner les mets de telle sorte qu'ils sont assez agréables au goût.

Pour faire leurs bouillons, ils emploient de la graisse de porc (qui sert à tous les usages culinaires) ; pour apprêter les viandes, ils les coupent en morceaux dans des vases de porcelaine, puis ils achèvent de les cuire dans la graisse. En toute saison il croît une quantité d'herbes et de légumes qu'on ne connaît point en Europe et qu'on emploie aussi pour les sauces. Les cuisiniers de France seraient surpris de voir que les Chinois ont porté l'invention en matière d'assaisonnements encore plus loin qu'eux et à bien moins de frais. Ainsi, avec de simples fèves qui croissent dans leur pays, et avec la farine qu'ils tirent du riz ou du blé, ils préparent une infinité de mets tous différents les uns des autres à la vue et au goût ; ils diversifient leurs ragoûts en y mêlant diverses épices et des herbes fortes.

Leurs mets les plus délicieux et le plus souvent servis dans un repas prié sont les ailerons de requin, les nids d'hirondelle et les nerfs de cerf. Pour ces derniers, ils les exposent au soleil pendant l'été et, pour les conserver, les enferment avec du poivre et de la cannelle ; quand ils veulent en régaler leurs amis, ils les amollissent en les trempant dans l'eau de riz, et les ayant fait cuire dans du jus de chevreau, ils les assaisonnent de plusieurs sortes d'épices.

Les nids d'hirondelles sont une espèce de colle de poisson dont certains oiseaux bâtissent leurs nids sur les côtes d'Annam et surtout de Java et de Bornéo ; c'est bien cher, parce que c'est assez rare et surtout difficile à se procurer. D'ailleurs ce mets n'a aucun goût et c'est, comme dit le proverbe, la sauce qui fait passer le poisson.

Quant aux ailerons de requin, les voyageurs qui ont été en Chine se rappellent en avoir vu en abondance dans toutes les villes, suspendus aux plafonds des boutiques, chez les marchands de victuailles, en compagnie de canards aplatis et fumés. On les mange en sauce dans la graisse de bœuf ; c'est très gluant et plutôt lourd à digérer.

Un des mets recherchés des Chinois est également l'œuf pourri, c'est-à-dire cuit sous terre dans une couche de chaux, cela vous a un fort goût d'acide qui rebute bien des Européens ; j'avoue que, personnellement, j'ai trouvé cela exquis.

La Chine du Nord et les pays montagneux du centre produisent du blé et de l'orge, mais néanmoins c'est de riz que se nourrit le plus généralement le Chinois. Le riz pousse d'ailleurs à une latitude assez élevée et on peut dire que toute la Chine en fournit.

Comme boisson, le plus souvent, ils consomment du thé chaud ; cependant ils ne laissent pas de boire de l'alcool et la Chine en fournit en abondance. Le plus commun est celui de riz fermenté qui se fabrique et se boit dans tous les pays de civilisation chinoise, depuis le Japon jusqu'au Siam ; et le plus renommé en Chine est l'alcool de Chao Ching. Vers le nord on en fait avec le Kao Léang ou sorgho ; il est excessivement fort et enivre rapidement.

Dans les montagnes du Yunnan, du côté de Li Kiang fou, on prépare un alcool exquis avec du riz gluant; on dirait du Xérès et j'en ai rapporté moi-même à dos de mulet depuis Tali fou jusqu'à Lao Kay; il se conserve admirablement.

IV. — La famille chinoise est la base de la société; la tribu est la cellule organique du vaste empire des Célestes, et le plus ancien dans la tribu, l'aïeul ou le bisaïeul, le père, dans la famille, sont les véritables gouvernants. Car ici, l'État, contrairement à ce qui se passe dans beaucoup de pays qui se croient plus civilisés que la Chine, se contente du minimum de contact avec l'individu. Il réclame l'impôt, les honneurs dus à l'Empereur et le respect aux autorités; quant au reste il n'en a cure. Les familles, guidées par leurs chefs naturels, se conduisent comme elles veulent; le mandarin n'intervient pas, à moins d'en être prié, dans les affaires des particuliers. La justice, le châtiment le plus terrible, la mort, sont du ressort du père de famille; il a les mêmes pouvoirs que le paterfamilias romain. En 1893 j'ai vu, au Kiang Si, un jeune homme de vingt ans condamné à mort par le conseil de famille présidé par le père. Ce jeune homme était un paresseux et un débauché; plusieurs fois on lui avait pardonné et on avait essayé de le remettre dans le droit chemin; comme on n'y pouvait réussir il fut jugé et condamné. Le malheureux n'eut aucune révolte, d'ailleurs; il se soumit avec le flegme de tout Chinois devant la mort et fut jeté dans le lac Poyang une pierre au cou. J'ajouterai, au reste, que je crois ce fait assez rare, ou plutôt, s'il n'est pas rare, il se passe avec moins d'apparat et déploiement de cérémonies.

La famille, base de la société, n'existe pas seulement dans le présent, elle existe dans le passé et le culte des ancêtres est la forme sous laquelle on honore les aïeux disparus. Toute famille chinoise est une chaîne ininterrompue, de mâle en mâle ; aussi le Chinois qui n'a pas d'enfant mâle, adopte-t-il le fils d'un parent, d'un ami ; au besoin, il se rend en cachette à l'orphelinat des enfants trouvés où il en choisit un qu'il fera passer pour son fils. Une famille sans postérité masculine est une famille méprisée et malheureuse.

Le premier principe, la pierre fondamentale de leur état politique est ce sentiment de piété filiale qu'ils gardent vivace jusqu'après la mort de leurs pères à qui ils continuent de rendre les mêmes devoirs que pendant leur vie ; il faut y joindre l'autorité absolue que les pères ont sur leurs enfants. De là vient qu'un père vit malheureux s'il ne marie pas tous ses enfants ; qu'un fils manque au premier devoir de fils s'il ne laisse une paternité qui perpétue la famille ; qu'un frère aîné, n'eût-il rien hérité de son père, doit élever ses cadets et les marier, parce que, si la famille venait à s'éteindre par leur faute, les ancêtres seraient privés des honneurs et des devoirs que leurs descendants doivent leur rendre ; et parce qu'en l'absence du père, le fils aîné sert de père à ses cadets.

Si le père, ou, à son défaut, le frère aîné joue le rôle important dans la famille, il n'en est pas de même de la femme. La femme, en Chine ne compte pas et la naissance d'une fille dans la famille est presque considérée comme un malheur. Si on ne les supprime point toutes, c'est qu'il en faut bien pour avoir des garçons. On peut dire, sans exagération, que la condition de la femme en

Chine est terrible. Quand il s'agit de la marier, sa famille lui signifie simplement qu'elle épousera le fils de telle autre famille (jusque-là c'est un peu la coutume française). Mais quand elle est mariée, elle est la domestique, l'humble servante de toute la famille de son mari. Aucune intimité, aucune tendresse entre le mari et la femme. Le mari va à ses affaires toute la journée et la femme reste à la maison sous l'autorité de sa belle-mère qui lui rend la vie insupportable, surtout si elle n'a pas bientôt un fils. Aussi n'est-il pas rare de voir de jeunes femmes se suicider de désespoir peu de temps après leur mariage.

Si le Japon est le paradis des enfants (1), on ne peut en dire autant de la Chine ; aussi, dans ce dernier pays, les enfants craignent, mais n'aiment pas leurs parents. Ceux-ci les élèvent en vue de la continuité de la famille, non pour eux-mêmes et pour les rendre heureux. La tendresse n'est pas le fort du Chinois. Au Japon on voit les enfants gais, souriants, gentils, débrouillards déjà, courir les rues et les parcs, les tout petits portés avec amour par la maman ou la grande sœur ; en Chine on voit d'affreux petits magots empaquetés dans plusieurs couches de vêtements, avec des visages graves, presque mélancoliques ; ce n'est pas étonnant, personne ne leur sourit jamais.

V. — Le Chinois n'est pas religieux ; l'ensemble de la nation prend pour guide le code des livres sacrés, refondus par Confucius et commentés par plusieurs philosophes. Aucun peuple, soit en Europe, soit en Amérique, ancien ou d'âge relativement moderne, n'a possédé un plus beau code de morale que les *King* ou livres sacrés.

____

(1) Cf. *L'Empire japonais*, par J. DAUTREMER, ch. v, p. 68 et suiv.

Aucune idée licencieuse, aucun sacrifice humain, aucune orgie ; au contraire, le respect des parents, l'humilité, l'amour du travail et la justice : la morale chinoise est parfaitement belle, mais malheureusement aujourd'hui elle n'est plus pratiquée. Le Bouddhisme, qui a pénétré en Chine, y a encore de nombreux temples et de nombreux fidèles, mais il a dégénéré en une religion de superstitions extraordinaires, propagées, selon toute vraisemblance, par les disciples de Lao-Tseu, philosophe qui vivait en 600 avant J.-C. ; il a précédé Confucius, qui cependant l'a connu. La superstition existe dans tous les actes de la vie chinoise : elle fait partie de la nature même du Chinois, mais si elle a saisi son âme à un tel point, cela vient des Taoistes ou prêtres du Tao. Le Tao est la voie droite, le chemin à suivre, expliqué par Lao-Tseu dans son livre le Tao-te-king ou livre pour arriver à connaître la voie. D'un caractère philosophique et moral fort élevé, ce livre n'a jamais été bien compris par ceux qui se sont intitulés les disciples de Lao-Tseu ; et aujourd'hui leurs successeurs ou prêtres du Tao sont de vulgaires charlatans, qui remplissent la profession de devins.

La superstition qui tient le plus au cœur des Chinois est le *feung chouei*, littéralement le vent et l'eau ; si l'on construit une maison, il faut consulter le devin pour savoir si le vent et l'eau sont favorables ; si, par exemple, votre voisin bâtit une maison et qu'elle ne soit pas tournée comme la vôtre, mais que l'angle qui fait la couverture prenne la vôtre en flanc, c'en est assez pour croire que tout est perdu ; la seule précaution qui vous reste à prendre, c'est de faire élever un dragon de terre cuite sur votre toit ; le dragon jette un regard terrible sur l'angle qui vous menace et ouvre une large gueule pour engloutir le mauvais feung chouei ; alors vous êtes en sûreté ; ou bien, devant la porte de votre maison, à deux ou trois mètres de distance, vous faites construire un mur sur lequel un fin lettré inscrira en énormes lettres le caractère *fou* (bonheur). Vous êtes sauvé.

On pourrait raconter beaucoup d'autres absurdités semblables sur ce qui regarde la situation des maisons, l'endroit où il faut mettre la porte, le jour et la manière dont on doit bâtir le fourneau ou faire cuire le riz ; mais où le feung chouei triomphe, c'est en ce qui concerne les sépultures ; il y a des charlatans qui font profession de connaître les montagnes et les collines dont le séjour est favorable ; ils prennent leurs mesures, consultent les astres, exécutent une foule de simagrées et se les font payer très cher ; car lorsqu'ils ont déclaré tel endroit propice, il n'est pas de somme que le Chinois ne sacrifie pour posséder cet endroit.

Les Chinois regardent le feung chouei comme quelque chose de plus précieux que la vie même, persuadés que le bonheur ou le malheur de la vie dépend de lui uniquement. Si quelqu'un réussit dans ses affaires, si un jeune homme passe brillamment ses examens, ce n'est ni son esprit, ni son habileté, ni sa probité, ni son travail qui en est la cause : c'est parce que la maison est heureusement située, c'est parce que la sépulture de ses ancêtres est dans un admirable feung chouei.

D'autres superstitions sont d'un usage journalier ; par exemple : une jonque ne commencera pas un voyage sans faire partir des pétards et brûler de l'encens ; dans le Yunnan la mule qui précède la colonne porte sur sa tête un petit drapeau rouge avec une invocation pour qu'il n'arrive pas malheur en route à la caravane. Quand un Chinois meurt, il faut désenchanter sa chambre, sans quoi elle deviendrait inhabitable pour un autre. Les Chinois attribuent tous les effets les plus communs à quelque mauvais génie, et ils tâchent de l'apaiser par des cérémonies : tantôt ce sera quelque idole ou plutôt le démon qui habite dans l'idole ; tantôt ce sera une haute montagne, ou un gros arbre, ou un dragon imaginaire qu'ils se figurent dans le ciel ou au fond de la mer ; ou bien, ce qui est encore plus extravagant, ce sera quelque bête malfaisante qui prend la forme des hommes pour les tromper : un renard, un singe, une tortue, une grenouille. Aussi, que d'encens et de pétards faut-il brûler pour se rendre ces génies propices !

Ces superstitions, qui nous apparaissent naturelles dans l'Inde, par exemple, avec bien d'autres encore, par suite de la nature tropicale, féroce et écrasante, et du caractère exalté des habitants, nous semblent assez bizarres, au contraire, en Chine où la nature est calme et l'homme très froid.

VI. — Les divertissements du Chinois sont le théâtre et la musique ; divers jeux tels que le cerf-volant, les échecs, les cartes, les dominos ; mais il a parfaitement horreur des jeux violents tels que nous les pratiquons en Europe. Le théâtre est ambulant, il n'existe pas, comme en Europe et comme au Japon, de constructions spéciales où se donnent les représentations. Les troupes parcourent le pays et là où elles sont louées par un mandarin, par un négociant riche, elles s'installent. Des bambous et des planches, et voilà le théâtre construit. Les femmes ne

jouent pas et leur rôle est rempli par de jeunes garçons.
La pièce dure généralement plusieurs jours, et les représentations commencent le matin pour finir le soir. Les acteurs sont revêtus de costumes bariolés et dorés ; la musique qui les accompagne est une cacophonie épouvantable à laquelle des oreilles européennes ne peuvent résister.

Si les jeux de force et d'adresse sont peu prisés en Chine, par contre le jeu de hasard y est universel. Dans toutes les maisons de mandarins ou de bourgeois on joue ; les dames au fond de leur appartement fermé jouent ; le coolie dans la rue joue. Des maisons de jeu sont ouvertes à tout venant dans toutes les villes chinoises, et le passant peut voir, au coin d'une rue, deux ou quatre ou six porteurs de chaises attendant la pratique et jouant leur dernière sapèque. Ce goût du jeu a amené des négociants chinois à spéculer et à se ruiner ; ils rattrapent d'ailleurs parfois leur fortune en quelques mois. Un des amusements favoris des enfants comme des grandes personnes est le cerf-volant ; ils le font de papier et de soie, et ils imitent parfaitement les oiseaux, les papillons, les lézards, les poissons, la figure humaine ; le jour principal dans l'année pour enlever les cerfs-volants est le neuvième jour du neuvième mois.

Le jeu d'échecs est, paraît-il, très ancien et remonterait à Ou-Wang qui régnait en l'an 1120 avant J.-C. Il ne diffère pas beaucoup, d'ailleurs, du nôtre et renferme les mêmes pièces.

J'ai eu occasion de signaler le dédain qu'a le Chinois pour tout sport qui exige de la force ou de l'énergie. Il n'en était pas ainsi autrefois, lorsqu'il avait à combattre et à lutter pour la conquête intégrale du pays qu'il habite aujourd'hui ; il a déployé dans les débuts et au milieu de sa période historique des qualités de force et d'adresse, des vertus militaires qui ne le cèdent en rien à celles d'aucun pays ; mais lorsqu'il s'est trouvé seul maître, lorsqu'il n'a plus eu d'ennemis à vaincre, il s'est efféminé, a délaissé les exercices physiques qui font les soldats robustes. C'est à cette époque de paix prolongée qu'il a sans doute trouvé ce proverbe : *On ne prend pas de bon acier pour en faire un clou; on ne prend pas un honnête homme pour en faire un soldat.*

Il verra sous peu que, si on continue à ne pas prendre de l'acier pour en faire des clous, il faut, de toute nécessité, prendre les honnêtes gens pour en faire les défenseurs du pays. Les pays d'Europe qui ne veulent plus de soldats feront bien de méditer sur l'état de décomposition de la Chine, trop longtemps plongée dans une paix profonde où elle va se dissolvant.

VII. — Le Chinois est essentiellement démocratique ; un Chinois est l'égal de n'importe quel autre Chinois ; pas de noblesse, pas de titres héréditaires ; la seule suprématie, la seule noblesse est celle des lettres, et tout fils du Ciel peut y arriver par son travail et son intelligence. Il est soumis aux ordres impériaux, a le respect du trône et des mandarins que le trône lui envoie pour l'administrer, mais encore faut-il pour obtenir de lui ce respect que les mandarins soient justes et probes. Si un mandarin se conduit mal, par exemple, il sera saisi par les notables, mis dans une chaise à porteurs, avec tous les honneurs qui sont dus à son rang et porté en dehors de la ville ; puis une pétition sera adressée au vice-roi de la pro-

vince pour avoir un remplaçant plus digne de l'emploi.
Si, au contraire, un mandarin a mérité l'amour et la
confiance du peuple, lorsqu'il quitte sa résidence pour
gagner un autre poste, le peuple lui demande respectueu-
sement ses bottes, et, en signe de respect, les suspend à
la porte par laquelle il quitte la ville, témoignant par là
son désir de le voir revenir.

En général le fonctionnaire chinois ne s'occupe guère de
ses administrés, et le peuple fait à peu près ce qu'il veut
pourvu qu'il paye ce qu'on lui demande, qu'il se tienne
tranquille et laisse le mandarin grossir en paix sa fortune.
Cependant, quand un impôt supplémentaire est décidé par
le vice-roi pour un motif quelconque (chose qui arrive
encore assez souvent), le peuple ne se soumet pas toujours;
j'ai vu le cas à Hankeou. Le vice-roi avait décidé que
chaque porc tué payerait une taxe provinciale de tant de
sapèques pendant tant de temps, afin de subvenir à un
besoin quelconque de l'administration. Le jour où on
voulut appliquer ce décret à Hankeou, pas un cochon ne
fut tué, et cela dura ainsi plusieurs jours; le peuple se
priva, mais aucun fonctionnaire n'eut de porc. Or, comme
cet animal forme, chair et graisse, la base de la nourriture
chinoise, les fonctionnaires et leurs familles furent cruellement privés; rien n'y fit : il fallut rapporter l'édit.

CHAPITRE III

I. — De tout temps le Chinois a été essentiellement commerçant; les richesses particulières de chaque province de l'Empire et la facilité avec laquelle les marchandises circulent grâce aux nombreux canaux et rivières qui couvrent tout le territoire de leur réseau mouvant, ont rendu le commerce très florissant; chaque province, étant, pour ainsi dire, comme un état indépendant des autres, communique à ses voisines ses ressources, et c'est cet échange incessant de denrées et de produits divers qui unit entre eux les habitants et porte l'abondance dans toutes les villes.

A cet échange se bornait le commerce d'autrefois, avant la venue des Européens. A part, en effet, quelques relations commerciales par les caravanes avec l'Asie antérieure et aussi avec l'Empire romain, les Chinois ignoraient l'Europe. Les véritables relations avec les Occidentaux ne commencèrent d'une façon effective qu'à l'avènement de la dynastie actuelle des Tsing (traité avec la Russie 1689 ; mission de lord Macartney 1795 ; ambassade de lord Amherst 1816).

Dès 1702, la Compagnie anglaise des Indes avait envoyé à Canton un agent avec le titre de consul ; les Hollandais et les Portugais faisaient le commerce à Canton et à Formose. Toutefois ce n'est qu'en 1840, après des difficultés qui duraient déjà depuis de nombreuses années, difficultés suscitées par la mauvaise volonté et l'animosité des autorités chinoises, que les Anglais se décidèrent à frapper un grand coup, à la suite duquel l'Empire chinois fut ouvert au commerce de toutes les nations étrangères, événement que consacra le traité anglo-chinois signé à Nankin le 29 août 1842 par Sir Henry Pottinger et les délégués chinois ; ce traité stipulait l'ouverture au commerce étranger des ports de Canton, Amoy, Fou-Tcheou, Ning-Po, Changhai. La France suivit l'Angleterre, les autres puissances imitèrent ces dernières, et peu à peu, à la suite de guerres ou de négociations, la Chine en est arrivée, à l'heure actuelle, à être à peu près entièrement ouverte au commerce de toutes les nations d'Europe et d'Amérique.

Le Chinois a toujours passé, et passe encore aux yeux des Européens pour un commerçant honnête ; mais il faut entendre ceci d'une certaine façon : c'est-à-dire que, lorsque le négociant chinois vous a donné sa parole, il s'exécute ; pas n'est besoin de contrat par écrit ; mais, d'un autre côté, si vous discutez une affaire avec lui, avant d'arriver à une conclusion, soyez persuadé que le

Chinois essayera de vous tromper le plus possible, et qu'il sera on ne peut plus aise d'y avoir réussi. Une fois, cependant, le marché conclu, si, contrairement à ce qu'il avait espéré, les chances tournent contre lui, il s'exécutera quand même. C'est là sa grande supériorité sur son voisin japonais qui, lui, n'a aucune probité commerciale.

II. — Les principales productions qui intéressent le commerce européen en Chine sont d'abord : la soie dont les marchés, actuellement, se trouvent à Changhai et à Canton. Quoique plusieurs provinces fournissent de fort belle soie, cependant celles du Tche-Kiang, du Chan-Tong et de Canton sont les plus appréciées. Les soies du Tche-Kiang et de Canton proviennent des cocons de vers à soie du mûrier; celles du Chan-Tong, au contraire, sont des soies provenant du ver à soie d'une espèce de chêne, cette soie est brune : c'est le pongée du Chan-Tong.

Les Chinois jugent de la bonne soie par sa blancheur, par sa douceur et sa finesse. Si, en la maniant, elle est rude au toucher, c'est mauvais signe. Souvent, pour lui donner belle apparence, ils l'apprêtent avec une certaine eau de riz mêlée de chaux qui la brûle et qui fait que, lorsqu'elle arrive en Europe, on ne peut dévider les écheveaux sans les rompre constamment. La soie du Tche-Kiang se travaille dans la province du Kiang-Nan, principalement à Nankin, et c'est dans cette province que les bons ouvriers se rendent; cependant, les ouvriers de Canton ne le leur cèdent en rien, depuis surtout que les étrangers y font ce commerce. Aujourd'hui plusieurs fabriques de soie montées à l'européenne existent à Changhai et dans d'autres villes; j'en parlerai plus loin.

Les pièces de soie dont les Chinois se servent davantage sont les gazes unies et à fleurs dont ils se font des vêtements d'été, des damas de toutes sortes et de toutes les couleurs; des satins rayés; des satins noirs de Nankin; des taffetas à gros grains; des crêpons; des brocarts, et différentes espèces de velours.

Avec la soie du Chan-Tong ils font une étoffe fort serrée, qui ne se coupe point, dure beaucoup, se lave comme de la toile; quand elle est tout à fait bien préparée, elle est fort estimée des indigènes et elle est quelquefois aussi chère que les étoffes de satin et que les étoffes de soie les mieux fabriquées.

Les puissances occidentales qui font la plus grande exportation de soie sont : la France, la Suisse, l'Italie et les États-Unis. Autrefois, c'était à Londres que s'amoncelaient les balles, c'était Londres qui était le grand marché des soies; mais aujourd'hui Lyon, d'abord, et Milan, puis Zurich exportent directement sans passer par le marché anglais.

III. — L'opium est une des productions dont la culture était à un moment donné, devenue intense dans beaucoup de provinces de la Chine. La drogue est venue de l'Inde et a été introduite par les Anglais qui l'ont pour ainsi dire imposée, puisque c'est par suite de la destruction de caisses d'opium importées à Canton par la Compagnie des Indes qu'a éclaté la guerre de l'Angleterre contre la Chine en 1840. Aujourd'hui la culture du pavot à opium est interdite par ordre impérial dans toute l'étendue de l'Empire chinois, et par suite d'un accord avec la Grande-Bretagne, l'importation de l'opium indien diminue peu à peu de façon à arriver à la suppression totale. Ces ordres

sont exécutés d'une façon rigoureuse par certains vice-rois ;
et, par exemple, au Yunnan où j'ai vu partout des champs
de pavots, il n'existe à l'heure actuelle plus un seul terrain
livré à cette culture. Il est à espérer que la funeste habitude de fumer l'opium finira par disparaître complètement
du territoire de l'Empire.

IV. — Le thé est la boisson habituelle du Chinois, et les
Européens ont, déjà depuis près de trois siècles, pris
l'habitude d'en consommer une certaine quantité. Les
Russes, notamment, et les Anglais en absorbent tellement qu'à un moment donné, des bateaux de ces deux
nations, jaugeant de sept à huit mille tonnes, venaient
charger du thé à Hankeou. Le thé de Chine croît, en
effet, sur les collines dans les provinces du Houpe, du
Kiang-Si, du Fou-Kien et du Tche-Kiang ; du moins le bon
thé ; car il en pousse partout en Chine, mais les Européens n'apprécient que les thés du Fou-Kien et de la
vallée du Yangtseu. Aujourd'hui les Russes seuls exportent le thé de Chine ; car, à la suite de la maladie des
caféiers de Ceylan, les Anglais ont détruit leurs plantations qu'ils ont remplacées par des plantations de thé ;
tout bon Anglais ne boit aujourd'hui que du thé de
Ceylan, ou bien encore du thé de l'Inde ou de l'Assam
où les sujets britanniques ont essayé des plantations qui
ont parfaitement réussi. Mais, quoi que le thé vienne fort
bien à Ceylan et dans diverses contrées des Indes, il est,
dans ces pays, beaucoup moins fin comme goût que le thé
de Chine ; il est plus noir et renferme beaucoup de tannin.
Quoi qu'il en soit, comme il est produit en pays anglais
et qu'il est, en outre, beaucoup moins cher que le thé de
Chine, les Anglais le préfèrent à ce dernier.

V. — Le coton est cultivé dans la vallée du Yangtseu et est consommé sur place, notamment à Changhaï où se trouvent de grandes filatures. La ramie, ou ortie de Chine, est également cultivée dans la vallée du Yangtseu mais elle est exportée à Canton où elle est travaillée et préparée. On avait essayé de l'introduire en Europe, mais malgré toutes les préparations qu'on lui a fait subir on n'est jamais parvenu à la rendre assez souple. Parmi les articles principaux que la Chine exporte en Europe, citons : le jute ; les tapis de poils de chèvres et de moutons ; les soies de porc, destinées à la brosserie ; les crins de cheval ; les plumes de canard; les peaux de vaches et de buffles ; ce dernier article fait l'objet d'un commerce fort important, et la préparation de ces peaux en vue de l'exportation n'est pas toujours sans danger ; car la maladie du charbon sévit cruellement sur les bêtes à cornes dans la vallée du Yangtseu ; j'ai vu, notamment à Hankeou, bien des coolies périr malheureusement de cette terrible maladie contractée en préparant les peaux.

Les peaux de chèvres pour gants sont aussi un des principaux articles d'exportation.

Le musc arrive principalement du Sseu-Tchuen et des montagnes du Thibet ; ce produit est énormément falsifié et les Chinois sont tellement habiles dans ce genre de falsifications que les Européens s'y laissent souvent prendre. Comme c'est là une marchandise de prix, on peut faire ainsi des pertes énormes. Parmi les autres produits qui donnent lieu à des échanges avec l'Europe, il faut encore citer l'huile de bois, sorte de vernis très long à sécher et d'une odeur désagréable, mais excellent pour préserver le bois de la décomposition; le suif végétal et animal; les noix de galle; les tresses de paille, exportées en grande quantité en Europe pour la fabrication des chapeaux; les nattes, très inférieures à celles du Japon ou du Tonkin; les arachides, le colza, le ricin, la graine de coton qu'on expédie beaucoup à Marseille où elle sert à faire de l'huile « d'olive ».

VI. — L'industrie, telle que nous la comprenons, n'existe encore en Chine qu'à l'état embryonnaire. L'industrie chinoise se borne à la fabrication des objets de consommation locale, tels que vêtements, chaussures, meubles et ustensiles divers ; seules la fabrication de la soie et celle de la porcelaine méritent vraiment de retenir l'attention. On peut y joindre la laque qui sert à divers usages. Dans quelques ports, on a installé aujourd'hui des fabriques de coton, de soie, de métaux; il en sera parlé plus loin quand nous étudierons chacun des ports ouverts.

Le grand centre de la fabrication de la porcelaine est Kin-Te-Tcheng, dans la province du Kiang-Si, laquelle est comprise dans le bassin du Yang-Tseu-Kiang. Kin-Te-Tcheng est une petite bourgade, dépendant de la préfecture de Yao-Tcheou et peuplée de plus d'un million d'habitants, tous porcelainiers. La porcelaine était autrefois d'un bleu éclatant ou d'un bleu de ciel remarquable; des ouvriers de Kin-Te-Tcheng essayèrent d'émigrer au Fou-Kien et d'y transporter leur art, mais ils échouèrent.

L'Empereur Kang-Hi, lui-même, manda à Pékin des ouvriers du Kiang-Si, mais ils ne réussirent aucun objet. Aujourd'hui on fabrique en Chine de la porcelaine un peu partout, mais c'est encore à Kin-Te-Tcheng que se fait la plus belle porcelaine. Deux matières principales servent à la fabrication : le pe toun tseu, dont le grain est très fin et qui n'est autre chose que des quartiers de rochers qu'on tire des carrières, et le kaolin qui est une sorte de terre blanche parsemée de petites parcelles éclatantes.

Pour préparer le pe toun tseu, on se sert d'une masse de fer destinée à briser les quartiers de roc; après quoi, on met les morceaux brisés dans des mortiers et on achève de les réduire en poudre très fine; on jette cette poudre dans un grand bassin rempli d'eau et on l'agite fortement; quand on la laisse reposer, il surnage une espèce de crème qu'on a soin d'enlever et de mettre de côté dans un récipient spécial. Cette crème se dépose au fond du récipient et forme une pâte qui dégage peu à peu l'eau qu'elle contient; lorsque cette eau paraît à la surface complètement claire, on la rejette de façon à n'avoir plus que la pâte; on la met alors dans des moules propres à la dessiccation. Cette pâte est le pe toun tseu. Même quand on l'a mise dans les moules à dessiccation, (lesquels ne sont en somme que de grandes caisses), on a soin de faire peser à la surface supérieure un fort poids de briques afin d'exprimer l'eau complètement.

Le kaolin ne demande pas autant de travail que le pe toun tseu, la nature le fournit presque tout prêt à être employé. On en trouve des mines dans les montagnes et ce n'est, en réalité, que du granit décomposé que l'on découvre par grumeaux; c'est du kaolin que la porcelaine tire toute sa fermeté; c'est son mélange avec le pe toun tseu qui donne aux objets fabriqués toute leur force de résistance.

On fait aussi de la porcelaine avec une autre espèce de matière que les Chinois nomment hoa che (sorte de marbre); la porcelaine faite avec le hoa che est rare et beaucoup plus chère que l'autre ; elle est très fine et très légère, mais beaucoup plus fragile que la porcelaine ordinaire ; les ouvriers, d'ailleurs, la réussissent plus difficilement ; car il est malaisé de saisir le véritable moment où la cuisson est suffisante.

Avec le hoa che on trace sur la porcelaine des dessins divers qui ressortent à cause de la différence de leur couleur blanche, lorsque l'objet dessiné est verni et soumis à la cuisson. On peint aussi des figures avec le che kao, qui est une espèce de gypse ; mais tandis que le hoa che peut au besoin remplacer le kaolin, le che kao ne peut servir qu'à exécuter des dessins.

Généralement on mélange autant de kaolin que de pe toun tseu pour les porcelaines fines ; pour les demi-fines on emploie quatre parts de kaolin pour six de pe toun tseu, et pour la porcelaine tout à fait ordinaire on met une partie de kaolin pour trois de pe toun tseu.

Je ne m'étendrai pas davantage sur la porcelaine et la peinture sur porcelaine, choses fort connues maintenant en Europe ; qu'il me suffise de dire que les ornementations qui figurent sur les porcelaines chinoises sont d'une uniformité immuable depuis l'antiquité. Personnages, animaux, fleurs et arbres divers, on retrouve toujours et partout les mêmes motifs.

VII. — La soie a été de bonne heure une des principales industries chinoises ; des vêtements merveilleux, des tentures d'une rare beauté sont sortis des ateliers bien primitifs cependant des fils de l'Empire du Milieu. Toute l'Europe a pu admirer ces richesses puisque, soit par les expositions, soit par les voyageurs et les négociants, quantités d'étoffes de soie chinoise sont venues échouer sur le marché des grandes villes. Cependant, si la facture est élégante, si les dessins sont brodés avec goût, il est juste de dire que, au point de vue de la solidité, elles ne valent pas nos étoffes de Lyon.

J'ai déjà eu occasion d'indiquer que la soie est d'un usage général en Chine. Il faut qu'un Chinois soit complètement dans la misère pour n'avoir pas au moins une robe de soie dans son armoire. Tous ceux qui sont tant soit peu à l'aise portent des vêtements de soie et sont vêtus de satin et de damas. Leurs lits sont ornés de tentures de satin brodé ; et les jours de fête, de mariage ou de décès, la maison est pavoisée de tentures de soie rouge d'un effet merveilleux. Le rouge est, en Chine, la couleur qui porte bonheur.

VIII. — L'industrie des métaux a été connue des Chinois depuis déjà longtemps ; elle s'est surtout bornée aux cloches de temples, statues, brûle-parfums ; des mines de fer, de plomb, de cuivre et de zinc ont été ouvertes et exploitées suivant des procédés fort primitifs, il est vrai, mais qui suffisaient grandement aux Chinois ; l'or et l'argent étaient travaillés dès l'antiquité, et la bijouterie avait une finesse qu'on peut encore admirer dans les objets anciens. L'acier était connu et utilisé pour faire les charrues et autres instruments de culture ; le cuivre servait à différents usages et était très employé pour l'ornementation des temples ; il l'était également pour la fabrication des gongs, des cymbales, des trompettes, des lampes à huile, et surtout pour la frappe de la monnaie de cuivre connue sous le nom de sapèque et qui, seule, jusqu'à ces derniers temps, avait cours en Chine. Aujourd'hui encore, toutes ces industries sont très florissantes et conduites suivant les anciens procédés. Cependant, des usines métallurgiques ont commencé à s'élever selon la manière d'Europe; des mines sont exploitées à l'occidentale, et l'industrie se développe peu à peu d'après les méthodes modernes.

Le pétrole était connu et exploité au Sseu-Tchuen; il l'est encore aujourd'hui suivant des procédés très primitifs, et son exploitation occupe plusieurs villes et villages de la province.

Le cristal, le quartz sont travaillés et taillés pour faire des lunettes; le jade, cette fameuse pierre qu'on ne découvre qu'en Chine et dont une variété, le jade blanc laiteux, est très appréciée des Chinois, sert à faire des bracelets, des vases, des tuyaux de pipe, des statuettes. Le jade vert, au contraire, qu'on trouve principalement au Yunnan, a une bien moindre valeur.

Quant à l'industrie de la laque, elle remonte assez loin; elle est faite avec le vernis (tsi en chinois) tiré du Rhus vernicifera; c'est une sorte de gomme noirâtre qui découle par des incisions qu'on fait à l'écorce en ayant bien soin de ne pas entamer le bois. Ces arbres, dont la feuille et l'écorce ressemblent assez à celle du frêne, n'ont jamais guère plus de cinq mètres de haut; le tour du tronc est de soixante-quinze centimètres environ; ils poussent principalement dans les provinces du Kiang-Si et du Sseu-Tchuen; ceux du territoire de Kan-Tcheou-Fou, la ville la plus méridionale du Kiang-Si, donnent le vernis le plus estimé.

Pour tirer le vernis de ces arbres, il faut attendre qu'ils aient de sept à huit ans : plus tôt ou plus tard, le vernis ne pourrait servir à faire de bonne laque. La laque chinoise est loin de valoir comme finesse et comme élégance la laque japonaise (1) ; on ne trouve pas un objet en laque digne d'attention ; c'est toujours grossier et sans goût ; le seul genre de laque où le Chinois excelle est la laque rouge de Pékin qui est vraiment remarquable. On a pu admirer à l'Exposition de 1900 la superbe et rare collection de M. Vapereau, ancien « commissioner » des douanes maritimes chinoises.

La fabrication du cloisonné et de l'émail a toujours été très florissante en Chine, et en ce genre de travail les Chinois l'emportent décidément sur les Japonais. Ils commencent par fabriquer un vase en cuivre sur lequel ils font, au moyen de bandes de cuivre soudées, les dessins qu'ils veulent représenter en émail. Dans l'intervalle de ces bandes de cuivre, ils coulent l'émail fondu à une haute température et polissent ensuite la surface du vase ; ils obtiennent ainsi de fort belles pièces ; mais celles qu'ils livrent aujourd'hui à l'amateur sont loin d'égaler les cloisonnés de l'époque de Kien-Long (1736-1796) ou du début de la dynastie des Ming (1368).

En somme, le Chinois est très industrieux, et il possède, à un haut degré, tout comme le Japonais, l'esprit d'assimilation et d'imitation. Est-ce donc à dire qu'il manque d'imagination ? Non certes : il a trouvé avant nous la manière d'imprimer, non pas les caractères mobiles, il est vrai, mais l'imprimerie sur planches gravées, et il s'en servait alors que nous étions encore en Europe réduits au travail du copiste ; il a inventé la poudre, la boussole, l'organisation du travail, les arts, les lettres, les sciences :

(1) Elle est étudiée en détail dans l'*Empire japonais*, ch. XII, pp. 166 et suiv.

il a tout connu avant d'être en contact avec nous. Mais ce qui lui a manqué dans ses inventions, c'est l'encouragement de ses gouvernants, qui, bien loin de pousser aux perfectionnements et aux découvertes nouvelles, décourageaient au contraire les initiatives.

L'éducation même du Chinois le mettait en garde contre de trop grandes nouveautés, car il était admis que tout ce qu'avaient fait les ancêtres était parfait et qu'il fallait les imiter, au lieu de chercher à surpasser ou à améliorer leur œuvre. Dans de telles conditions l'Empire ne pouvait que se replier sur lui-même sans faire un pas en avant, et c'est pour ce motif que, au moment de son premier contact avec la Chine, l'Europe a trouvé cette dernière dans l'état social, commercial et industriel où elle était il y a mille ans.

CHAPITRE IV

I. — Au sommet de l'État est l'Empereur ; il a pour ainsi
dire un pouvoir illimité ; il est le grand dispensateur des
grades, des honneurs ; il est le chef de la religion et
seul, fils du Ciel, il a le droit d'adorer le Ciel ; il est la loi,
le châtiment et la grâce. Aucun criminel condamné à
mort ne peut être exécuté ni gracié, sans sa sanction ;
rien ne peut être fait contre sa volonté ; aucun privilège
ne protège ses sujets contre un froncement de ses sourcils.
Toutes les forces de l'Empire, tous les revenus lui appartiennent, l'Empire entier est sa propriété. Cependant il
doit écouter les observations, voire les réprimandes de la
cour des censeurs (en chinois Tou tch' a Yuan), qui sont
chargés de veiller à la bonne administration de l'Empire
et surtout à la bonne conduite, à l'honnêteté des fonctionnaires de tous ordres. Certains de ces censeurs ne
craignent pas de faire à l'Empereur lui-même des remon-

trances lorsqu'ils jugent que c'est leur devoir, et beaucoup ont préféré subir la mort plutôt que de se taire; d'autres, au contraire, ont été récompensés de leur franchise, témoin le censeur Song, bien connu pour avoir accompagné lord Macartney, lors de son ambassade à la cour de Pékin. Il adressa, en effet, des observations à l'Empereur Kia-King sur son goût trop prononcé pour les femmes et le vin de riz; il lui exposa qu'il se dégradait aux yeux de ses sujets et qu'il se rendait totalement incapable de remplir ses devoirs d'Empereur. Kia-King, irrité, le fit venir et lui demanda quelle récompense il croyait avoir méritée pour une audace aussi grande. « Faites-moi couper en morceaux si vous voulez », répondit-il. Le monarque lui ayant signifié de choisir un autre genre de mort : « Eh bien donc, faites-moi décapiter. — Non, encore autre chose, dit l'Empereur. — Eh bien donc, qu'on m'étrangle ! » Sur ces paroles, Kia-King le congédia et le lendemain le nomma gouverneur de la province d'Ili.

Les censeurs de cette allure sont plutôt rares et il est bien évident que la plupart du temps, sous un gouvernement aussi despotique, la plupart se taisent ou essayent de louer toutes les actions impériales, pour obtenir quelques faveurs de la manne céleste.

Après l'Empereur, souverain maître, le pouvoir appartient au Kiun-Ki-Tchou ou Conseil d'État, puis au Nai-Ko, ou grande Chancellerie. Viennent ensuite ce que nous pourrions appeler les départements ministériels; ils ont été remaniés depuis trois ans et remplacent les six vieux ministères de l'ancienne administration chinoise :

Ming tcheng pou, ou ministère de l'Intérïeur et de la Police;

Li pou, ou ministère des Offices civils, chargé de la présentation et de la promotion des fonctionnaires;

Pou tcheng pou, ou ministère des Finances;

Li pou, ou ministère des Rites, chargé des cérémonies du culte officiel, et, tout récemment, du service du Protocole;

Hiue pou, ou ministère de l'Instruction publique;

Lou kiun pou, ou ministère de la Guerre;

Fa pou, ou ministère de la Justice;

Nong tcheng pou ou ministère de l'Agriculture, du Commerce et de l'Industrie;

Yeou tchouen pou, ministère des Communications;

Li fan pou, ministère des colonies, c'est-à-dire du Thibet et de la Mongolie;

Ouai ou pou, ministère des Affaires étrangères. Ce département n'existe que depuis 1901, après l'entrée à Pékin des différentes armées étrangères. Autrefois les relations extérieures ressortissaient à une administration spéciale, connue sous le nom de Tsong li ko kouo che, ou ya meun, ou tribunal pour traiter les affaires des différents pays; il avait été institué après la conclusion de la paix en 1860, pour continuer les relations avec les pays européens; c'est par un décret impérial, en date du 19 janvier 1861, que fut installée cette nouvelle organisation qui fonctionna jusqu'en 1901; elle était composée de représentants des différents ministères et aussi de membres de la famille impériale. Le prince Kong a longtemps fait partie de ce conseil. Après l'équipée des boxeurs, en 1901, la Chine a compris qu'elle devait avoir des relations nouvelles et régulières avec les puissances étrangères, et elle a institué un ministère des

Affaires étrangères sur le modèle des mêmes administrations de l'Occident. A la tête de ces départements ministériels sont placés un ministre et deux sous-secrétaires d'État (1).

La division actuelle de l'Empire en dix-huit provinces date de l'Empereur Kang-Hi, c'est-à-dire du XVIIe siècle. Autrefois, sous les Ming, la Chine ne comptait, en effet, que quinze provinces, et l'Empereur mandchou en divisa trois, le Kiang-Nan, qui forma Kiang-Sou et Ngan-Hoei; le Kansou, détaché du Chen-Si; le Houkouang qui devint Houpe et Hounan.

Les provinces qui sont situées dans le bassin du Yang-Tseu-Kiang sont au nombre de huit : le Kiang-Sou, le Ngan-Hoei et le Kiang-Si, formant le gouvernement général du Kiang-Nan, avec Nankin comme capitale; le Houpe et le Hounan, capitale Wou-Tchang ; le Sseu-Tchuen, capitale Tcheng-Tou ; le Yunnan et le Kouei-Tcheou, capitale Yunnan-Fou.

A la tête d'un gouvernement provincial, lequel gouvernement peut, ainsi qu'on le voit, se composer d'une, de deux ou de trois provinces, se trouve un gouvernement général, en chinois Tsong-Tou, que les Européens ont appelé à tort et continuent d'appeler vice-roi; en-dessous de lui vient le gouverneur de la province, en chinois Siun fou (plus communément foutai); chaque province a un foutai, résidant au chef-lieu ; viennent ensuite : le trésorier (pou tcheng che tseu), le juge provincial (Ngan tcha che tseu), le contrôleur de la gabelle, l'intendant des greniers.

(1) Au moment où nous mettons sous presse, nous apprenons la création d'un ministère de la marine Hai Kiun pou.

Enfin, parmi les autorités supérieures, et en dernier lieu, vient le Taotai (intendant de cercle); il est chargé de deux ou plusieurs préfectures, et a la haute inspection des troupes placées dans le cercle de sa juridiction. Ce sont des Taotai qui ont été installés dans chaque port pour traiter les affaires européennes avec les consuls, et ces Taotai sont tous en même temps directeurs chinois des douanes impériales maritimes. C'est donc à eux qu'on s'adresse en cas de réclamations, et c'est par leur intermédiaire que se traitent les différentes affaires, que se règlent les divers litiges.

Après le Taotai viennent immédiatement : le préfet (tche fou), administrant une division provinciale bien plus étendue que ce que nous appelons préfecture chez nous; il y en a à peu près dix par province, et chaque province est au moins aussi grande et souvent plus grande que la France; puis le sous-préfet : on compte deux sortes de sous-préfets : 1° celui qui administre une sous-préfecture indépendante (Ting) (généralement sur les frontières, dans les pays non encore bien chinoisés); 2° celui qui administre une sous-préfecture (chien) sous la direction d'un préfet.

II. — Cet aperçu, tout succinct qu'il est, de l'administration chinoise, me paraît suffire au lecteur, qui, certainement, ne tient nullement à entrer dans le fatras fort compliqué de la hiérarchie mandarinale ; cette organisation, d'ailleurs, va peut-être se transformer lorsque le Parlement chinois, dont on parle tant, sera réuni et fonctionnera. Avant donc d'entrer plus avant dans la description des ports ouverts et du commerce de la vallée du Fleuve Bleu, je crois utile de consacrer quelques explications aux

monnaies, poids et mesures ; je m'y étendrai assez longuement, car ici nous nageons en pleine fantaisie.

Il n'y a pas de monnaie d'or ; quelques auteurs chinois
prétendent qu'elle existait autrefois, concurremment avec
la monnaie d'argent, mais il y a apparemment fort longtemps, et personne ne peut le démontrer. Actuellement, la
seule monnaie courante est la sapèque, petite monnaie de
cuivre percée au milieu, et que l'on enfile dans une ficelle
jusqu'à mille, ce qui fait un *tiao*, que nous appelons en
français une *ligature*. Il faut environ dix sapèques pour
faire un de nos sous, et c'est la monnaie qui a seule cours
dans toute l'étendue de l'Empire. Cependant la monnaie
d'argent existe (1), mais d'une façon fictive ; elle existe
sous la forme de tael ou *leang*. Un tael n'est pas une
monnaie ; c'est à proprement parler une once d'argent, en
forme de sabot plus ou moins grand, pesant 5, 10, 20, 30,
50 taels ou onces. Quand on voyage dans l'intérieur de
la Chine, on emporte une certaine provision de ces taels
et on se munit d'une petite balance portative, renfermée
dans un étui plus ou moins élégant, et ressemblant à la
balance romaine. Lorsqu'on n'a plus de sapèques pour
payer l'hôtelier, les porteurs, le restaurateur, on coupe
sur un tael une certaine quantité d'argent qu'on pèse et
on va la porter à une banque chinoise qui la pèse à son
tour et vous donne le change en sapèques. C'est fort
ennuyeux parce qu'il faut toujours avoir avec soi un
poids très lourd, soit en argent, soit en cuivre ; mais
après tout on s'y fait assez vite ; c'est toujours ainsi que
j'ai voyagé en Chine.

(1) Cf. *l'Empire de l'argent. Étude sur la Chine financière*, par JOSEPH
DUBOIS. (Librairie orientale et américaine, E. Guilmoto, éditeur).

III. — Le tael, l'once d'argent n'est pas le même pour toute la Chine ; autre difficulté et plus grande que la première : chaque province a son tael : ainsi 100 taels de Canton valent 102 taels, 50 centièmes de Changhai ; 100 taels de Changhai valent 98 taels de Hankeou, etc. ; il s'ensuit des complications d'opérations pour lesquelles il faut avoir recours à un Chinois versé dans la matière.

Il existe ensuite le tael Kou-ping, le tael officiel au poids du trésor ; puis le tael Hai-Kwan, le tael de la douane maritime, moins fort que le Kou-ping, mais plus fort que les taels des diverses provinces. C'est généralement en taels Hai-Kwan que les Européens traitent les affaires. Actuellement le Hai-Kwan tael vaut 3 fr. 80 environ.

Pour remédier à cette difficulté dans les échanges, on a introduit sur le marché chinois la piastre mexicaine (valant actuellement 2 fr. 20), qui sert de monnaie courante dans tous les ports ouverts : la parité entre le tael et la piastre se fixe tous les jours suivant l'offre et la demande ; par exemple, un jour la bourse, c'est-à-dire les banques affichent qu'elles prennent les piastres au taux 100 pour 70 taels : le lendemain au taux de 72 taels ou de 76 taels.

IV. — Dans quelques provinces, vers 1895, 96, 97, 98, les vice-rois ont installé des monnaies pour frapper des piastres locales ; c'est ainsi qu'on vit apparaître des piastres de Canton, du Ngan-Hoei, du Houpe, de Tien-Tsin ; mais d'abord elles ne furent acceptées qu'avec répugnance, et on leur préférait toujours la piastre mexicaine. Des monnaies divisionnaires de 50, 20, 10 et 5 cents (centièmes de piastres) furent également frappées ; elles sont généralement reçues dans tous les ports ouverts, mais non dans l'intérieur, où seule la sapèque a cours légal et commercial.

On trouve encore, à Tchen-Kiang, des piastres espagnoles, provenant des Philippines, à l'effigie de Ferdinand II et de Charles IV; mais on ne les voit pas ailleurs.

Sur les frontières du Tonkin, au Kouang-Si et au Yunnan, la piastre française de l'Indo-Chine et les monnaies divisionnaires ont fini par être acceptées, mais il a fallu bien du temps.

On voit combien est compliqué le système monétaire chinois, puisque, par exemple, pour traiter des affaires entre Changhai et Hankeou, il faut tenir compte de la différence du tael sur les deux marchés, et toujours calculer que les taels d'une ville (Hankeou) sont plus forts que ceux de l'autre (Changhai).

Il s'ensuit aussi, naturellement, que le change des sapèques pour le tael subira une hausse ou une baisse suivant les provinces ; on aura pour un tael de Hankeou, par exemple, 1.800 sapèques, et pour un tael de Changhai, 1.500 ou 1.570.

V. — Bien qu'aujourd'hui les sapèques soient toutes frappées en cuivre, il fut une époque où la Chine possédait des sapèques d'étain, de plomb, de fer même. Dans l'antiquité on se servait aussi de petits coquillages, mais l'usage en a été vite aboli. Outre les sapèques de figure ronde, il existait sous les anciennes dynasties des sapèques en forme de lame de sabre, de dos de tortue; il y en avait avec des figures d'oiseaux, de dragons, et quand il s'en trouve actuellement dans une famille chinoise, ces vieilles monnaies sont regardées comme des fétiches porte-bonheur: on les attache avec un ruban au cou ou à la ceinture des enfants.

Les faux-monnayeurs existent en nombre considérable : non seulement ils fabriquent de fausses piastres mexicaines, mais ils lancent aussi dans la circulation de fausses sapèques, alliage de sable, de zinc et de cuivre. Aussi, quand on paye un coolie, on voit ce dernier examiner une à une les sapèques qu'on lui remet et refuser celles qui ne lui semblent pas suffisamment pures. Cependant, chose étrange, les sapèques fausses circulent ; mais on en exige le double en payement ; ainsi, un coolie achetant une poignée d'arachides payera avec 5 bonnes sapèques ou 10 fausses.

Entre Chinois ces petites pratiques n'ont pas d'importance ! Ils n'aiment pas qu'on leur passe une piastre évidée et garnie de plomb ; et cependant la chose n'est pas rare, les faux monnayeurs sont habiles.

La sapèque étant fort incommode à transporter, les Chinois ont cherché un moyen fiduciaire qui en tînt place, et ils ont bien avant nous trouvé le billet de banque. Ces billets, toutefois, ne sont pas émis par l'État, mais par des banques particulières. Une banque peut être ouverte par une personne seule ou par une société, pourvu qu'elle se soumette à certains règlements et à certaines redevances envers l'État. Une fois en règle, la banque émet des billets pour une valeur de 10, 20, 50, 100 ligatures ou tiao ; de cette façon on n'a pas besoin de s'embarrasser de monnaie de cuivre ; les banques se connaissant entre elles échangent leurs billets ; elles donnent même des lettres de crédit à ceux qui sont appelés pour leurs affaires dans l'intérieur de l'Empire ; et il faut recon-

naître qu'on a toutes facilités au point de vue du payement. Les avantages que possèdent ces banques sont
réellement appréciables; mais il y a un revers, c'est que
le taux de l'intérêt en Chine est très élevé; il va de 20 à
40 pour 100, et rarement il reste à 3 pour 100 par mois, ce
qui est le taux légal.

VI. — Devant les difficultés qu'entraîne le système
monétaire actuel, le gouvernement chinois a essayé dernièrement plusieurs tentatives pour réformer le système
du tael et de la sapèque et le 24 mai 1910, un décret impérial a été publié conçu à peu près dans ce sens :

L'unité de la circulation monétaire nationale sera la
piastre d'argent (Yuen en chinois) et l'étalon sera jusqu'à
nouvel ordre l'argent. La monnaie d'appoint consistera en
pièces de 50, 25, et 10 cents, une pièce de nickel de
5 cents et quatre pièces de cuivre de 2 cents, 1 cent,
5 sapèques et 1 sapèque. La valeur de la piastre sera
établie d'une façon décimale et définitive. Il ne sera pas
permis de les altérer. Le ministère des Finances donnera
des ordres nécessaires pour que les monnaies frappent les
nouvelles pièces conformément au poids et au titre ainsi
qu'aux modèles adoptés et les mettent peu à peu en circulation.

Un certain nombre de banquiers chinois se sont réunis
dans la capitale et ont décidé de créer une association
avec des branches dans les provinces pour aider à réaliser
cette réforme; le gouvernement de son côté a déjà pris
des mesures pour la frappe des nouvelles pièces, leur
mise en circulation et le rachat de l'ancienne monnaie. Il
est bien évident que si l'usage de la monnaie en question
pouvait être étendu à tout l'Empire, ce serait un immense

progrès; mais il y aura de la résistance de la part des banques, habituées à faire des profits dans le change de la sapèque par rapport à l'argent ; de plus la suppression du système actuel, tellement entré dans les habitudes chinoises qu'il les dérange et les gêne fort peu, mettrait fin aux bénéfices des gros personnages : ceux-ci tiennent à la conservation des vieux errements. Aussi il est probable que la réforme monétaire n'ira pas sans grande difficulté et sera sans doute l'une des plus pénibles à accomplir en Chine. C'est la banque chinoise Ta-Ts'ing-Ying-Hang qui a été chargée de mener à bonne fin le changement radical du système monétaire de l'Empire (1).

VII. — Les Chinois se servent pour peser des unités suivantes :

tan qui vaut : 60 kilogrammes
kin   —   un centième de tan
léang   —   un seizième de kin
tsien   —   un dixième de léang
feun   —   un dixième de tsien
li   —   un dixième de feun

Mais les Européens ne font pas usage de ces termes ; ils donnent à ces unités chinoises des noms adoptés autrefois par les premiers Portugais qui sont venus en Chine :

---

(1) Les nouvelles monnaies d'argent viennent, d'après de récentes informations venues de Chine, d'être frappées par le ministère des Finances et comprennent quatre types : une piastre, une demi-piastre, vingt-cinq cents et dix cents. On en aurait déjà fait parvenir aux ministères et administrations diverses à Pékin et dans les provinces. Les pièces portent d'un côté Ta Tsing ying pi (monnaie d'argent de l'Empire des Tsing) et de l'autre, suivant le cas : Yi yuan = une piastre ; ou kiao = 1/2 piastre ou 50 cents ; leang kiao pan = 15 cents ; yi kiao = dix cents. C'est là un premier essai.

Le *tan* se nomme *picul* (mot malais)
Le *kin* — *catti*
Le *léang* — *tael*
Le *tsien* — *mas* ou *mace*
Le *feun* — *candarin*
Le *li* — *cash*

Tout le commerce étranger en Chine se fait par *picul* et *catti*.

L'étranger qui achète des terrains en Chine a besoin de connaître les mesures de surface. Le *meou*, valant à peu près 600 mètres carrés, le *king*, valant 100 *meou* sont les deux principales unités ; il est vrai de dire qu'ils diffèrent selon les provinces, comme du reste les mesures de longueur dont l'unité principale, le *li*, varie entre 500 et 650 mètres suivant qu'on se trouve au nord ou au sud de l'Empire.

Ainsi, même dans les choses les plus précises, telles que monnaies, poids et mesures, rien de fixe, rien de définitivement réglé en Chine. Il en est ainsi pour tout ; *la Chine est le pays de l'à peu près* et le Chinois traduit lui-même sa mentalité dans une phrase qu'il a toujours à la bouche : « Tch'a pou tô ; il s'en faut de peu ; c'est à peu près cela ».

CHAPITRE V

I. — Changhai est situé à l'extrême sud-est de la province du Kiang-Sou; il ne se trouve pas précisément sur le Yang-Tseu-Kiang, quoique dans une province arrosée par ce fleuve; il est situé sur la rivière Houang-Pou, à peu près à 20 kilomètres en amont du village de Wou-song, où les eaux jaunâtres du Houang-Pou rejoignent les eaux non moins jaunâtres de l'estuaire du Yangtseu. La ville chinoise est une sous-préfecture de peu d'intérêt : Changhai n'est important, en effet, que parce qu'il est le grand port de commerce où les négociants d'Europe sont installés et où les marchandises européennes s'échangent contre les marchandises chinoises; il fut déclaré port ouvert par le traité anglais de Nankin en 1842, et depuis ce temps jusqu'à nos jours n'a cessé de prospérer et de se développer; c'est aujourd'hui, sans conteste, le plus important des marchés de l'Extrême-Orient.

Changhai est géographiquement situé, par 31° 15 de latitude nord et environ 119° est, méridien de Paris, dans une vaste plaine d'alluvions, très riche et où toutes les cultures réussissent; la population, au reste, y est plus dense que dans n'importe quelle partie de la Chine. Les principales cultures y sont le riz et le coton; cette dernière a pris, depuis quelques années, beaucoup d'extension, grâce à l'installation de filatures à Changhai même.

En revanche, on n'y fait pas beaucoup de soie. En dehors du riz, le blé, l'orge, les légumes de toutes sortes, les choux, navets, carottes, les melons et les pastèques y viennent admirablement. Il y a peu de fruits; et le seul fruit mangeable qui soit à Changhai est une espèce de pêche, petite, en forme de tomate, et qui n'est, en effet, pas mauvaise. En automne on peut se procurer le fade kaki; tous les autres fruits sont importés.

II. — Il ne faut pas chercher les beautés de la nature à Changhai. L'immense plaine se déroule à perte de vue, coupée par des canaux et des criques qui font communiquer entre elles les différentes villes de la province : Song-Kiang, Sou-Tcheou, Hang-Tcheou, Tchen-Kiang. Les Européens qui habitent Changhai n'en sortent que pour aller, en automne, faire des excursions de chasse; quand on veut un changement d'air on prend le bateau pour Nagasaki.

Le climat de Changhai passe pour être relativement

sain, mais les étés y sont affreusement chauds, le thermomètre, pendant les mois de juillet et d'août, montant facilement jusqu'à 41 et 42 degrés centigrades à l'ombre. Par contre, il y a des hivers très froids et souvent on patine. Malgré ces températures extrêmes, les Européens s'y portent généralement bien ; la maladie la plus à craindre est la dysenterie et sa conséquence, l'abcès au foie. En dehors de cela, on y trouve les mêmes maladies qu'en Europe ; parfois la petite vérole y fait d'affreux ravages.

Il y pleut une moyenne de 120 jours par an, ce qui n'est pas excessif, et l'automne, depuis octobre jusqu'à janvier, y est radieux, comme du reste dans toute la vallée du Yangtseu.

III. — La ville européenne comprend trois concessions : une américaine, une anglaise, une française. Les deux premières, fondues ensemble et sous la même administration, s'appellent la concession internationale ; la française reste à part. C'est d'ailleurs sur la première que règne l'activité commerciale, et tous les négociants y sont installés ; un quai superbe, bordé de maisons ressemblant à autant de palais, longe le fleuve ; voitures, tramways, djinrikishas, brouettes, porteurs encombrent quais et rues adjacentes ; du matin au soir c'est une fièvre, une course au dollar. Dans la concession française, on voit des rues larges, bien alignées et propres, et les agents de police se promenant, l'air digne ; la concession française est une installation d'État destinée à abriter des fonctionnaires ; l'autre est une installation d'affaires et de négoce. J'ai toujours, hélas ! remarqué cette différence entre les établissements français et anglais. Allez à Saïgon ; c'est une ville magnifique ; ses rues, ses boulevards, ses monuments, ses jardins en font la plus jolie ville d'Extrême-Orient ; on y traite peu ou point d'affaires ; c'est comme une ville morte. Allez à Rangoon, tout près de là, en territoire anglais : la ville est vilaine, n'a pas de tournure; mais quelle activité! On y brasse des millions !

On trouve dans le Changhaï européen de belles églises, de beaux hôtels d'un luxe et d'un confortable qui n'a rien à envier à l'Europe ; plusieurs banques, notamment la Hong-Kong and Changhaï Bank, occupent de vastes et somptueux édifices ; le quai possède quelques monuments et un jardin où l'on va entendre la musique municipale l'après-midi à 5 heures, ou le soir à 8 heures.

Rien ne manque ici à la vie européenne, je devrais dire à la vie anglaise; car c'est la vie anglaise un peu, mais très peu modifiée, qu'on vit partout en Asie dans ce qui n'est pas exclusivement colonie française ou hollandaise. Courses, club, théâtre, tout existe ; restaurants à la mode, dîners fins, bals et soirées pourraient faire croire qu'on n'est pas en Chine, si on n'avait constamment sous les yeux les domestiques chinois.

Les services publics fonctionnent comme en Europe et pour les postes et les télégraphes, on n'a que l'embarras du choix : poste chinoise, française, anglaise, allemande, russe, japonaise, etc..., télégraphe chinois, anglais, danois.

Enfin, actuellement c'est un coin d'Europe, et combien de vieux résidents s'en plaignent! Ce n'est plus la bonne vie d'autrefois où le laisser-aller et la négligence de tenue étaient universels; aujourd'hui, malgré 40 degrés à l'ombre, on ne saurait aller dîner autrement qu'en habit; il faut être correct et on n'oserait prendre, vêtu de blanc, son cocktail au club.

IV. — Derrière les constructions européennes, de nombreuses boutiques chinoises sont venues s'installer, lesquelles sont sous la juridiction de la concession ; c'est une ville chinoise propre qui continue la ville blanche ; puis, après cette ville chinoise européanisée, se trouvent le champ de courses et la campagne qui l'entoure où beaucoup d'Européens ont construit leur résidence pour être au calme après le travail et les affaires.

V. — Pour arriver à Changhai, le voyageur dispose de plusieurs voies :

D'abord la voie de terre par Moscou et le transsibérien jusqu'à Tien-Tsin, d'où un bateau mène en deux jours à Wou-Song ; puis la voie d'Amérique soit avec le transcontinental des États-Unis par New-York et San-Francisco, soit avec le transcanadien entre Montréal et Vancouver ; enfin la vieille route de l'Inde par Marseille, le canal de Suez, Saïgon et Hongkong. Cette dernière est évidemment la plus longue, mais elle est aussi la moins chère ; aussi est-elle assez suivie, bien que, cependant, à l'heure actuelle, la voie russe soit très fréquentée.

VI. — La population étrangère de Changhai a considérablement augmenté dans ces dernières années ; elle peut être évaluée à environ 8.000 Européens et Américains. Quant à la population chinoise, à qui, primitivement, il était absolument interdit d'habiter sur les concessions, elle s'élève bien à 500.000 âmes. Chassée par la révolte des Taipings à l'abri des établissements européens, la population des campagnes environnantes y resta et s'y accrut. De plus, les Européens, propriétaires des terrains, trouvèrent une rémunération sûre dans le fait de louer aux Chinois terrains et maisons, de sorte qu'aujourd'hui, en arrière des deux concessions française et anglaise, existent de véritables villes chinoises. Les rues des concessions sont toutes reliées entre elles par de nombreux ponts sur les criques qui forment leurs limites, et de belles routes sont entretenues par les conseils municipaux; elles permettent de gagner la campagne et de faire des promenades aux environs de la ville. C'est ainsi que deux magnifiques routes, dignes des routes de France, conduisent à Zi-Ka-Wei, chez les Pères Jésuites qui ont là un observatoire remarquable. Il est en communication avec les différentes stations météorologiques des mers de Chine et du Japon; par l'annonce qu'il fait du mauvais temps en mousson du suroit, il évite à bien des navires d'être perdus dans les typhons. La plus fréquentée des routes qui conduisent à Zi-Ka-Wei est la route anglaise connue sous le nom de Bubbling well ou puits qui bout, à cause d'un puits qui se trouve sur son parcours et où l'eau est constamment en ébullition.

De grosses sommes ont été dépensées pour construire des égouts, et il n'a pas été facile d'arriver à une solution bonne et rapide en cette matière, à cause précisément de la nature du terrain sur lequel la ville est construite, terrain bas et trop peu élevé au-dessus du niveau de la mer; cependant, le système de drainage actuel des eaux est parfait, et la propreté des rues est réelle. Au point de vue de l'alimentation et des bains, Changhai est magnifiquement pourvu; les deux concessions possèdent chacune leur château d'eau qui fournit à tous et à des prix modérés, une eau filtrée et saine. Deux compagnies de pompiers volontaires rendent d'immenses services en cas d'incendie.

Crique de Soutcheou à Changhai.

VII. — L'industrie sous sa forme européenne est très prospère à Changhai et il y a tout lieu de croire que ses progrès ne s'arrêteront pas. Il existe dans le port quatre docks pour la réparation des navires : l'un, le dock de Tong-Kadou, a une longueur de 126 mètres sur une profondeur de 7 mètres ; le vieux dock de Hong-Kiou, connu par tout le monde sous le nom de Old Dock, a environ 135 mètres de long sur 7 mètres de profondeur. Le nouveau dock de MM. Boyd et Cie à Poutong couvre une longueur de 150 mètres avec une profondeur de 8 mètres ; il est plus large que les deux autres, et mesure environ 17 mètres de largeur au fond et 45 mètres à niveau du sol ; mais le plus long est encore celui de la maison Farnham connu sous le nom de Farnham's cosmopolitan dock ; situé également à Poutong, il mesure 187 mètres environ (exactement 560 pieds anglais) de longueur, et 17 mètres de largeur.

Un autre dock a été construit : le dock international, qui est encore plus considérable que les précédents.

Il n'est pas de port en Extrême-Orient qui possède des quais comparables à ceux de Changhai ; ils s'étendent sur plus d'un kilomètre dans la concession américaine, à l'entrée du port, et tous les navires peuvent y accoster à quai.

La concession anglaise n'a pas de quai de marchandises, mais ici les bords de la rivière sont revêtus d'un vert gazon, et plantés d'arbres qui forment une fort jolie promenade depuis le pont du Yang-Kin pang (concession française) jusqu'au pont du canal de Sou-Tcheou où se trouvent les jardins publics.

Entre autres industries florissantes à Changhai on peut

compter les filatures de coton. Cinq sociétés à capitaux européens se sont formées à cet effet :

« E wo » dirigée par MM. Jardine Matheson and C°;

« The international » sous les auspices de The American trading C°;

« Lao Kung mow » à la tête de laquelle se trouvent MM. Ilbert and C°;

« Souy chee » dont les directeurs sont MM. Arnhold Karberg and C°;

« Yah loong » dirigée par MM. Fearon Daniel and C°.

Ces différentes sociétés possèdent chacune de 40.000 à 50.000 broches ; les résultats cependant n'ont pas toujours donné ce qu'on espérait ; ainsi la filature appartenant à la société Fearon Daniel and C° a dû être fermée temporairement en 1901 ; cependant 1906 fut une bonne année pour toutes les filatures dirigées par les Européens. En dehors de ces dernières il existe aussi des filatures indigènes, sur le modèle d'Europe, mais tout à fait entre les mains des Chinois. Le vice-roi Li-Hong-chang avait fondé en 1893 puis reconstruit en 1895 la « Shanghai cotton cloth administration », l'une des plus grandes manufactures de coton de Changhai. Après le coton, la soie ; c'est ainsi que Changhai possède aujourd'hui 25 filatures de soie ; mais cinq d'entre elles seulement sont dans les mains des Européens, toutes les autres étant dirigées par des Chinois.

On trouve également comme industrie occidentale à Changhai des fabriques de papier ; des fabriques d'allumettes suédoises ; des meuneries ; des ateliers de réparation de navires ; des fabriques de fer-blanc. Le plus considérable des ateliers de réparation et de construction de navires est le « Shanghai dock and engineering C° », fondé par un Anglais nommé Muirhead vers 1855, repris et augmenté par M. Farnham et connu jusqu'en 1906 sous le vocable « S. Farnham, Boyd and C° ».

Tous les navires déchargent à quai, sauf toutefois les grands paquebots qui sont obligés de rester à l'ancre en dehors de la rivière, en face de Wou-Song, à cause de la barre élevée par les alluvions à l'embouchure du Houang-Pou. Les quais de Changhai appartiennent à une Société qui les loue aux différentes compagnies de navigation.

Il existe aussi une certaine longueur de quais sur la concession française et plusieurs navires faisant le service du Yangtseu y ont leurs appontements.

Le gouvernement chinois possède à Changhai un dock et un arsenal ainsi qu'un dock pour la construction des navires, au lieu appelé Kao tchang miao, un peu en amont du fleuve, au delà de la ville indigène.

En 1876 une ligne de chemin de fer avait été installée entre les concessions européennes de Changhai et Wou-Song; mais les autorités chinoises rachetèrent ligne et matériel dix-huit mois après et firent tout enlever et vendre à l'encan. Aujourd'hui une ligne nouvelle a été construite; elle est déjà depuis longtemps en exploitation jusqu'à Wou-Song, et, depuis 1909 se prolonge jusqu'à Nankin en passant par Sou-tcheou et Tchen-Kiang.

Le port de Changhai est le centre du commerce européen en Chine et il absorbe plus de la moitié du commerce total de la Chine avec les puissances occidentales. L'ouverture des ports du Yangtseu, loin de lui faire du tort, a, au contraire, augmenté ses transactions; car bon gré malgré il faut que tous les produits de l'intérieur passent par Changhai ; seul le thé que les bateaux russes exportent de Hankow sort directement du Yangtseu.

VIII. — La situation de Changhai a toujours été prospère ; mais il est bien évident qu'il ne s'y élève plus aujourd'hui les fortunes colossales des premiers temps de l'ouverture de la Chine aux étrangers ; les « Princes merchants » n'ont eu qu'un temps, et à l'heure qu'il est la concurrence internationale y est aussi âpre qu'en aucun lieu du monde. Après la guerre russo-japonaise, un arrêt s'est produit dans les transactions et beaucoup de maisons européennes ont souffert ; actuellement encore le marché se ressent d'un malaise général et les affaires ne sont pas ce qu'elles devraient être. Et, du reste, en dehors de toute autre cause de fléchissement dans les affaires, la concurrence de chaque instant que se font ces différentes maisons rivales suffirait à expliquer le ralentissement. L'exportation est toujours plus ou moins au même niveau ; mais l'importation a subi et subit encore des à-coups. Après l'Allemand, qui était venu concurrencer l'Anglais, un autre, le Japonais, est apparu qui a dépassé encore l'Allemand pour le bon marché de ses produits.

D'après le résumé décennal récemment publié, les chiffres du commerce de Changhai pour les dernières années, en taels de douane ou Hai-Kwan taels, sont les suivants :

$$\text{Année } 1907 = 392.731.600 \text{ taels}$$
$$—\quad 1908 = 397.106.850 \quad — \quad (1)$$

(1) J'ai pris comme année type de statistique commerciale l'année 1908, parce qu'elle était la seule dont j'eusse les documents *complets* au moment où j'ai écrit ce livre (à la fin de 1910). Elle peut, d'ailleurs, servir fort bien de critérium général, car les années ne diffèrent pas extraordinairement, à moins de les prendre de dix en dix.

Ces chiffres sont un peu plus faibles que ceux des trois années précédentes, lesquelles donnaient, en effet :

$$\text{Année } 1904 = 405.064.260 \text{ taels}$$
$$- \quad 1905 = 443.954.262 \quad -$$
$$- \quad 1906 = 421.256.496 \quad -$$

Les principales marchandises importées de l'étranger ont été les pièces de coton; le fil de coton; l'opium; les métaux; le pétrole; le sucre; le charbon; tabacs et cigares; teintures et couleurs; lainages; bois de construction; machinerie; papier; matériel de chemins de fer; herbes marines; savon; vins, bières et alcools; farines; allumettes; verrerie; bougies; pêche de mer; matériel pour l'électricité; soude; ciment; nids d'hirondelle; rubans; parapluies; meubles; lampes; montres et pendules; perles; nageoires de requins; bois de Santal; huile; poivre; lait condensé; aiguilles; soieries et rubans de soie; matériel pour le service télégraphique; cordes et ficelles; et divers autres produits.

Parmi les puissances importatrices la Grande-Bretagne figure au premier rang; le Japon est le grand importateur d'allumettes et de parapluies, de bêche de mer et d'herbes marines; les ustensiles en fer blanc, la verrerie, le savon et les parfums à bon marché sont également importés par le Japon qui prend tous les ans une part de plus en plus grande à l'importation en Chine. L'Allemagne et les Indes importent également : la première des objets fabriqués, des machines; la seconde de l'opium et du coton brut; cependant, par suite de la détermination du gouvernement chinois de supprimer la fumerie d'opium, l'Inde en introduit de moins en moins et cet article finira par disparaître complètement de la liste des produits importés. En Chine même la culture du pavot est aujourd'hui interdite, et les champs du Yunnan que j'avais vus, il y a quelques années, tout fleuris de superbes pavots multicolores, sont actuellement plantés de fèves et de maïs.

L'exportation fournit : soie ; thé ; coton ; graines ; huile ; suif végétal ; suif animal ; cordes ; fourrures ; haricots ; riz ; laines ; tabac ; peaux ; soies de porcs ; médecines ; chanvre ; jute ; ramie ; sucre ; éventails ; vernis ; porcelaines ; œufs ; poterie ; noix de galle ; sucre ; plumes ; albumine ; son ; cire ; cheveux ; graisse ; tresses de paille pour chapeaux.

Les soies sont prises principalement par la France, les États-Unis, l'Italie et la Suisse. La France exporte aussi des peaux, des soies de porc pour la brosserie, du suif, de la noix de galle ; les maisons françaises à Changhai ne sont pas nombreuses et le nombre de nos compatriotes ne dépasse pas 700. Elles font surtout de l'exportation et principalement de l'exportation des soies. Il nous est en effet difficile de lutter pour l'importation en Chine d'objets fabriqués, et cela parce que nous avons des concurrents qui vendent moins cher que nous. Nous ne pouvons guère les distancer que dans un produit : le ruban, dont les femmes chinoises se servent pour toute espèce d'ornements, et que Saint-Étienne est arrivé à fabriquer selon le goût et la mode des clientes. Quant à nos vins, liqueurs, conserves, beurres, confitures ils sont achetés uniquement par les Européens et par conséquent l'importation en est insignifiante ; ou bien ils sont concurrencés par d'autres (comme les beurres par le Danemark) qui vendent bien meilleur marché et nous ferment la place.

Quant aux articles de Paris, l'Allemagne et la Suisse se chargent de les fournir à très bon compte et le Japon les dépassera bientôt dans ce genre d'objets. Cela évidemment est inférieur à ce que nos fabricants pourraient livrer ; mais c'est bon marché, et tout est là pour le Chinois.

IX. — Les importations dans les ports ouverts au commerce européen sont sujettes, comme dans tous les pays, au payement des droits de douane. Aux premiers temps des relations commerciales des puissances européennes avec la Chine, aux temps où les douanes se trouvaient dans les mains des fonctionnaires chinois, corrompus et corrupteurs, les négociants étrangers purent, dans tous les ports, faire la contrebande en soudoyant les agents chinois ; cependant quelques négociants européens, plus scrupuleux que les autres, refusèrent constamment de se servir de ce moyen facile mais malhonnête ; il s'ensuivit pour eux une infériorité notoire et ils protestèrent. En 1854, les représentants des puissances résolurent d'aviser et eurent recours à une combinaison qui permit de sauvegarder le contrôle chinois tout en empêchant les manœuvres frauduleuses : il fut convenu que la douane indigène, bien que restant soumise à la direction supérieure des autorités chinoises, fonctionnerait, dans les ports ouverts aux Européens, sous la surveillance d'inspecteurs européens choisis par les légations étrangères et recevant une investiture du gouvernement chinois. C'est en 1858 que fut consacrée par les traités, l'organisation si merveilleuse de l' « Imperial maritime Customs », laquelle fournit à la Chine le plus clair de ses revenus parce que précisément elle est tout entière dans les mains d'agents européens. Il y a quelque temps les Chinois émirent la prétention de reprendre la direction de cet important service ; mais comme il constitue précisément la garantie des emprunts conclus par la Chine, cette prétention fut trouvée exagérée. D'ailleurs, en l'état actuel d'anarchie où se trouve l'Empire chinois, le rendement des douanes tomberait rapidement à rien si le service se trouvait dans les mains des Célestes.

Les importations payent au taux de 5 % *ad valorem* au prix du marché local. Le gouvernement chinois a demandé aux puissances le relèvement de ses droits de douanes, mais aucune négociation n'a abouti à ce sujet.

D'après le relevé de 1905, la population étrangère de Changhai se répartissait ainsi :

Anglais	3.872
Allemands	832
Français	667
Russes	414
Austro-Hongrois	163
Italiens	162
Espagnols	151
Danois	126
Norvégiens	93
Suédois	81
Suisses	92
Hollandais	63
Belges	63
Grecs	39
Turcs	28
Autres européens	31
Japonais	2.230

Hindous   619
Malais   194
Autres asiatiques.   47

Bien que Changhai soit toujours et doive rester le port principal de Chine, cependant le développement de Hankeou et des ports du nord, qui augmentent tous les ans leurs relations directes avec les pays étrangers, affecte la situation de Changhai en tant que port distributeur et centre commercial. En dehors des causes nombreuses qui ont eu, ces temps derniers, une influence sur le commerce de ce port, l'amoindrissement de son ancien monopole comme marché central est un signe des temps, et qu'il ne faut pas perdre de vue pour l'avenir. Quoi qu'il en soit le développement des concessions étrangères, qui s'accroissent journellement, montre que Changhai tiendra encore longtemps, et vraisemblablement toujours, sa suprématie dans le commerce des ports de la Chine. La constante vitalité de la ville est mise en lumière par l'installation de 26 milles dans la ville anglaise et de 15 kilomètres dans la ville française de tramways électriques, des deux côtés du Yang-King-Pang (1) qui couvrent la ville et la campagne. Les premières tentatives pour doter Changhai de tramways remontent au printemps de 1895. Depuis ce temps, l'augmentation rapide de la population avait rendu nécessaire, indispensable, la réalisation de l'idée qui avait pris naissance alors. La « *Shanghai electric Company* » ouvrit ses lignes au trafic le 4 mars et toute la voie fonctionnait à la fin de mai; de son côté la « *Compagnie*

____

(1) Le Yang-King-Pang est la crique qui sépare la concession française de la concession anglaise.

française des Tramways » ouvrait un service le 4 mai. Cette innovation fut bien accueillie des indigènes qui, à l'heure actuelle, apprécient singulièrement ce mode de transport rapide et peu coûteux, d'autant plus qu'en somme, cela n'a pas affecté sensiblement le service des djinrikisha. Les deux compagnies ont le même type de voitures, sans impériale, l'intérieur divisé en deux parties pouvant loger 12 passagers de première classe et 20 de seconde. Chaque extrémité de la voiture est munie d'un chasse-pierre automatique ; les lignes ont la voie d'un mètre ; comme ce sont des entreprises différentes, elles prennent leur énergie à deux différentes stations électriques. La compagnie française possède 28 voitures, mais seulement 20 sont en service permanent, et elles transportent une moyenne de 7.450 voyageurs par jour, tandis que la compagnie anglaise possède 65 voitures et transporte par jour 60.000 voyageurs. Il est fort probable, et tout à fait désirable que les deux compagnies se fondent en une seule, ce qui semble, d'ailleurs, devoir être très rapproché. L'importance de Changhai s'est encore accrue par l'ouverture de la ligne de chemin de fer qui va à l'ancienne capitale des Ming : un arrangement avait déjà été fait en 1898 en vue de cette entreprise, mais par suite des difficultés rencontrées un peu partout, il n'avait pas été exécuté, et ce n'est qu'en 1904 que l'emprunt fut réalisé avec une compagnie anglo-chinoise par Cheng-Siun-Hoai, directeur des chemins de fer impériaux. L'arrangement prévoit un emprunt de 3.250.000 livres sterling, avec comme première garantie la ligne elle-même. Tous les travaux préliminaires furent terminés en 1904, et le coup de pioche initial fut donné le 25 avril 1905. La première section du chemin de fer qui va de Changhai à Nan-Siang fut ouverte le 20 novembre 1905 ; la section Sou-Tcheou — Wou-Si en juillet 1906 ; puis la voie fut terminée jusqu'à Tchang-Tcheou (Chang-Chow) le 15 mai 1907, et jusqu'à Tchen-Kiang (Ching-Kiang) le 15 octobre 1907. La dernière section jusqu'à Nankin fut conduite le 28 mars 1908, et ce jour-là le premier train roula depuis Changhai jusqu'à Nankin, couvrant une distance de 193 milles anglais en 5 heures 35 minutes, y compris les arrêts. Le travail des ingénieurs dans la construction de la ligne a surtout consisté en terrassements, construction de ponts, et aqueducs. Les terrassements, comprenant les digues, les percées, les détournements de criques ont été de 2.657.761 pieds cubes. Entre Changhai et Nankin il y a 25 grands ponts et 177 petits ponts, plus 405 aqueducs. Les stations comprennent 25 gares, et 12 haltes et l'unique tunnel de la ligne est celui de Tchenkiang, seule partie de la ligne où le terrain soit accidenté ; ce tunnel a 1.320 pieds de long. Ce chemin de fer a coûté par mille anglais (1 mille = 1.609 mètres), achat du terrain, construction et établissement des voies, 68.367 taels, soit environ 247.000 francs. Le développement des chemins de fer en Chine est une question tellement vitale au point de vue du bien-être de la nation qu'il n'est pas sans intérêt de s'arrêter un peu sur ces questions techniques. La compagnie a fourni les renseignements suivants au sujet du trafic des voyageurs : en 1908, 3.240.869 passagers représentant 1.384.127 dollars (1 dollar = 2 fr. 20) ; en 1907, 1.731.658 passagers représentant 760.607 dollars ; mais, bien entendu, aucune comparaison n'est à établir entre ces deux chiffres, puisque la ligne a été totalement achevée en mars 1908. Les marchandises transportées consistent surtout en cocons et déchets de soie venant de Wou-Si. Pendant l'année 1908, sont arrivés à Changhai 4.344 piculs de cocons et 1.456 piculs de déchets. Par un arrangement intervenu récemment, les importations étrangères destinées aux ports de Sou-Tcheou, Tchen-Kiang, Nankin, pourront être transmises à ces ports par la voie ferrée avec payement de droits de douane à destination.

Bientôt Changhai sera rattaché avec l'intérieur de la province par la ligne Changhai — Hang-Tcheou — Ning-Po. Quand cette ligne fut projetée, elle devait partir de Sou-Tcheou ; mais les négociants et la population aisée firent une telle opposition qu'on fut obligé d'abandonner le projet jusqu'à l'apaisement des esprits ; grâce aux mesures prises par le Taotai Liang, tout rentra dans l'ordre. Le 6 mars une convention fut signée à Péking pour la construction de la ligne, et un emprunt émis de 1.500.000 livres sterling ; le 15 avril, le gouvernement central donnait aux provinces du Kiang-Sou et du Tche-Kiang contrôle absolu sur cette ligne et toute direction de l'entreprise. Jusqu'à présent chacune des deux provinces a souscrit la somme de 5.000.000 de taels pour la construction de sa part respective, et l'emprunt étranger a été ainsi réparti : 30 0/0 à la compagnie des chemins de fer du Kiang-Sou et 70 0/0 à la compagnie des chemins de fer du Tche-Kiang. La ligne est maintenant divisée en deux sections : Hang-Tcheou — Ning-Po et Hang-Tcheou — Changhai. La section Hang-Tcheou — Ning-Po a une longueur de 310 li (1 li = 500 mètres) les plans ont déjà été levés, et on pense que vers le mois d'avril prochain les travaux seront commencés. La section Hang-Tcheou-Changhai est dès maintenant ouverte au trafic sur une assez grande étendue.

Changhai attire de plus en plus les étrangers et les Chinois, grâce aux embellissements continuels de ses avenues, de ses rues, de ses alentours, grâce à la construction de maisons importantes et de bâtiments non moins remarquables, grâce aux jardins verdoyants que les municipalités installent un peu partout. Changhai prend de plus en plus grand air et devient une véritable ville. Parmi les industries locales qui se sont créées, il faut citer trois nouvelles filatures de soie : Tai-Tchang, Ta-King et Yun-Long.

X. — Le revenu total de l'année 1908 montre une moins-value de 1.393.727 taels, soit 12,60 0/0 comparé au total de 1907, et cependant moindre que la moins-value constatée en cette même année 1907. Elle porte surtout sur les importations : 1.154.281 taels ; les droits sur l'opium et le likin 219.104 taels. Quant aux droits de tonnage et aux droits de cabotage, ils ne sont pas changés et restent sensiblement les mêmes. Les droits d'exportation donnent une plus-value de 58.494 taels, et les droits de transit 11.885 taels. En somme, depuis 1903, c'est la plus mauvaise année qui soit au point de vue du revenu douanier. Il y a une chute de 16.000.000 de taels dans le total brut des importations étrangères. Bien que ce chiffre ne représente que la moitié du déficit de 1907, il ne faudrait pas en conclure qu'il y a amélioration dans le trafic. Le marché est encore encombré de l'immense quantité de marchandises accumulées en 1905, et qui continuent à se solder à l'encan ; de plus, la trop grande variation du change de l'argent a beaucoup gêné le marché, et la confiance n'a pas précisément régné. Enfin la dépréciation subie par la sapèque de cuivre a réduit considérablement les moyens d'achat de la classe ouvrière et paysanne qui ne possède guère d'autre monnaie; les achats doivent en effet être majorés de 20 à 25 0/0, ce qui est énorme.

Les Russes ont essayé d'introduire sur le marché quelques cotonnades de diverses espèces. Par suite du développement des différentes industries, les métaux ont donné une plus-value de 1.720.455 taels. Le fer en barres donne 60.324 piculs de plus qu'en 1907; autres ferrailles, 37.207 piculs; saumon de plomb, 33.481 piculs; les pétroles américains continuent leur marche ascendante et donnent un surplus de 1.559.183 gallons (1 gallon = 4 litres) en gros, et 2.190.270 gallons en caisses. Le pétrole russe a réapparu sur le marché avec 1.391.377 gallons; quant au pétrole de Bornéo, il décline de 5.125.025 gallons, et celui de Sumatra de 557.168 gallons. Les bois et le sucre ont subi une diminution dans l'importation, et la farine a diminué de 1.479.720 piculs par suite du bon marché du riz.

La crise financière que l'on avait crainte a été arrêtée par suite de la baisse continue du change qui a beaucoup encouragé le commerce d'exportation. De plus, les moissons, heureusement bonnes, ont aidé à la stabilisation de la situation. Il y a une plus-value de 12.000.000 de taels au chiffre de l'exportation, qui est due à la demande de plus en plus forte de la soie et de ses produits. La prompte reprise des affaires aux États-Unis après la crise financière de 1907 a amené une demande considérable, et les prix se sont bien maintenus. Mais néanmoins, beaucoup de plaintes s'élèvent tous les ans sur les défauts de la soie, par suite des procédés défectueux de l'élevage chinois. Il faudrait ici un établissement comme celui fondé à Phu-longthuong par les Français, et où les Annamites reçoivent l'instruction nécessaire pour sélectionner les œufs suivant la méthode de Pasteur. Le district séricicole de Tai-Hou n'aurait eu qu'à gagner à une telle organisation.

L'exportation du coton brut donne une diminution de 301.650 piculs sur les chiffres de l'année dernière. Le moment de la récolte fut contrarié par le mauvais temps et il y eut un déficit d'environ 20 0/0.

Les fils locaux ont tendance à remplacer les fils importés. Les filatures sont très occupées et réalisent de gros bénéfices, mais elles ont dû s'adresser à l'Inde faute de matière première. La récolte des thés a été de 20 pour 100 meilleure qu'en 1907 et l'exportation des thés verts a, dans l'année étudiée, été faite presque tout entière sur Batoum. Cependant on dit que les producteurs ont perdu beaucoup par suite de la modicité des prix ; on constate une diminution de 28.989 piculs sur les thés noirs, mais ceci est sans importance puisque le gros commerce des thés se fait à Hankeou.

Le transit intérieur donne le chiffre de 319.460 taels et consiste surtout en pétroles de la province du Tche-Kiang et en charbon japonais pour les filatures de Tsong-Ming et de Tong-Tcheou. Les communications rendues faciles par le chemin de fer avec le district séricicole de Tai-Hou ont amené une plus-value de 450.186 taels sur le transit intérieur de la soie. Chao-Hing, gros marché cotonnier de la province du Tche-Kiang, continue à envoyer ses produits à Changhai par jonque.

Les compagnies de navigation n'ont pas eu une année brillante, et les frêts ont été très bas par suite de la concurrence très forte et aussi de la stagnation commerciale.

Quant à l'opium, la réduction de son importation est évidente, et celle-ci arrivera à être supprimée. Depuis la promulgation du premier édit contre la culture du pavot et l'habitude de fumer l'opium, édit qui parut le 20 septembre 1906, il y eut une activité marquée de la part des mandarins civils et militaires pour faire respecter les ordres de l'Empereur, en menaçant de châtiments sévères ceux qui continueraient à fumer la drogue. Les lettrés également, aidés du nouvel élément « *étudiant* », ont déployé une grande énergie pour influencer l'opinion, en répandant brochures et discours pour convaincre les masses que l'opium abîme la race et abrutit l'homme; des sociétés contre l'opium se sont formées, et des instruments sortis des fumeries d'opium, pipes et accessoires, ont été brûlés en public. Les nouveaux édits de 1907 et de 1908 ne font qu'encourager cette campagne méritoire. A Changhai les fumeries furent fermées à la date du 20 juin 1907 et dans les concessions étrangères, à la date du 1er juillet 1908, il fut procédé à la fermeture par séries de tous ces établissements. L'institut de Chas. B. Town pour le traitement des fumeurs d'opium fut ouvert le 24 octobre dernier, et jusqu'au 31 décembre 100 cas furent soignés avec succès. Mais toute médaille a son revers, et les fumeurs invétérés ont maintenant, faute d'opium, recours à la morphine ou à d'autres dérivés de l'opium. Beaucoup d'opium entre dans les pilules ou tabloïdes, dites stimulantes, fabriquées par les droguistes locaux et se vendant en quantités énormes. La codéine, la cocaïne et d'autres drogues importées sous prétexte de guérir de l'opium ne sont que des substituts de l'opium.

D'ailleurs, si l'importation de l'opium du Bengale et de Bombay a diminué sur le marché chinois, par contre, l'importation à Changhai de l'opium indigène n'a cessé d'augmenter, ainsi qu'il est facile de s'en assurer par le petit tableau ci-après :

Années	Quantité	Valeur
1904.	10.285 piculs	4.678.291 taels
1905.	13.981 —	5.233.239 —
1906.	13.068 —	6.068.355 —
1907.	10.413 —	4 396.437 —
1908.	19.053 —	9.540.464 —

Pendant que tous les ports d'Extrême-Orient avaient été plus ou moins atteints par la peste, Changhai (1) était

(1) La peste, d'après les théories actuelles, vient de la terre, et ce sont les rats qui sont les premiers atteints. Le rat mort, les puces qu'il nourrissait le quittent et vont porter la peste aux humains.

Cette maladie a deux caractères : elle est bubonique et donne au patient des bubons aux aines et sous les bras ; ou bien pneumonique. Cette dernière forme est la plus grave.

Elle se déclare généralement au printemps et a vite atteint une grande intensité épidémique. En 1902, à Long-Tcheou, j'ai vu mourir des familles entières de dix personnes en une seule journée ; le docteur du Consulat, D⁣r Gaymard, a réussi à sauver, avec le sérum Yersin, quelques malades pris à temps, et l'inoculation préventive faite sur nos domestiques les a tous préservés. J'ai constaté, en accompagnant le docteur, sur les morts, d'énormes boules de sang coagulé qui se formaient sur la tête, et, quand on les perçait, il en sortait un liquide noirâtre.

L'hiver n'empêche pas l'éclosion de la maladie ; seule la grosse chaleur en a raison. A l'heure où j'écris ces lignes, il y a une fort violente épidémie de peste en Mandchourie, et cependant, dans ce pays, le thermomètre descend jusqu'à — 20° au-dessous de zéro.

En Chine, la peste a pris naissance au Yunnan dans les années quatre-vingts (de 1885 à 1889), à Mong-Tseu principalement. De là, elle a gagné Canton et Hong-Kong, puis les différents ports du Nord. Elle s'est dirigée ensuite vers Bombay, où elle a été terrible, et a gagné l'Indo-Chine et la Birmanie. Chose curieuse, depuis qu'elle a atteint tout l'Extrême-Orient, le Yunnan, d'où elle est sortie, en est à peu près indemne.

Rarement les Européens contractent cette maladie ; cependant, il y a quatre ans, j'ai vu un missionnaire français, le P. de Chirac, des Missions Étrangères, souffrir, à Rangoon, de la peste sous ses deux formes : bubonique et pneumonique. Il guérit à la profonde stupéfaction de tous, car ceux qui en reviennent sont bien rares.

resté indemne. Malheureusement, en 1909, la peste est entrée à Changhai, et même y a été contractée par un chauffeur du vapeur *Leongwo* en partance pour Hankeou. L'homme, bien portant, était descendu à terre à Changhai avec quelques amis pour s'amuser ; avant d'arriver à Hankeou il a été pris de la peste et il est mort le même jour. Comment cette maladie a-t-elle pénétré à Changhai, il est assez difficile de le dire, mais on suppose qu'un rat infecté sera parti d'un navire et aura donné l'infection aux autres rats sur le port, c'est la seule explication. Le premier rat infecté de la peste fut trouvé à Changhai le 8 décembre 1909.

CHAPITRE VI

I. — Sou-Tcheou, capitale de la province actuelle du Kiang-Sou, n'était autrefois que la seconde ville de la grande province du Kiang-Nan dont Nankin était le chef-lieu. C'est l'une des plus belles et des plus agréables villes de l'Empire chinois; les premiers Européens qui l'ont visitée l'ont comparée à Venise, avec cette différence toutefois que c'est une Venise d'eau douce. On s'y promène aussi bien par eau que par terre, et la ville est coupée de canaux et de bras de rivière qui peuvent porter les barques les plus lourdes; de la ville même à la mer, une barque peut se rendre en deux jours au maximum. Elle est reliée à Changhai par un beau canal et aussi, depuis peu de temps, par la ligne du chemin de fer de Changhai à Nankin. La cité, murée comme toutes les villes chinoises de quelque importance, est un rectangle, qui couvre une superficie d'environ 18 kilomètres carrés. Tout près se trouve le grand lac Ta-Hou ; et une fois les murailles franchies, on rencontre également le grand canal, commencé sous les Tang au VIIe siècle, continué par les Mongols au XIIIe et achevé au XIVe siècle par les Ming ; c'est un canal qui unit le Yang-Tseu-Kiang au Hoang-Ho, et passe devant Sou-Tcheou, et, dans la province du Tche-Kiang, relie Hang-Tcheou, à Tchen-Kiang ; non loin de cette dernière ville, près du Kin chan (la montagne d'or, l'île d'or), se trouve précisément la principale entrée du canal sur le Yangtseu. Autrefois déjà, Sou-Tcheou faisait un commerce considérable avec toutes les provinces de l'Empire et même avec le Japon.

Il n'y a point de pays plus riant ; le climat en est délicieux ; tout y pousse, riz, blé, et toutes sortes de fruits ; aussi Sou-Tcheou, très riche et très agréable à habiter, a-t-elle toujours été considérée comme une ville de plaisir, et le proverbe chinois l'a consacrée en disant que « en haut il y a le ciel et en bas Sou-Tcheou. » Cette grande ville n'a que six portes par terre et six portes par eau : c'est un va-et-vient continuel de marchands qui s'y approvisionnent des broderies et soieries si renommées dans toute la Chine.

En 1860, Sou-Tcheou fut pris par les Tai-Ping qui ruinèrent la ville et massacrèrent les habitants avec d'atroces raffinements de cruauté. Aussi, aujourd'hui, cette reine des villes chinoises au Kiang-Sou a-t-elle beaucoup perdu de ses charmes et de ses agréments.

II. — Sou-Tcheou est en effet un centre manufacturier important et la population dépasse 500.000 âmes. Malheureusement la rébellion des Tai-Ping a couvert la ville de ruines, mais cependant, depuis 1863, époque où elle a été délivrée de leur joug, elle a beaucoup repris, et ses manufactures de soies et satins sont toujours renommées.

Jusqu'en 1896, Sou-Tcheou n'était pas ouvert au commerce européen, et elle ne l'a été qu'à la suite de la guerre entre le Japon et la Chine, le Japon vainqueur ayant exigé l'ouverture de plusieurs villes au trafic étranger; c'est donc le 26 septembre 1896 que la déclaration d'ouverture eut lieu et qu'un quartier européen, une concession, y fut désignée, près de la muraille Sud, de l'autre côté du grand canal. Sou-Tcheou est trop près du grand centre de Changghai pour avoir un commerce considérable avec l'Europe et l'Amérique ; en 1908 il se montait à 3.872.298 taels ; en fait d'Européens, il n'y a à Sou-Tcheou que des missionnaires, des fonctionnaires des douanes et deux ou trois négociants. Les Japonais y ont un consulat et une école de médecine.

Il existe à Sou-Tcheou des citernes à pétrole construites par la « *East asiatic petroleum C°* ».

En 1908, la récolte des cocons fut moyenne et les prix varièrent, au printemps et en été, de 110 à 130 taels. La filature SouKing (Sooching), qui fait marcher 336 bassins, semble avoir fait ses affaires ; et l'ancienne filature Cheou t'ai (Shoutai) a rouvert ses portes avec 200 bassins sous le nom de Tchong-Hing (Chung-Hsing) ; la filature sino-européenne, affermée à un indigène, a chômé toute l'année. Par suite de pertes, la filature de coton Sou-Louen (Sôo-Lun) avait été fermée au printemps, mais elle a rouvert après qu'un nouveau capital de 200.000 taels fut versé. Elle produit à peu près 20 piculs de fil par jour, et on dit que vu la cherté de la matière première, provenant de Changhai, Nan-Siang et Tong-Tcheou, il y a peu de bénéfices.

Les thés exportés de Sou-Tcheou, et provenant du Tche-Kiang et du Ngan-Hoei, sont mélangés avec du jasmin, du chloranthe et d'autres fleurs, et sont réexportés vers les ports du Nord ; ces dernières année, vu le peu de métal monnayé à Nieou-Tchouang (New-Chwang) ce commerce n'a pas donné de brillants résultats.

Le riz n'a pas non plus été abondant par suite de la trop grande abondance de pluie.

Une usine électrique a été installée sur le grand canal, près de Tchang-Meun (Chang-Men) ; la concession avait été accordée il y a six ans. L'usine fournit la lumière à une partie considérable de la ville, et aussi à beaucoup de maisons en dehors de la porte de Tchang-Meun. C'est un ingénieur allemand qui a dirigé les constructions ; les dynamos donnent 2.200 volts capables de fournir la lumière à 6.000 lampes de 16 bougies.

Une manufacture de verres et de bouteilles a aussi été élevée en dehors de Siu-Meun (Hsu men) ; imprimerie, fabrique de bougies, fabrique de savons ont également été créées.

III. — L'instruction publique a pris une extension considérable à Sou-Tcheou. Il y a 113 écoles de toutes sortes : 31 sont des écoles de l'État, 53 de la province ; il y a 22 écoles tenues par des particuliers et 7 par des missionnaires ; dans le nombre il se trouve 10 écoles de filles, et il y a tout lieu de croire qu'on va en créer d'autres, car les Chinois de cette province ont décidé de faire de grands sacrifices pour l'instruction des filles. Dix professeurs

étrangers sont employés dans les écoles du gouvernement : on compte parmi eux huit Japonais, un Américain et un Italien. Une école de médecine fonctionne
également, et elle est très fréquentée ; beaucoup des jeunes
gens qui ont appris à soigner les maladies ou à traiter
une fracture ou une blessure trouvent des situations dans
d'autres provinces. Les autorités ont également élevé
une école industrielle nommée Kong yi Kiu, où l'on
enseigne à des jeunes gens pauvres, au-dessus de seize
ans, la menuiserie, la cordonnerie et autres catégories de
métiers. On a construit aussi des marchés couverts afin de
débarrasser la ville de l'encombrement et de la saleté de
tous les petits marchés qui se tenaient au coin des rues.
Ces innovations prouvent que les Chinois commencent à
s'intéresser chaque jour davantage à la civilisation européenne, et que décidément quelque chose change en
Chine.

IV. — Tchen-Kiang n'est pas une des plus grandes
villes de la province ; mais elle a une activité commerciale assez considérable et elle est en même temps une
place de guerre ; elle est située sur la rive méridionale du
Yangtseu, à environ 150 milles de son embouchure, et non
loin des entrées sud et nord du Grand Canal. A une faible
distance de la rive se voyait autrefois l'île d'Or, sur le
sommet de laquelle s'élevait une tour à plusieurs étages ;
elle était également couverte de temples bouddhistes et
de maisons de bonzes ; aujourd'hui l'île n'existe plus par
suite du changement du cours du fleuve, elle s'est changée
en montagne ; tous les temples ont été détruits lors de la
rébellion des Taiping.

Tchen-Kiang a été ouvert au commerce étranger par

le traité de Tien-Tsin en 1858; c'est une des jolies villes du bas Yangtseu par suite de sa situation au milieu de collines peu élevées mais très fraîches l'été, et les Européens de Changhai viennent souvent s'y reposer et respirer un air un peu moins étouffant que celui de Changhai au mois de juillet.

Au point de vue du commerce extérieur, Tchen-Kiang n'offre rien de spécial : c'est surtout le commerce local qui y est actif; cependant les vapeurs qui font le service du fleuve s'y arrêtent tous. En 1908 la valeur totale des importations a été de 17.512.881 taels. Il n'y a pas d'industrie locale, mais les compagnies américaines pour l'importation du pétrole y ont installé des citernes. Il n'existe à Tchen-Kiang aucun négociant européen, mais seulement les agents des douanes, des compagnies de navigation et quelques missionnaires, parmi lesquels les pères Jésuites, qui y possèdent un vaste établissement où les confrères fatigués par les longs voyages à travers la province viennent refaire leur santé.

Parmi les nouveautés à citer à Tchen-Kiang, il faut noter la « *Chin Kiang electric light C°* » qui éclaire la ville et la concession britannique; elle est sous la direction d'un ingénieur anglais; il est malheureux de penser que malgré cela la société ne se trouve pas dans de brillantes conditions pécuniaires; car l'administration, confiée aux Chinois, a, naturellement comme toujours, laissé péricliter l'entreprise qui aura à faire face à de grandes difficultés.

Une fabrique de papier a été construite, et on constate un grand mouvement dans le sens de la création de différentes industries; on parle beaucoup de chemins de fer dans plusieurs directions, mais tout cela n'est encore qu'à l'état de projet. Le seul chemin de fer qui passe à Tchen-Kiang pour le moment est celui qui relie Changhai à Nankin; mais les marchandises ne s'en servent pas, et préfèrent toujours les vapeurs du Yangtseu qui sont bien meilleur marché.

V. — Si l'on en croit les anciens auteurs, Nankin était la plus belle ville qui fût au monde; quand ils parlent de son étendue, ils disent que si deux hommes à cheval sortent dès le matin par la même porte et qu'on leur ordonne d'en faire le tour au galop chacun de son côté, ils ne se rejoindront que le soir; il est certain qu'elle est la plus grande de toutes les villes de Chine. Fondée par l'Empereur Hong-Wou, le premier souverain de la dynastie essentiellement nationale des Ming (1368-1403), elle a 5 lieues de tour; elle n'est pas exactement sur le grand fleuve, mais en est éloignée de près de 6 kilomètres, et le petit port qui la rattache au fleuve se nomme Chia-Kouan; les barques s'y rendent par plusieurs canaux qui, du fleuve, aboutissent à la ville. Une route toute nouvelle conduit aussi de Chia-Kouan à la ville.

Nankin est de figure irrégulière : les montagnes comprises dans ses limites et la nature du terrain en sont la cause. Elle était sous les Ming la capitale de l'Empire; mais depuis la conquête tartare elle a perdu de son importance, et elle est bien déchue de son ancienne splendeur; elle avait autrefois un palais magnifique dont il ne reste aucun vestige, un observatoire, des temples, des tombeaux impériaux et d'autres monuments superbes. Les Tartares ont démoli les temples et le palais impérial, détruit les tombeaux et ravagé presque tous les autres monuments. Le tiers de la ville aujourd'hui est entièrement désert; les rues habitées sont assez belles, bien pavées et bordées de boutiques propres et richement approvisionnées.

Nankin aux yeux des Chinois n'est plus la ville aux mille splendeurs; tout s'est concentré à Pékin, et le nom même de Nankin a officiellement disparu : la ville se nomme Kiang-Ning-Fou. Cependant, même après la conquête tartare elle n'avait pas perdu complètement toute importance, elle cultivait les sciences et les arts; elle fournissait beaucoup de lettrés, de docteurs en lettres chinoises et de grands mandarins; les bibliothèques y étaient nombreuses, les boutiques des libraires bien fournies; l'imprimerie y était superbe et le papier qu'on y fabriquait était le meilleur de l'Empire; on y travaillait les fleurs artificielles d'une manière remarquable, et cet art s'est du reste répandu aujourd'hui dans toute la Chine.

Malheureusement tout ce que les Tartares avaient épargné fut détruit par les rebelles Taipings : la fameuse Tour de porcelaine, notamment, la merveille de la Chine, fut entièrement démolie et l'on n'en voit plus que les débris épars, parmi lesquels on peut trouver intactes quelques tuiles vertes et jaunes que les touristes emportent comme souvenir. Le tombeau de Hong-Wou, le fondateur de la dynastie, avec son allée flanquée d'animaux gigantesques en granit, est aussi dans un état pitoyable. Quant au palais impérial lui-même, il n'en reste que de vagues traces.

VI. — Nankin, qui était la capitale des empereurs de la dynastie des Ming depuis 1368 jusqu'à 1403, époque où l'empereur Yong-Lo transporta à Pékin le siège de l'Empire, avait déjà été la capitale de l'un des trois royaumes en 211 ; ensuite elle avait également été capitale depuis 317, sous le règne de Kien-Wou, de la dynastie des Tsin, jusqu'à 582, sous les dynasties des Song du Nord, des Tsi, des Leang, des Tchen. Autrefois, les empereurs transportaient leur capitale un peu partout suivant leur bon plaisir, et dans l'histoire primitive de la Chine, jamais un empereur ne résidait dans la ville où avait résidé son prédécesseur ; c'est ainsi que tour à tour Kai-Feng, Tai-Fuan, Si-Ngan, Tchengtou, etc., avaient servi de résidence impériale.

Aujourd'hui, ainsi que je l'ai déjà dit plus haut, le nom de Nankin (capitale du Sud), n'existe plus officiellement, bien que les étrangers continuent à l'employer et ne connaissent pas d'autre nom. Les Chinois, dans leurs rapports officiels, ne le désignent que sous le nom de Kiang-Ning-Fou. Admirablement située sur la rive méridionale du Yang-Tseu-Kiang, à 194 milles marins de Changhai, accessible de tous côtés par terre et par eau, la ville était toute désignée pour une résidence impériale. Quand Hong-Wou en fit sa capitale, il agrandit le mur qui entourait la ville, et fit une si grande enceinte que jamais elle ne fut complètement remplie. Cependant elle offrait, sous les Ming, une apparence de brillante civilisation et il s'y élevait de nombreux palais. Tout cela fut détruit par les Taiping en 1865, et depuis ce temps, comme toutes les villes du Yangtseu qui sont tombées entre les mains des rebelles, elle n'est plus que ruines.

La partie occupée par les Mandchous est séparée par un mur de la ville purement chinoise ; un canal assez profond conduit du fleuve jusque sous les murs de l'Ouest, et il était souvent plus commode, avant ce chemin de fer, de prendre un sampan et de suivre cette voie que d'aller à pied dans les rues mal entretenues. Nankin possède quatre grandes avenues très larges, coupées à angle droit par d'autres plus petites ; bien qu'elles ne soient pas mieux entretenues que celles de Pékin, cependant elles sont peut-être moins sales que ces dernières, mais cela tient évidemment à ce que Nankin est une ville presque abandonnée.

Les seuls monuments à voir aujourd'hui, en dehors de quelques colonnes de marbre, restes de l'ancien palais, dans la ville mandchoue, consistent en une allée de statues gigantesques en granit, hors des murs. Ces statues forment une avenue qui mène au tombeau du fondateur de la dynastie des Ming, l'empereur Hong-Wou. Il fut enterré là en 1398. Ces statues représentent des guerriers, des éléphants, des chameaux ; de loin en loin, entre les différents animaux, s'élèvent des tablettes de pierres, supportées sur le dos d'une tortue, et couvertes d'inscriptions. Tout cela n'est plus que ruines, et quand j'ai visité le tombeau en 1895, plusieurs des statues gisaient à terre. Mais le vrai, l'unique monument de Nankin était la fameuse Tour de porcelaine, connue dans le monde entier. Cette tour, appelée, Pao-Ngan-Ta, avait été élevée par l'empereur Yong-Lo, à la mémoire de l'impératrice, et sa construction avait duré dix-neuf ans, de 1411 à 1430. Les matériaux les plus délicats avaient été employés ; elle était d'une élégance et d'un fini qu'on rencontre rarement dans l'architecture chinoise ; enfin, chose encore plus rare en Chine, le gouvernement l'entretenait et la réparait.

En 1801, le tonnerre ayant détruit les étages supérieurs, ils furent immédiatement reconstruits. En 1850 les Taiping firent sauter la Tour ; les débris encore aujourd'hui jonchent le sol, et c'est à peine si l'on peut trouver intacte une des tuiles jaunes et vertes qui recouvraient ses toitures.

Elle était de forme octogonale, divisée en neuf étages ; chaque étage, en partant du pied de la Tour, diminuait de circonférence. Sa base reposait sur une fondation en briques, et un large escalier conduisait à l'entrée de la Tour, au pavillon du rez-de-chaussée. Là se trouvait un escalier en spirale qui menait le visiteur jusqu'au sommet. La carcasse du monument était tout entière en briques soutenues par une forte charpente de poutres énormes. Quant à l'extérieur, les huit faces étaient revêtues de tuiles vernies de couleurs vertes, jaunes, blanches, rouges, mélangées avec grâce. Chaque étage avait un toit avancé, comme on peut le voir dans tous les dessins de pagodes chinoises, et ces toits étaient recouverts de tuiles jaunes et vertes. A chaque coin des toits pendaient des cloches : il y en avait, dit-on, cent cinquante.

Le voyageur qui visite aujourd'hui Nankin ne voit que des ruines, et jusqu'à ces dernières années, les Européens passaient à côté de cette antique capitale sans même s'y arrêter. La ville, déclarée port ouvert par le traité franco-chinois de 1858, aucune nation, pas même les Anglais, n'avait profité de cette stipulation pour s'y installer. Seuls quelques missionnaires catholiques et protestants y avaient une résidence permanente.

VII. — Nankin ou Kiang-Ning-Fou a été ouvert au commerce étranger par le traité français de 1858, mais aucune puissance européenne n'attacha, à cette époque, d'importance à cette ville déchue, et ce n'est qu'en mai 1899 qu'elle attira l'attention. Dès 1900, l'Angleterre, l'Allemagne et l'Amérique y installèrent des consulats, et la France y possède actuellement un vice-consulat. Bien qu'elle se soit un peu relevée du coup que lui ont porté les rebelles Taiping, cependant, jusqu'à présent, Nankin n'a reconquis aucune importance commerciale. On croit généralement néanmoins que les communications par voie ferrée ouvertes dans la province donneront à la ville et au port un regain d'activité. Le chemin de fer pourrait en effet y amener les richesses minérales et autres des provinces du Ngan-Hoei, du Honan et du Chan-Si, et leur exportation serait facilitée par ce fait que le port de Nankin est accessible aux grands bateaux toute l'année. C'est pourquoi il existe un projet de chemin de fer qui aurait sa tête de ligne aux mines du Chan-Si pour aboutir au village de Pou-Keou en face de Nankin; une autre ligne partirait des mines de Sin-Yang, au Honan, et viendrait, en passant par la province du Ngan-Hoei, aboutir également à Pou-Keou. Mais on se demande si toutes ces espérances seraient effectivement réalisées; car la ligne actuelle qui fonctionne régulièrement tous les jours entre Changhai et Nankin n'a pas beaucoup changé l'activité commerciale de la place.

VIII. — Nankin possède une école navale, un arsenal et une poudrerie; l'Église épiscopale méthodiste d'Amérique y a fondé ce qu'elle appelle une Université.

Les satins de Nankin, qu'on nomme en chinois Touan tse, soit unis, soit semés de fleurs, sont les meilleurs et les plus estimés; on y fait aussi des feutres très renommés.

Les transactions commerciales se sont élevées pour 1908 à environ 10.000.000 de taels (exactement 9.855.892 taels). Les importations consistent en opium, coton, fils de coton, flanelle de coton; lainages, draps, cuivre, fer, plomb, étain; bêche de mer (holothurie comestible), cigares et cigarettes, charbons, couleurs et teintures, aniline, machines, allumettes japonaises, aiguilles, pétroles, savons, parapluies, conserves alimentaires. Quant aux exportations, elles comportent haricots, pois, coton brut, éventails, papier, fleurs artificielles, chanvre, peaux de bœufs et de buffles, cuir, médecine, riz, sésame, soie écrue, soie blanche, soie jaune, cocons, déchets de cocons, rubans brodés de fils d'or et d'argent, fourrures de chèvres, d'agneaux et de brebis.

IX. — C'est à Nankin qu'a eu lieu, en 1910, la première manifestation de la « Nouvelle Chine », de la Chine qui se transforme, qui s'occidentalise, et cela avec une telle rapidité que la poste ou le télégraphe nous apporte constamment l'écho de quelque changement. La vieille capitale des Ming, pour laquelle le vrai Chinois a toujours tant d'amour et dont il évoque, non sans amertume, la splendeur passée, devait voir dans ses murs le premier signe de la métamorphose chinoise.

L'exposition de Nankin me paraît avoir été lancée sous l'influence japonaise, et l'on retrouve, dans ses règlements, son organisation, dans le vocabulaire technique des documents chinois qui traitent de la question, la mentalité et l'inspiration directrice des Japonais. Il est d'ailleurs hors de doute que le voisin de l'est est partout en Chine, à l'heure actuelle ; c'est lui qui pousse le colosse chinois toujours en avant, avec l'idée bien arrêtée de le guider où il voudra et de profiter de lui, à l'exclusion de tous les étrangers qui voudraient cependant dire leur mot en l'occurrence. La presse chinoise, qui a éclos subitement et qui a couvert les provinces de journaux quotidiens de toutes sortes, alors qu'il n'y avait autrefois que quelques feuilles, soit officielles, soit dirigées par des missionnaires protestants ou catholiques, est en majeure partie dans les mains d'agents japonais. Toutes les questions sont traitées dans ces feuilles : agriculture, commerce, instruction publique, défense nationale, etc… On y discute les projets d'augmentation de l'armée navale et de construction de navires de guerre ; la création d'une école supérieure des chemins de fer, l'installation du télégraphe sans fil entre le Sseu-Tchuen et le Thibet ; la plantation de l'indigo et l'élevage des vers à soie, et une quantité d'autres choses. Les conseils ne sont pas ménagés au gouvernement et aux différentes administrations.

L'ensemble de cette littérature est japonais, et, d'ailleurs, toutes les provinces de Chine, même les plus reculées, sont inondées de brochures rédigées en chinois, imprimées au Japon, et traitant de toutes les questions sociales : politique, administration, finances, droits de l'homme, etc… Et cela date de loin : je me rappelle que, me trouvant au Kouang-Si, sur la rivière de l'ouest, dans une petite sous-préfecture nommée Kouei-Chien, le sous-préfet, homme tout à fait modernisé, me fit voir sa bibliothèque (dont il était très fier), et je pus constater que tous les livres qui la composaient étaient rédigés et imprimés au Japon, à l'usage des Chinois. Il se trouvait même, parmi ces ouvrages, la traduction de l'*Esprit des lois* de Montesquieu, du *Contrat social* de Jean-Jacques Rousseau, des œuvres socialistes de Karl Marx — et beaucoup d'autres. Il est bien évident que ces traductions ne pouvaient avoir été faites que par des Japonais déjà fort instruits dans les lettres et sciences d'Europe.

Il est tellement clair et visible, d'ailleurs, que le Japon mène la Chine ! Dans le livre que j'ai publié sur le Japon (1), je disais que j'avais rencontré des Japonais dans toute la Chine ; voici un fait qui montrera jusqu'à quel point ils savent s'infiltrer chez leurs voisins, et cela sans être reconnus pour des étrangers ; on comprendra alors comment et pourquoi le Japon est forcément le grand éducateur du Céleste qui, cependant, n'éprouve en rien pour lui les sentiments d'un frère.

Il y a de cela déjà une douzaine d'années, dans un port du Yangtseu où je résidais, un navire de guerre japonais vint jeter l'ancre. Le commandant, homme fort aimable, me fit une visite et voulut bien me recevoir à sa table à déjeuner. Lorsque j'arrivai, au jour dit, je vis, dans l'entrepont du navire, une longue table servie et comprenant une trentaine de couverts. Un nombre à peu près égal de convives attendaient, parmi lesquels je remarquai une vingtaine de jeunes Chinois; au premier abord, je n'y prêtai pas grande attention, mais je vis, quelque temps après, que ces Chinois n'étaient autres que des Japonais déguisés. Ils venaient de différentes parties des provinces du Houpe et du Hounan où ils s'instruisaient snr les choses chinoises, et ils étaient là, à bord de ce bâtiment de guerre, pour faire leur rapport au commandant. Nul doute que chaque province du vaste

____

(1) *L'Empire japonais et sa vie économique.* (Librairie Orientale et Américaine, E. Guilmoto, éditeur.)

empire chinois ne renfermât ainsi plusieurs « explorateurs » ; et, à l'heure qu'il est, j'en suis convaincu, les Japonais connaissent la Chine mieux que les Chinois eux-mêmes. C'est pour ce motif que je crois la Chine actuellement menée par le Japon, et toute poussée d'occidentalisme a une origine et une direction nippones.

La grande manifestation connue sous le nom d'Exposition de Nankin est donc, certainement, d'inspiration japonaise. On n'en a pas beaucoup parlé en Europe, et, à vrai dire, elle a été plutôt un bazar local où étaient réunis les produits des provinces avoisinant Nankin et de la vallée du Yangtseu en général. Elle comprenait quatre sections : produits du sol, industrie, beaux-arts, instruction publique. Sous la dénomination de produits du sol, figuraient : l'agriculture divisée en sept sous-sections : céréales, horticulture, arboriculture, machines aratoires, engrais, arrosage, animaux utiles et nuisibles ; la sériciculture : cocons, soies, mûriers, ponte, machines, installations ; les pêcheries : poissons et crustacés maritimes et fluviaux ; la pharmacie : remèdes végétaux, animaux, minéraux ; la minéralogie : métaux, houille, pierres, sable, chaux, les différents minerais et produits du sous-sol ; la chasse : peaux d'animaux, dents, cornes, plumes.

L'industrie était divisée en onze sous-sections : teinturerie, vêtements, porcelaine, cheveux et poils, verre, matières d'or et d'argent, travaux en bambou, ivoires, chaussures et cuirs, éventails de tous genres.

Les beaux-arts comprenaient les peintures de toutes sortes, les broderies, les porcelaines fines, les œuvres d'or et d'argent ciselé.

L'instruction publique exposait tout ce qui est nécessaire aux écoles : papiers, pinceaux, encre de Chine, livres scientifiques modernes de chimie, physique, électricité, mécanique, etc... Tout ce qui concerne ce département de l'instruction publique a été fait, sans aucun doute, et préparé par des maîtres japonais — à part les papiers, les pinceaux et l'encre de Chine. Parmi les bâtons de cette encre, indispensable pour écrire avec des pinceaux, quelques-uns sont de vraies merveilles. Le grand centre de la bonne et élégante fabrication est Ngan-King, dans la province de Ngan-Hoei. On recueille, pour fabriquer ces bâtons, la fumée d'une huile spéciale qu'on fait brûler dans de petites lampes, et on mélange cette fumée avec une sorte de colle où l'on ajoute du musc, puis on met cette mixture dans des moules. Nous avons tous vu, en Europe, des échantillons de ces bâtons de noir de fumée ; mais je crois qu'il faut aller en Chine et surtout à Ngan-King, pour trouver les meilleurs spécimens du genre.

L'Exposition était répartie entre douze constructions de forme européenne, mais d'élégance douteuse, semées au milieu de jardins et de parterres égayés de nombreuses pièces d'eaux. A l'entrée principale, on rencontrait les deux pavillons de l'agriculture (à droite) et de l'industrie (à gauche) ; c'étaient les deux plus considérables ; puis, au fur et à mesure qu'on avançait sur la grande route centrale, on apercevait, dispersés au milieu de la verdure : le pavillon des machines, le pavillon de l'hygiène publique, celui de la préparation militaire ; puis les pêcheries, les beaux-arts, etc...

Presque tous les exposants étaient chinois, sauf quelques maisons européennes de Changhai et de deux ou trois autres ports qui avaient exposé des machines et des produits d'Europe. Ne figuraient sur cette liste que des maisons anglaises, allemandes ou américaines.

Changhai et la province du Kiang-Sou, puis Nankin et les villes du bas Yangtseu avaient exposé des objets manufacturés fort beaux et riches, surtout comme soieries et broderies ; et les coiffures féminines en plumes d'oiseaux (spécialité de Nankin) étaient, pour la plupart, vraiment remarquables.

L'Exposition, ouverte en grande pompe au cinquième mois de la seconde année de Siuen-Tong (mai 1910), ferma ses portes le neuvième mois de la même année, c'est-à-dire en octobre 1910. Pendant son existence éphémère, cette première exhibition nationale n'a pas fait grand bruit à l'étranger. Les quelques Européens qui l'ont visitée n'ont pas été particulièrement surpris et n'ont trouvé là qu'un médiocre intérêt. Dans cette partie nord de la ville de Nankin où avait été tracé l'emplacement des divers pavillons, le style bizarrement européo-chinois de ces derniers laissait une fâcheuse impression et n'était nullement en harmonie avec l'architecture et le paysage chinois qui les entouraient.

Mais le triomphe de l'étrange fut la cérémonie de l'inauguration ; on eut la surprise d'y voir, au milieu des vieux mandarins en habits soyeux aux couleurs vives et aux dessins chatoyants, de jeunes fonctionnaires vêtus à l'européenne, en frac ou en redingote. L'effet était désastreux. L'uniforme européen, pour l'armée, était jusqu'ici le seul admis dans le Céleste Empire, et c'était évidemment, dans ce cas, une nécessité, mais on n'avait jamais vu, dans une cérémonie officielle, des habits noirs figurer à côté de l'antique robe mandchoue. Comme son voisin le Japon, et sous son égide, la Chine marche, et elle finira, comme lui, par imiter l'Europe en tout, y compris l'habit, qui fait bien un peu le moine, malgré le proverbe.

En somme, l'Exposition de Nankin a été assez ignorée du dehors ; mais elle a été pour les Chinois une date. La réunion, dans l'ancienne capitale des Ming, des produits des différentes provinces, la présence des exposants venus de tous les points du territoire est, en son genre, une des nombreuses affirmations du patriotisme chinois qui se dégage et s'affirme de plus en plus.

CHAPITRE VII

I. — Wou-Hou, petit port situé dans un pays de marécages et de grandes herbes, n'a été ouvert au commerce étranger que le 1er avril 1877 par la convention de Tche-Fou. Il est situé sur le Yangtseu, dans la province du Ngan-Hoei et il se trouve à peu près à moitié chemin entre Tchen-Kiang et Kieou-Kiang. Sa situation sur le fleuve et sur un grand canal qui le relie à la ville de Ning-Kouo-Fou en fait un port de commerce fort actif. Le canal qui relie Wou-Hou à Ning-Kouo-Fou est toujours navigable, même en été ; c'est ce qui contribue à l'importance du port, par lequel il se fait une grande exportation de riz vers les autres provinces ; de plus, un autre canal relie Wou-Hou à un district de thé très renommé, Tai-Ping-Chien, situé à environ 20 kilomètres. Toutefois ce dernier canal n'est navigable qu'aux grandes eaux, en été, ce qui diminue considérablement sa valeur.

Enfin deux autres canaux relient la ville de Wou-Hou à Sou-Ngan et Tong-Po, et les districts qui produisent la soie ne se trouvent guère qu'à 100 kilomètres du port. C'est ce qui explique le trafic assez considérable de ce petit endroit qu'on aperçoit à peine en passant et qui a l'air d'une misérable ville chinoise de dernier ordre. Il est fort possible que, dans l'avenir, ce trafic prenne encore plus de développement; car Wou-Hou est situé dans une province essentiellement riche. D'ailleurs, les chiffres que nous fournit la douane impériale chinoise montrent bien que les affaires y sont fréquentes et nombreuses et l'activité incessante. Le relevé de 1908 donne en effet la somme de 27. 429. 894 taels. La province de Ngan-Hoei est riche en charbonnages, et plusieurs sociétés, soit étrangères, soit indigènes, se sont déjà constituées pour l'exploitation de ces mines. La « China Merchant Steam Navigation C° », c'est-à-dire la compagnie chinoise de navigation à vapeur, possède à elle seule plusieurs districts miniers ; il est vrai que jusqu'ici l'exploitation n'a pas donné tous les résultats que l'on pouvait espérer, mais il est hors de doute qu'avec l'introduction de la machinerie européenne et une administration intègre et soigneuse, on devrait avoir un rendement profitable. Une autre compagnie, dénommée Tchen-Kang, a obtenu également du gouvernement impérial l'autorisation de faire des prospections minières et d'installer des exploitations de différents minerais : mais cette dernière société n'a encore rien établi de définitif. Plusieurs Européens ont essayé aussi de former des sociétés pour l'extraction du minerai dans le Ngan-Hoei, et parmi ces dernières, le Yang-Tse-Land and Investment C°, et le charbonnage I Li sont les plus considérables. Elles n'ont toutefois encore rien fait, et la situation actuelle de la Chine semble trop propre à refroidir le zèle de ceux qui comptent installer quelque exploitation dans l'intérieur du pays.

Le port de Wou-Hou, en dehors de la soie et du thé, fait un commerce assez considérable de bois en grume. Ce commerce est entièrement dans les mains des Chinois, comme, du reste, tout le trafic du port. Aucun Européen ne réside à Wou-Hou, sauf ceux qui font partie du personnel de la douane, ainsi que les agents des compagnies de navigation et quelques missionnaires protestants et catholiques. La ville est assez élégamment bâtie pour une ville chinoise ; les rues sont plus larges et mieux pavées qu'ailleurs ; autrefois il n'y avait pas de quai le long du fleuve, mais le terrain cédé à cet endroit à la compagnie des chemins de fer du Ngan-Hoei a été, ainsi que les emplacements appartenant aux diverses compagnies de navigation, transformé complètement depuis quelques années, et aujourd'hui un quai de 1.500 mètres est en construction ; plus de la moitié est déjà terminée ; un emplacement spécial, sorte de petite ville européenne, a été réservé pour les quelques étrangers qui résident à Wou-Hou, et le port prend peu à peu l'air élégant et confortable des autres ports du Yangtseu.

II. — Comme maisons européennes établies dans cette partie du fleuve, nous trouvons :

La compagnie des chemins de fer du Ngan-Hoei ;

La compagnie asiatique des pétroles (Asiatic petroleum C°) ;

La Standard oil C° de New-York ;

Une compagnie d'électricité y est également représentée et, à l'heure qu'il est, Wou-Hou renonce peu à peu au pétrole pour s'éclairer à la lumière électrique. Mais, ainsi que je le disais au début, le principal article de commerce du port de Wou-Hou, c'est le riz, et on a généralement remarqué que les importations y étaient en quelque sorte en fonction de l'exportation du riz ; c'est que la partie de la province du Ngan-Hoei où est situé Wou-Hou est essentiellement productrice de cette céréale, laquelle est pour le Chinois de première nécessité, exactement comme est pour nous le blé. Autrefois le Ngan-Hoei faisait partie de la grande province du Kiang-Nan (Ngan-Hoei et Kiang-Sou) qui était considérée comme la plus riche de la Chine. Les villes sont très peuplées et sont les plus célèbres de l'Empire pour le commerce ; le pays est rempli de bois, de rivières, de canaux ou naturels ou creusés de main d'homme qui communiquent avec le Yangtseu. Dans ces conditions la culture du riz, qui demande beaucoup d'eau, y est intensive.

Il faut ajouter que la capitale de l'Empire, Nankin, se trouvant précisément située dans la province du Kiang-Nan, contribuait nécessairement à la richesse de cette même province et en même temps à sa culture intellectuelle ; car les habitants en étaient et en sont encore civils et polis, et recherchés dans leurs manières.

III. — Les principaux articles d'exportation du port de Wou-Hou sont donc : le riz, le thé, un peu de soie, des plumes de canard et de poulet, du chanvre, et aussi une assez grande quantité de haricots.

On trouve à l'importation : opium, cotonnades et coton de

toutes sortes ; fer et métaux divers, allumettes, pétrole, bêche de mer ; verrerie, savon, sucre et parapluies. Dans cette énumération, nous ne voyons guère que des articles anglais, allemands, japonais et américains. Les Français n'y figurent pas, sauf peut-être comme importation de rubans de soie brodée de Saint-Étienne. Bien que n'étant pas un port ouvert au commerce étranger, il n'est pas sans intérêt de mentionner ici la ville de Ngan-King, située sur le Yangtseu, en face de la province du Kiang-Si. Cette ville est très considérable par ses richesses et son commerce ; tout le pays à l'entour est très découvert, très agréable et très fertile. C'est à Ngan-King que se fabrique l'encre de Chine la plus renommée.

IV. — Kieou-Kiang est l'une des villes les plus agréables à habiter parmi toutes celles qui sont bâties sur les bords du Yangtseu. Quand le voyageur arrive en bateau en remontant le fleuve, il passe d'abord, avant d'arriver à Kieou-Kiang, devant la petite île de Siao-Kou-Chan (le petit orphelin) très élégante et chargée de monastères blanchâtres, qui la font ressembler à un pain de sucre ; puis il arrive à l'embouchure du lac Po-Yang, où se dresse, adossé à une éminence et regardant l'entrée du lac, le port de Houkeou ; de cette dernière ville, par-dessus le lac, on aperçoit une chaîne de collines assez élevées et dont les versants, descendant vers le Po-Yang, sont couverts de verdure en buissons et de quelques arbres isolés. Cela fait contraste avec les rives plates que l'on rencontre partout ailleurs ; en effet, depuis l'embouchure du Yangtseu jusqu'aux gorges d'Itchang, on ne voit aucune verdure ; l'indigène imprévoyant a abattu toute la forêt et ne lui a pas donné le temps de repousser. Par delà les prairies où coule majestueusement le grand fleuve, depuis des siècles, toute trace d'arbres a disparu et on ne voit que des collines nues et grisâtres. Aussi la vue se trouve-t-elle égayée quand on arrive en face de Kieou-Kiang. La ville en elle-même n'a rien de plus remarquable qu'une autre ville chinoise, et les Européens qui habitent la concession sont en très petit nombre ; seulement les agents de la douane, les représentants des compagnies de navigation et quelques missionnaires. Cependant, grâce aux montagnes dont elle est entourée, elle a un cachet particulier que n'ont pas les autres villes du Yangtseu, même les plus grandes. Aussi, les Européens qui résident dans les ports proches de Kieou-Kiang, notamment ceux de Hankeou, ont-ils construit sur les hauteurs du Lou-Chan (ainsi se nomme la chaîne de Kieou-Kiang) une véritable petite ville où ils vont prendre le frais et se reposer des chaleurs torrides de l'été du Yangtseu. Autrefois seule la douane de Kieou-Kiang possédait un bungalow dans un coin de montagnes nommé Ta-Chan-Pei, et les Russes, marchands de thé à Hankeou, une autre maison à Ma-Ouei-Chouei ; mais en 1899 un missionnaire américain découvrit le sommet de Ku-Ling et s'y installa. L'idée lui vint de construire des maisons de rapport et il lutta avec les mandarins du Kiang-Si pour obtenir une certaine quantité de terrain. Ce fut dur, ce fut long, mais sa patience fut récompensée, et à l'heure qu'il est Ku-Ling est une véritable ville européenne perchée sur le sommet du Lou-Chan. De tous les points du Yangtseu on y vient, et les habitants de Changhai eux-mêmes, qui autrefois allaient se reposer au Japon, ne dédaignent pas de s'y installer malgré les trois jours de navigation sur le fleuve.

V. — Nous sommes ici dans la province du Kiang-Si, bornée au nord par le Houpe et le Ngan-Hoei ; à l'est, par le Tche-Kiang et le Fou-Kien ; au sud, par le Kouang-Tong ; à l'ouest, par le Hounan. Les montagnes qui se trouvent au nord de la province et auxquelles Kiu-Kiang est adossé sont relativement peu hautes et par suite très abordables ; mais celles qui sont au midi et qui se réunissent aux montagnes des provinces du Kouang-Tong et du Fou-Kien sont presque inaccessibles, quoique l'on y découvre de fort belles vallées.

Les campagnes sont très bien cultivées ; cependant la province est si peuplée que, toute fertile qu'elle est, elle ne fournit pas beaucoup plus de riz qu'il n'en faut pour nourrir ses habitants ; aussi ont-ils la réputation d'être très économes, voire avares, et leur épargne sordide leur attire souvent la raillerie de leurs compatriotes.

Le Kiang-Si est bien arrosé ; sa principale rivière est le Kan-Kiang qui prend sa source près de Sin-Fong, et après avoir passé à Kan-Tcheou, Kingan et Nan-Tchang, se jette dans le lac Poyang près de Nan-Kang. Cette rivière ainsi que les petits ruisseaux qui s'y jettent est remplie de toutes sortes de poissons, notamment truites et saumons ; à une certaine époque de l'année, généralement en avril, les esturgeons remontent le fleuve et sont pris en grande quantité dans le lac Poyang. La tortue comestible à carapace molle est également très abondante au Kiang-Si. Ainsi que je l'ai dit plus haut, les montagnes dont la province est entourée sont couvertes de bois, ce qui en fait une oasis au milieu de la nudité des autres provinces.

Outre que la terre produit ici tout ce qui est nécessaire

à la vie et que rivières et lacs fournissent amplement le poisson, la province du Kiang-Si est très riche en mines d'or, d'argent, de plomb, de fer et d'étain. On y exploite une mine de charbon dans le sud, à Ping-Chiang ; on y fabrique également de belles étoffes et on y distille un vin de riz très renommé.

Mais l'industrie la plus célèbre du Kiang-Si est celle de la porcelaine. On la fabrique à Kin-Te-Tcheng, petite ville située sur la rivière Tchang, dans une plaine entourée de hautes montagnes ; la ville a beaucoup souffert de la rébellion des Tai-Ping, mais elle reprend peu à peu son activité ; elle est peuplée surtout d'ouvriers porcelainiers et décorateurs, et bien qu'elle ne soit pas ville murée, mais pour ainsi dire simple village, c'est l'une des plus grandes cités de la province comme population. C'est à Kin-Te-Tcheng que la Cour de Pékin commande la porcelaine dont elle a besoin ; et il n'y a pas lieu d'insister pour faire comprendre que le commerce de vases, plats et bols d'espèces variées est la principale affaire de cette partie du Kiang-Si ; un grand nombre de marchands de toutes les provinces viennent s'y approvisionner ; car la porcelaine qui se fait à Canton et dans les provinces de Fo-Kien est loin d'être aussi estimée ; beaucoup de marchands indigènes du Kiang-Si chargent aussi de grandes barques et vont à petites journées vendre leur produit dans les villes le long du Yangtseu.

Kieou-Kiang a été ouvert au commerce étranger ; c'était en effet l'un des ports où pouvait aborder le thé dont les Anglais faisaient autrefois un grand commerce ; il avait été question, au lieu d'ouvrir Kieou-Kiang, de choisir Houkeou, à l'embouchure du Poyang dans le Yangtseu ;

mais je crois que ce dernier port n'aurait pas été plus florissant que Kieou-Kiang, qui a trompé toutes les espérances fondées sur lui ; il n'a jamais été en effet un marché pour les thés dont le trafic a toujours été concentré à Hankeou.

Kieou-Kiang a une population de 60.000 habitants ; la ville a bien perdu de son importance d'autrefois, depuis qu'elle a été prise et saccagée en 1853 par les rebelles Tai-Ping ; elle est à peine relevée de ses ruines, et une grande partie de la ville murée est une véritable forêt vierge.

Son commerce pour l'année 1908 s'élevait à 30.093.412 taels.

VI. — Selon toute probabilité Kieou-Kiang restera toujours un port secondaire et ne prendra jamais de grandes proportions au point de vue du trafic. Peut-être, une fois les communications rendues plus faciles par les voies ferrées, la province du Kiang-Si, dont Kieou-Kiang est le débouché sur le Yangtseu, arriverait-elle à un plus grand développement par l'exploitation de ses richesses naturelles ; elle possède en effet quelques produits assez recherchés, tels que le thé, le tabac, les haricots, la ramie, le coton, voire même le camphre, et ses récoltes en riz et en blé sont généralement fort abondantes. La population, qui peut être estimée à 25.000.000, est intelligente et fine ; le travail des ouvriers du Kiang-Si est très apprécié, et ce qui sort de leurs mains, comme les objets de porcelaine, le papier, les étoffes de ramie, prouve infiniment de goût et d'habileté. Il y a en outre dans la province beaucoup de mines de charbon, des mines de cuivre et de fer. Mais tout cela ne peut être mis en exploitation sérieuse que par des capitaux considérables, et à condition que les voies de communication soient faciles et rapides, ce qui est loin d'être le cas aujourd'hui. On a déjà eu bien de la peine à achever la construction du chemin de fer qui relie Kieou-Kiang à Nan-Tchang-Fou, capitale de la province, et il est probable qu'après cet effort, les choses vont encore rester pour de longues années en l'état actuel.

Brouette chinoise.

CHAPITRE VIII

I. — Hankeou est situé dans la province du Houpe, sur les bords du Yang-Tseu-Kiang, qui traverse la province de l'ouest à l'est. Autrefois, Hankeou était un simple marché, dépendant de la sous-préfecture de Hanyang dont il est séparé par la rivière Han, affluent du grand fleuve. Hankeou signifie, du reste, en chinois « embouchure de la Han ». Le Jésuite du Halde, en 1735, décrivait ainsi la province du Houpe, laquelle, à cette époque, formait avec le Hounan la vaste province du Hou-Kouang : « La plus grande partie de cette province est un pays plat qui consiste en de rases campagnes arrosées de toutes parts de ruisseaux, de lacs et de rivières. On y pêche une infinité de toutes sortes d'excellents poissons, et l'on prend grand nombre d'oiseaux sauvages sur les lacs.

« Les campagnes y nourrissent des bestiaux sans nombre ; la terre y produit toutes sortes de grains et de fruits, surtout des oranges et des citrons de toutes les espèces. Les montagnes sont très abondantes les unes en cristal, d'autres en simples et en herbes médicinales... On y trouve des mines de fer, d'étain et de semblables minéraux.

« Il s'y fait quantité de papier des bambous qui y croissent et l'on voit dans les campagnes beaucoup de ces petits vers qui produisent de la cire de même que les abeilles produisent le miel.

« Enfin, elle est si abondante en toutes sortes de choses qu'on l'appelle communément le grenier de l'Empire, et c'est un proverbe, parmi les Chinois, que la province de Kiang-Si peut fournir un déjeuner à la Chine, mais que celle de Hou-Kouang a seule de quoi la nourrir tout entière. »

Il y a là, je crois, quelque exagération, et si la province du Hounan peut être considérée comme assez riche, par contre, le Houpe est certainement une des pauvres provinces de Chine. Malgré cela, le marché de Hankeou était déjà important à l'époque où écrivait le Père du Halde ; car c'était le rendez-vous du commerce de la Chine centrale. Le Père Huc, au reste, en parle aussi avec enthousiasme lors de son passage à son retour de Lhassa. C'est que, par la Han d'un côté et par le Yangtseu de l'autre, toutes les marchandises arrivant du nord et de l'ouest viennent se réunir à Hankeou.

II. — Actuellement Hankeou a grandi et a surpassé de beaucoup Hanyang qui est devenue une ville morte. La population y est estimée de 800.000 à 1.000.000 d'habitants. Ces chiffres sont forcément approximatifs, car les recensements du gouvernement chinois sont plus ou moins sujets à caution ; il n'en est pas moins vrai que Hankeou est une des villes les plus peuplées de la Chine.

Elle a été ouverte au commerce étranger en 1861, et, de suite, les Anglais s'y installèrent et y créèrent le « British Settlement » qui devint rapidement une petite ville fort gracieuse et élégante, munie d'un quai d'environ un kilomètre de long, tout planté d'arbres, et qui est la promenade habituelle des résidents. Les Anglais, à cette époque, prenaient de forts chargements de thé à destination de Londres, et ils continuèrent ainsi à envoyer jusqu'à Hankeou, aux hautes eaux, des vapeurs de 7 et 8.000 tonnes. Ils cessèrent vers 1897-1898, alors que les plantations de Ceylan, de l'Inde et de l'Assam, étant en plein rapport, purent fournir le Royaume-Uni de tout le thé dont il avait besoin.

Les Russes, eux aussi buveurs de thé, ne tardèrent pas à s'installer à Hankeou ; ils construisirent leurs résidences dans la concession anglaise, la seule existante, et ouverte à tous les Européens ; puis ils y élevèrent des fabriques pour y préparer le thé en briques à destination de la Sibérie, du Thibet et de la Mongolie. C'est en effet sous cette forme qu'il est facile d'importer le thé dans ces pays, en le faisant circuler à dos de chameaux ; les briques et briquettes fabriquées à Hankeou par les Russes sont divisées en carrés par des lignes creusées dans les comprimés, afin de pouvoir chez les Thibétains et les Mongols servir d'échange. Aujourd'hui les Anglais ont à peu près cessé tout commerce de thé, et seuls les Russes en exportent encore du Houpe.

C'est trois ans après l'ouverture du port au commerce étranger qu'Anglais et Russes vinrent s'y installer. A cette époque (1864) il y avait également une quinzaine de Français, mais ils n'y restèrent pas, et ce n'est qu'en 1895 qu'ils commencèrent à y reparaître.

III. — Après la guerre sino-japonaise, la Chine, vaincue et obligée d'ouvrir de nouveaux ports et d'accorder de nouvelles concessions, dut, en même temps qu'elle cédait aux prétentions du Japon, agréer les demandes des autres puissances. C'est ainsi que la Russie et l'Allemagne exigèrent des concessions à Hankeou, à côté de la concession britannique. Mais la France avait déjà, précisément à la suite de la concession britannique, le droit (acquis en 1861) d'établir une concession. Il s'ensuivit quelques difficultés qui furent, au bout d'un temps assez long toutefois, réglées d'une façon amicale, et les concessions furent délimitées en laissant à la Russie les terrains que ses sujets avaient depuis longtemps acquis, en dehors et à côté de la concession britannique, pour y construire de nouvelles fabriques de thé qui étaient, au moment de la discussion, en plein rapport.

Mais une autre difficulté s'élevait pour la France. Ayant négligé en 1861 de prendre effectivement possession de la concession qui lui était octroyée, elle n'y avait élevé qu'un consulat, et les Anglais s'étaient approprié les terrains à l'entour pour en faire un champ de courses. Le consulat de France était donc au milieu du champ de courses. On ne saura jamais les tracas, les ennuis, la peine que j'ai eus à faire revivre la concession française, mais j'ai été récompensé de mes luttes de trois années, car j'ai réussi (1).

Quant aux Allemands, ils choisirent un emplacement en dehors de la ville et les Japonais s'établirent à leur suite sur les bords du fleuve.

Hankeou prenait donc un développement considérable : Anglais, Russes, mais surtout Allemands et Français venaient y fonder des maisons de commerce et des industries. Des fabriques d'albumine s'élevèrent bientôt; des machines pour traiter les minerais d'antimoine, de plomb, de zinc furent importées. Des filatures de coton et de soie, de chanvre et de jute, furent construites; une tannerie également. Il existe aujourd'hui à Hankeou, dans les concessions européennes, plusieurs centaines d'étrangers de toutes nationalités.

(1) « La concession française existait en principe depuis longtemps, mais n'existait qu'en principe. C'est à l'initiative de notre consul actuel, M. Dautremer, qu'elle doit d'avoir pu passer à l'état de réalité. La France doit d'autant plus lui en savoir gré que cet établissement n'a pu se faire sans rencontrer bien des difficultés, suscitées soit par des intérêts personnels ou des convoitises plus ou moins inavouables, soit aussi par des susceptibilités nationales. » (*Le Haut-Yangtseu, de Itchang-Fou à Ping-Chan-Hien*, par le P. CHEVALIER.)

« Le travail que vous présente ici la municipalité française, et que vous nous faites l'honneur d'inaugurer aujourd'hui, est un monument de longue persévérance. A mon prédécesseur, M. Dautremer, revient le mérite de l'avoir entrepris il y a trois ans. Il fallait alors avoir une foi solide en l'avenir. Notre concession n'était guère plus qu'un terrain vague et rien ne faisait prévoir le spectacle d'activité, de progrès, de succès qu'elle offre aujourd'hui. Je regrette donc que M. Dautremer n'ait pu se trouver ici pour assister à l'achèvement de l'œuvre qu'il avait presque poussée jusqu'au bout et dont il conservera justement l'honneur. Il avait eu confiance. Il fallait avoir confiance au moment où la Chine entière se troublait. » (*Discours de M. de Marcilly*, consul de France, à l'inauguration du quai de la concession française, 17 mai 1904.)

IV. — L'essor de Hankeou fut, il faut le dire, grandement aidé par un vice-roi très actif quoique un peu brouil-
lon et sans méthode, Tchang-Tche-Tong. Mort il y a
quelques années à Pékin où il avait été appelé au conseil
privé de l'Empereur, Tchang-Tche-Tong occupa pendant
de longues années le poste de vice-roi du Houpe et du
Hounan. Vieux Chinois, imbu des idées littéraires les plus
pures (il était membre du Han-Lin ou académie chinoise),
il comprenait néanmoins que la Chine avait besoin d'une
éducation nouvelle, et il avait résolu de prendre à l'Europe
ce qui faisait sa force, l'instruction militaire et l'industrie.
Des Allemands avaient été chargés de lui créer une
armée, et des Belges furent appelés, en 1891, pour élever
à Hanyang des hauts-fourneaux et des ateliers afin d'y
fondre les minerais et d'y fabriquer des armes et des
rails. En effet, à ce moment déjà, était en germe l'idée du
chemin de fer de Hankeou à Pékin.

L'établissement d'une semblable entreprise devait être
long ; aussi ce fut par à-coups qu'elle fut montée, l'argent manquant souvent, et on put croire à un moment
donné que l'opération était au-dessus des forces du vice-
roi. En décembre 1892, des millions avaient déjà été
engloutis dans l'affaire, et les assises sortaient à peine de
terre ; pour se procurer des fonds on cherchait à vendre à
Changhai le minerai qu'on extrayait de la montagne de
Ouang-Tseu-Kiang, à 60 milles en aval de Hanyang,
minerai qui était destiné aux fonderies. En même temps il
fallait aussi d'autres capitaux pour ouvrir la mine de charbon du mont Tié-Chan, à Ouang-Tchang-Tseu, près de
Ouang-Tseu-Kiang, charbon destiné à alimenter les hauts-
fourneaux. Au Tié-Chan, pour l'exploitation des mines

tant de charbon que de minerai, se trouvaient six Allemands, tandis que les Belges avaient la direction des ateliers.

Mais, en 1894, alors qu'on croyait pouvoir faire marcher l'usine, on eut une autre déception : les charbonnages ne fournissaient qu'un anthracite sulfureux incapable de produire le coke nécessaire, et il fallut faire venir du Cardiff en attendant de trouver une autre mine capable d'alimenter les hauts-fourneaux. Or les fonds manquaient toujours malgré une aide sérieuse de Li-Han-Tchang, alors viceroi de Canton, frère de Li-Hong-Tchang. Tchang-Tche-Tong aux abois songea alors à former une société privée qui aurait pris en mains la continuation de l'affaire qu'il sentait bien lourde pour ses épaules. Des négociants chinois, tous très riches, vinrent exprès de Canton pour examiner les travaux et finalement refusèrent de s'engager.

Le vice-roi se trouvait donc dans une situation embarrassante : plus d'argent et pas de charbon sur place. C'est alors que la Banque asiatique allemande (Deutsch asiatische bank) offrit ses services, et elle avança au vice-roi une somme considérable, plusieurs millions de taels (on parlait à cette époque d'une somme de vingt millions de francs) avec garantie prise sur la fabrique d'armes. Les Allemands étaient donc dans la place qu'ils convoitaient depuis longtemps, et peu à peu tous les Belges furent remerciés. Cependant il arriva que les administrateurs allemands voulurent se passer des collègues chinois qui leur étaient adjoints, et se considérèrent un peu trop comme les maîtres absolus. L'union ne devait pas tarder à être brisée et le vice-roi, mécontent, après un essai des

Allemands pour mettre entièrement la main sur l'entreprise et en faire une œuvre allemande, rappela des Belges. Aujourd'hui, après bien des vicissitudes, les usines fonctionnent et sont toujours dirigées par des Belges, tandis que les Allemands continuent à administrer les mines de fer et de charbon du Tié-Chan. Elles fournissent des rails aux chemins de fer chinois et fondent des canons et des fusils.

V. — En dehors de cette grosse entreprise, Tchang-Tche-Tong a créé à Wou-Tchang, la capitale du Houpe, en face de Hanyang et de Hankeou, sur l'autre rive du Yangtseu, un hôtel des monnaies où l'on frappe les sapèques de cuivre et la monnaie divisionnaire d'argent, pièces de 10 cents et de 20 cents.

Il établit également une fabrique d'aiguilles à coudre, dont la Chine fait une grande consommation et qu'elle achète ordinairement en Angleterre et en Allemagne.

Il créa une filature de coton et de lin, une filature de soie. Il fit venir des professeurs du Japon pour enseigner à l'école d'agriculture qu'il avait fondée. Enfin, son activité ne connaissait pas de bornes. Beaucoup de ces institutions eurent des débuts pénibles, mais actuellement, reprises par des capitalistes chinois, elles semblent devoir prospérer.

VI. — Mais ce qui a contribué à donner à Hankeou l'essor commercial et industriel, ce qui en a fait définitivement le grand marché du centre de la Chine, c'est, sans contredit, le chemin de fer qui relie cette dernière ville à Pékin. Le projet de cette voie ferrée, destinée à traverser toute la Chine depuis Pékin jusqu'à Canton, en passant par Hankeou, était en germe dès 1891, mais la difficulté d'avoir des fonds, puis la guerre avec le Japon avaient éloigné la réalisation de ce plan. Ce ne fut qu'en 1897, avec des capitaux français, sous la direction d'ingénieurs belges, que les travaux furent commencés. Je dirai peut-être quelque jour comment toute cette affaire fut menée à ses débuts, mais le moment n'est pas encore venu. Actuellement le chemin de fer est construit de Hankeou à Pékin et fonctionne régulièrement ; des trains de luxe, fournis par la Compagnie internationale des wagons-lits, y circulent, et le gouvernement chinois a, l'année dernière, racheté la ligne au moyen d'un emprunt par l'intermédiaire de la banque française de l'Indo-Chine. Quant à la ligne Hankeou-Canton elle est toujours à l'état de projet.

La seule voie ferrée de la province, en dehors de la grande ligne de Hankeou à Pékin, est une petite ligne industrielle de 25 kilomètres environ reliant les mines du Tié-Chan au Yangtseu. Elle n'est, du reste, pas ouverte aux voyageurs ni aux marchandises.

Les lignes projetées sont donc actuellement : le chemin de fer de Hankeou à Canton qui, dans la province, suivra la rive droite du fleuve de Wou-Tchang à Yo-Tcheou ; et le chemin de fer du Sseu-Tchuen qui partira de Hanyang et passera par Cha-Yang, King-Meun et Itchang ; à partir d'Itchang, son itinéraire doit suivre la rive gauche du Yangtseu et aboutir à Kouei-Fou. Cette ligne aura deux embranchements : l'une de Cha-Yang à Cha-Che ; l'autre de King-Meun à Siang-Yang-Fou.

Mais la réalisation de ces deux projets est sans doute encore loin de nous ; aucun n'a reçu un commencement d'exécution, les Chinois prétendant établir avec leurs propres ressources ces deux voies ferrées dont la construction est difficile et coûteuse.

VII. — Au milieu de la concurrence que se font entre elles les puissances européennes en Chine, est apparu depuis longtemps déjà, mais s'est affirmé surtout après la guerre sino-japonaise et la guerre russo-japonaise, un adversaire qui devient redoutable sur le marché chinois, c'est le Japon. Ce nouveau venu désire prendre sa part et il y montre une énergie et une persévérance rares.

Le nombre est incalculable des articles importés notamment dans les ports du Yangtseu. Kieou-Kiang et Hankeou en sont inondés et ces articles, se vendant à des prix excessivement peu élevés (ce que recherche avant tout le Chinois), sont choisis de préférence aux objets similaires d'Europe. L'explication de ceci, au reste, est fort simple : le Japon est à quelques heures de Changhai ; il a à son service une compagnie de navigation qui dessert directement les ports du Yangtseu en venant en ligne droite du Japon ; par suite ses objets de trafic payent peu de transport ; en outre la main-d'œuvre au Japon est bien moins élevée qu'en Europe ; enfin le fabricant et le commerçant japonais se contentent d'un bénéfice infiniment moindre que celui que recherche un Européen qui tient à faire fortune rapidement et dont la moyenne de dépenses est dix fois supérieure à celle d'un Japonais (1).

Voici les différents articles japonais importés avec succès dans l'Empire du Milieu :

Cotonnades de toutes sortes et de toutes couleurs ;

Lampes à pétrole ;

(1) Voir *L'Empire japonais*, par J. Dautremer, page 190, ix.

Verres de lampes et mèches ;

Allumettes genre suédois ;

Objets les plus divers en fer-blanc, tels que bouilloires, boîtes à thé, seaux, lanternes, etc. ;

Verres à vitres ;

Verres à boire, carafes, stores en verroterie et tous les objets de verre en général (fabriqués à Tokio) ;

Chapeaux de feutre (fabriqués à Osaka) ;

Chapeaux de paille (fabriqués à Osaka) ;

Bas et chaussettes de coton et de laine (fabriqués à Osaka et à Tokio.)

Et une foule d'autres articles, entre autres du papier et du savon que les Japonais sont parvenus à produire assez bien et à un bon marché vraiment extraordinaire. Mais ce qui est le principal article d'importation japonaise en Chine, c'est le parapluie, manufacturé par millions à Osaka et qui tend à remplacer en Chine le fameux parapluie de papier huilé. Le parapluie japonais a détrôné le parapluie français fabriqué à Lyon et dont nous importions autrefois de grandes quantités.

Évidemment jusqu'à présent la concurrence japonaise ne s'exerce que sur une échelle encore restreinte, mais il ne faut pas se dissimuler que, comme le Japonais est adroit et habile, il arrivera à vendre aux Chinois, à bon prix, les articles que ce dernier avait l'habitude d'acheter à l'Europe. Aujourd'hui le Japon est relié à la Chine par de nombreuses lignes de navigation dont l'une dessert précisément les ports du Yangtseu.

Ainsi, après les Anglais, les Russes, les Allemands et les Français, sont venus dans le Yangtseu les Japonais, qui y ont pris une place considérable. Où sont maintenant les prétentions anglaises sur la vallée du fleuve bleu? Il y a quelques années, en 1898, après la guerre sino-japonaise, lorsque les puissances européennes parlaient de s'adjuger des sphères d'influence en Chine, l'Angleterre avait immédiatement réclamé pour elle la vallée du Yangtseu ; un de ses résidents au Sseu-Tchuen, M. Archibald Little, le même qui tenta de remonter des rapides en chaloupe à vapeur, fit alors paraître un livre : *Through the Yangtse gorges*, sur la couverture duquel une Chine en noir, marquée de deux lignes rouges au nord et au sud du grand fleuve, montre au lecteur ce que doit être la sphère d'influence anglaise ! Les intérêts multiples qui se sont développés à Hankeou, et la concurrence qui s'y livre entre les diverses nationalités ont eu bientôt raison des prétentions britanniques !

VIII. — Au point de vue agricole, la province n'est pas comptée comme une des riches provinces chinoises. Les principaux produits sont le riz dont on fait, dans certaines parties du Houpe, deux récoltes annuelles ; le blé et le coton cultivés en petite quantité dans le nord de la province ; le chanvre, la ramie, le sésame, le thé qui est la principale production de la sous-préfecture de Che-Nan-Fou ; l'arbre à vernis (*rhus vernicifera*) et la rhubarbe qui poussent dans les régions montagneuses de l'ouest de la province ; les haricots, l'indigo, le tabac.

Le pavot à opium se cultivait autrefois dans tout l'ouest de la province, vers Itchang et Siang-Yang-Fou, et le Houpe en produisait environ 10.000 piculs par an ; mais, depuis les ordonnances impériales contre l'opium, la culture du pavot a cessé.

La pomme de terre, autrefois introduite par les missionnaires italiens franciscains, est cultivée aux environs de Hankeou ; mais elle pousse surtout dans les régions montagneuses de l'ouest de la province, où elle fait le fond de la nourriture des paysans en même temps que la patate douce. Le sorgho, le maïs, le millet sont également cultivés.

Le climat du Houpe convient admirablement à la sériciculture, et elle y existe depuis les temps les plus reculés. La légende rapporte qu'au temps de la conquête de la province, habitée alors par des aborigènes ou Miao-Tseu, un Empereur aurait épousé la fille d'un prince de l'une des tribus et que cette princesse serait précisément celle qui a découvert l'art de tisser la soie. C'est à Ta-Yang, au nord-est d'Itchang, que se trouvent les centres d'élevage de vers à soie de la province.

Il n'y a plus d'arbres au Houpe ; comme dans toutes les provinces que j'ai déjà passées en revue, les forêts ont disparu et c'est du Hounan et du Kouei-Tcheou que viennent les bois employés à Hankeou et ailleurs, quand ils n'arrivent pas tout simplement d'Amérique, ce qui est le cas la plupart du temps.

Les mines du Houpe ont donné des déceptions ; il faut faire exception pour celle du Tie-Chan, où on trouve un excellent minerai de fer. On y découvre aussi des mines d'antimoine et de zinc, et une maison française avait essayé de traiter le minerai à Wou-Tchang ; elle avait bien réussi, mais, faute de fonds, elle fut obligée de céder son affaire à une maison allemande, Carlowitz, qui continue avec succès.

Quant aux mines de charbon, elles n'ont procuré que des déboires ; j'en ai vu ouvrir sept en trois ans, dans diverses parties de la province, et aucune n'a donné de bonne houille. Le charbon consommé à Hankeou vient du Hounan et surtout du Kiang-Si.

IX. — En 1892, le commerce de Hankeou ne s'élevait qu'à 48.500.000 taels ; il a, depuis, constamment prospéré jusqu'en 1904, où il atteint le chiffre de 148.000.000 de taels. Il a ensuite fléchi en 1905 à 122.100.000 de taels, et en 1906 à 109.660.000 de taels, mais ce n'était là qu'un fléchissement passager dû à une crise monétaire, et depuis les affaires ont repris : le trafic est remonté à 115.071.383 de taels en 1907, et à 120.038.293 de taels en 1908.

La branche la plus importante du commerce d'importation est celle des tissus de coton. En 1905, Hankeou a reçu pour 6.000.000 de taels de filés et 7.220.000 taels de cotonnades ; en 1905, l'importation des filés étrangers a augmenté de 50.000 piculs, représentant environ une plus-value de 1.320.000 taels ; la plus grande partie provient du Japon, les filés de ce pays ayant repris sur le marché l'avantage sur les filés indiens, qui eux-mêmes avaient détrôné le coton filé du Lancashire. L'Angleterre ne fournit plus depuis longtemps que les numéros élevés.

Quant à l'importation des cotonnades, connues sur le marché sous le nom marchand anglais de « piece goods », elle a également bénéficié de l'engorgement des magasins de Changhai après la guerre russo-japonaise. On a constaté une augmentation de 337.000 pièces sur les cotonnades écrues et une augmentation de 57.000 pièces sur les étoffes teintes en noir dites, en langage du commerce, « italians ». Cependant, il y a lieu de noter une baisse de 24.000 pièces pour les cotonnades écrues américaines et de 17.000 pièces pour les toiles de Perse, connues sous le nom de « chintzes ».

Presque la totalité des tissus importés sur le marché de Hankeou sortent des entrepôts fictifs de Changhai. L'importation directe de ces marchandises n'occupe que quelques rares commerçants allemands et japonais qui travaillent le plus souvent à la commission. Quelques petites maisons de commerce se contentent de faire de la consignation. Les achats sur Changhai s'opè-rent par l'entremise des courtiers chinois qui se tiennent journellement en communication avec les marchands indi-gènes de l'intérieur. Changhai étant le grand centre d'im-portation des tissus étrangers, les effets d'un encombre-ment ou d'un déficit de ces marchandises se répercutent naturellement à Hankeou, un de ses principaux débouchés. Au 31 décembre 1906, il y avait à Changhai, d'après les rapports de la Chambre de commerce, plus de 11.000.000 de pièces de cotonnades de toutes sortes. Ainsi, dès le début de 1907, Hankeou a largement profité de la situation pour s'approvisionner. Le spéculateur indigène établi à Changhai a été obligé, à l'approche du nouvel an, de réaliser coûte que coûte la plus grande partie de son stock et de traiter avec les acheteurs du Yangtseu, d'autant plus que le marché du nord lui était fermé et était, du reste, tout aussi encombré que celui de Chang-hai.

La majeure partie de ces étoffes de coton sont de fabrication anglaise ou américaine ; les fabriques des États-Unis ne l'emportent sur celles du Lancashire que pour les étoffes lourdes, notamment les coutils. L'impor-tation américaine a fait, durant ces dernières années, d'énormes progrès en Chine, mais c'est surtout dans le nord qu'elle a développé ses débouchés; dans la vallée du Yangtseu, la prépondérance anglaise se maintient, quoique déjà battue en brèche par le Japon et l'Inde, et aussi par l'Italie qui a réussi, depuis quelques années, à écouler en Chine une partie de ses cotonnades, qu'elle fabrique près de Milan.

En ce qui concerne la France, la vente de cotonnades est nulle. Nous fabriquons trop bien et trop cher, et pas du tout au goût de la clientèle chinoise; nous avons des fabriques de spécialités fort belles et fort élégantes, mais dont les prix sont inaccessibles à la masse de la clientèle chinoise qui est pauvre.

Les tissus de laines sont peu achetés, et on n'en importe guère que pour 5 ou 600.000 taels; à peu près tout vient du Japon, et ce sont surtout les tissus de flanelle que les Chinois emploient.

Si nous prenons les tissus de soie, l'importation en Chine en est naturellement peu élevée, la Chine étant la productrice de la soie par excellence, et de la soie sous toutes ses formes. Cependant l'industrie lyonnaise s'est mise depuis quelque temps à importer des tissus de soie pure et des tissus mélangés de soie et coton qui trouvent preneurs au marché de Hankeou, étant donnés leurs prix. Tout est là. Si nous pouvons arriver à fabriquer à bas prix des mélanges soie et coton répondant comme dessins et couleurs aux goûts du pays, nous réussirons à augmenter notre importation qui est actuellement à Hankeou d'environ 200.000 taels. Nos seuls concurrents possibles sont les Japonais et les Allemands, qui peuvent livrer à des prix de famine, et c'est peut-être encore eux qui en ce genre d'étoffes nous laisseront loin derrière eux. Les rubans de Saint-Étienne commencent à être assez connus et se vendent bien sur le marché chinois. Hankeou en importe pour une valeur d'environ 50.000 taels. C'est une maison belge qui a eu jusqu'ici le monopole de l'importation de cette marchandise, et c'est d'ailleurs à l'intelligence commerciale du chef de cette maison que les fabriques de Saint-Étienne doivent de faire concurrence au « lan kan » de fabrication chinoise.

L'importation des métaux est presque nulle à Hankeou, ce qui se comprend du reste, puisque les usines et fonderies de Hanyang, non seulement peuvent fournir la place, mais encore toute la région ; quant aux machines, l'importation en augmente de plus en plus ; matériel de chemins de fer, appareils télégraphiques, appareils électriques, instruments scientifiques, courroies de transmission, machines à épurer le coton, matériel d'imprimerie, machines à coudre, et une quantité d'autres machineries en tous genres ; on en importe tous les ans pour une valeur de 2 à 3.000.000 de taels ; presque toutes les machines jetées sur le marché d'Hankeou sont de provenance allemande ou anglaise, et ce commerce prend tous les jours plus d'importance. Ce sont l'Angleterre et l'Allemagne, et également un peu les États-Unis d'Amérique qui sont les principaux fournisseurs de l'industrie chinoise. Des grandes maisons qui sont établies à Hankeou ont toutes un bureau technique, dirigé par un ingénieur très compétent, qui s'occupe de l'installation d'usines et d'ateliers, et se charge de la vente des machines de toutes sortes, moteurs à pétrole ou à vapeur, dynamos, pompes, matériel de mines. La Shanghai maritime C°, sous la direction de M. Buchleister, et représentant des maisons de Berlin, Magdebourg, Bonn et Leipsig est l'une de ces maisons allemandes, bien montées et fortement organisées, qui ont réussi dans le monde entier, et notamment en Chine, à faire concurrence aux Anglais.

Les charbons importés à Hankeou viennent soit du Japon, soit de Kai-Ping. La province du Houpe, ainsi que je l'ai dit plus haut, ne fournit pas de bon charbon ; on a commencé à en faire venir du Sseu-Tchuen, et il semble pouvoir être utilisé dans l'industrie.

Le pétrole est l'un des gros articles du commerce de la place. La consommation ne cesse d'augmenter à mesure que les prix baissent et que s'étend le rayon de vente. En 1892, Hankeou ne recevait que 4.737.000 gallons (un gallon égale environ 4 litres), en 1901, l'importation avait quadruplé ; elle a atteint, en 1905, 26.390.000 gallons et a continué à augmenter tous les ans. Autrefois le pétrole américain était le maître du marché, mais à dater de 1896, le pétrole russe, et à partir de 1897, les pétroles de Sumatra et de Bornéo lui ont fait une grande concurrence. Celui de Birmanie n'est pas encore très apprécié et on en voit peu. Le pétrole est le plus souvent importé en bateaux-citernes et déchargé dans les réservoirs des compagnies. La « Sheel transport and trading C° » possède deux réservoirs, chacun d'une capacité de 3.500.000 litres. La « Royal Dutch petroleum C° » a également deux réservoirs semblables ; ils sont situés sur les bords du fleuve, à quelques kilomètres au-dessous des concessions étrangères. Quant à la compagnie américaine, Standard oil, elle n'importait que du pétrole en caisses. Mais elle a construit, elle aussi, un réservoir.

Enfin la « East asiatic petroleum C° » a établi deux réservoirs sur la ligne du chemin de fer, l'un à Hou-Yuen, province du Houpe, l'autre à Sin-Yang, (Honan) et elle alimente ces réservoirs au moyen de wagons-citernes.

Les sucres étrangers proviennent surtout de Hong-Kong, et malgré les essais des Japonais, les Chinois donnent toujours la préférence au produit anglais. Les aiguilles sont importées par l'Allemagne, les allumettes par le Japon; quant aux bois, qui viennent en grande quantité, ils sont originaires soit des États-Unis d'Amérique, soit de l'Australie.

L'importation des produits alimentaires d'origine étrangère est forcément très limitée. Les Chinois, pas plus que les Japonais, ne sont friands de nourriture européenne, ils préfèrent leur menu à toutes les conserves qu'on peut leur offrir. Ils n'apprécient guère que trois choses : le champagne, les gâteaux secs, et les fruits en conserves. Les deux derniers produits leur sont fournis par l'Angleterre, la Californie et l'Autriche; quant au champagne, seuls les riches peuvent en acheter d'authentique; la majeure partie de ce qu'on vend sous ce nom est une affreuse drogue fabriquée en Allemagne et vendue à des prix ridicules de bon marché. Les Japonais ont également essayé de faire la concurrence aux Allemands en ce genre de marchandises.

X. — Autrefois, et il n'y a pas bien longtemps encore, le principal article d'exportation du port de Hankeou était le thé. D'énormes navires anglais et russes venaient tous les ans, aux mois de mai, juin, juillet, prendre des chargements directs pour l'Europe, les eaux du fleuve étant, à cette époque de l'année, toujours assez hautes pour qu'on puisse faire remonter jusqu'au port de Hankeou des navires calant jusqu'à 10 mètres. C'était alors le beau temps de Hankeou, une activité surprenante régnait en ville, malgré la chaleur accablante des mois d'été. La population européenne, augmentée de tous les marchands de thé et dégustateurs de thé, venus pour la saison, se trouvait doublée, et c'était le moment des fêtes et des parties de plaisir après les affaires, chaque soir.

Aujourd'hui, tout cela est fini. Les Anglais ont abandonné le thé de Chine et se contentent des thés de l'Inde et de Ceylan, beaucoup moins bons, mais beaucoup moins chers. Les Russes cependant sont demeurés fidèles au thé chinois. Les essais qu'ils ont faits de planter du thé au Caucase et dans le Turkestan russe n'ont pas encore réussi, et non seulement ils sont restés les clients du marché de Hankeou, mais ils font tous les ans des achats plus considérables. La guerre avec le Japon n'a nullement nui au commerce des thés russes, et l'exportation augmente régulièrement. La plus grande partie de ce thé est dirigée sur Odessa et Wladiwostok par les bateaux de la flotte volontaire ; une petite quantité va également sur l'Amérique, bien que ce dernier pays, et surtout les États-Unis, consomment de préférence le thé japonais. Le fameux thé de la caravane n'existe plus. La route de terre de Hankeou par Fan Tcheng et la Mongolie russe est totalement abandonnée ; les Chinois disent que nous ne pouvons pas boire de bon thé en Europe depuis l'abandon de la route par terre ; car, prétendent-ils, le thé, même livré clos en boîtes d'étain, s'abîme à la mer.

Depuis l'ouverture de la ligne Hankeou-Pékin, le

sésame est devenu un article sérieux d'exportation ; il vient
du Honan, et le port de Hankeou en a toujours fourni,
mais les moyens de communication, autrefois primitifs,
empêchaient le trafic de cette oléagineuse de se développer normalement. On en exporte entre 2 et 3.000.000 de
piculs. Les acheteurs principaux de sésame sont l'Allemagne, le Japon, la Belgique et la France. Les haricots et les fèves, dont l'exportation se chiffre par 8 et
9.000.000 de taels, sont un des principaux articles du commerce de Hankeou ; mais, bien entendu, ces produits sont
exportés sur d'autres ports chinois, non sur les ports
étrangers. Arachides, graines de coton, coton, ramie, jute,
soie et soieries, sont expédiés à Changhai et au Japon,
et le commerce en est entièrement aux mains des indigènes.

Un article donne lieu à un trafic assez considérable
entre Hankeou et l'Europe. Il s'agit des peaux d'animaux :
bœufs, buffles et chèvres. L'Europe continentale et les
États-Unis en sont les principaux acheteurs, et l'exportation s'en est beaucoup développée de 1892 à 1902 ; en
1892, par exemple, les statistiques n'enregistraient à la
sortie que 50.000 piculs de peaux de vache et de buffle.
En 1901, la quantité exportée passait à plus de
162.000 piculs ; en 1892, la moyenne des prix était de
11 taels par picul pour les peaux de vache, et de 8 taels
pour les peaux de buffle. En 1901, les prix atteignaient
respectivement 20 taels et 12 taels 50, et en 1906 ils ont
été de 33 taels pour la vache et de 20 taels pour le buffle.
La demande se trouvant bien supérieure à l'offre, les prix
sont toujours allés en augmentant, bien que l'ouverture
de la ligne du chemin de fer ait amené sur le marché de

Hankeou les peaux du Nord (du Honan et du Chen-Si).
Quant aux peaux de chèvre, leur exportation n'a cessé de
devenir plus considérable ; elles ont aujourd'hui atteint le
chiffre de 4.000.000 de peaux à l'exportation, et on classe
maintenant ces peaux d'après leur provenance : Houpe,
Sseu-Tchuen, Kiang-Si et Honan. En dehors de celles
que je viens de citer, il faut aussi marquer d'autres espèces
de peaux ou fourrures : moutons, agneaux, chiens, chats,
chevreaux, renards, lièvres, belettes, blaireaux, léopards et
même tigres. Mais le commerce des fourrures, qui avait
pris un certain développement à Hankeou, ne peut soutenir
la concurrence de Tien-Tsin et des ports du nord. Sous ce
rapport, Hankeou ne sera jamais un grand débouché pour
l'exportation, et son activité se bornera à la manipulation
des vaches, buffles et chèvres.

Parmi les autres produits destinés à l'exportation, le
port de Hankeou travaille les soies de porc, les plumes et
duvets, les poils, les cornes, les os, les œufs, les suifs
végétal et animal ; le vernis, le tabac, la noix de galle,
dont il se fait un commerce considérable, bien qu'elle ait
beaucoup diminué de valeur depuis qu'elle est concur-
rencée par l'aniline et les extraits chimiques.

Hankeou exporte encore l'huile de bois, (en chinois
tong yeou), désignée sur le marché sous le nom anglais
wood oil et qui n'est autre que l'huile d'abrazin. On en
exporte pour une valeur de 4.000.000 de taels. L'abrazin
ou *elœococca vernicifera* croît dans l'ouest du Houpe
et au Hounan, mais le pays où il pousse le mieux est le
Kouei-Tcheou. Son fruit donne une huile fluide siccative,
vernis naturel dont les usages sont innombrables. Cette
huile sert notamment à imperméabiliser les étoffes, le

papier, à rendre étanches les paniers, à vernir les boiseries, les jonques. Elle est incomparablement supérieure à l'huile de lin et peut être substituée quelquefois au caoutchouc. Les Américains, qui en font un grand usage, l'utilisent pour la fabrication du linoleum et du lincrusta. Hankeou est le marché centralisateur de ce produit. Son prix ne cesse d'augmenter ; il est passé de 50 francs à 80 francs les cent kilos, et il est probable qu'il ira encore en augmentant, car la Chine est le seul pays producteur. Mais, malheureusement, les intermédiaires chinois, par lesquels passe l'huile avant d'arriver aux mains des Européens, se sont mis depuis quelque temps à l'adultérer, en y ajoutant de l'huile de sésame. Aussi, les Américains ont-ils essayé d'implanter l'eloeococca en Floride ; jusqu'à présent ils n'ont pas obtenu de succès, mais il est probable qu'ils trouveront un terrain favorable à la plante, car l'habitat chinois où elle croît pour l'instant n'offre pas de conditions climatériques qu'on ne puisse rencontrer ailleurs.

Les autres produits d'exportation du port de Hankeou sont : huile de thé, huile de sésame, huile d'arachides, huile de haricots, albumine et jaune d'œufs, albumine desséchée, albumine liquide, jaune d'œuf, riz, minerais de fer, fer et fontes, fer en barres, marmites, antimoine, arsenic, plomb, minerai de zinc, gypse, filés de coton et shirtings des manufactures de Woutchang, sucre, suif, saindoux, cire, rhubarbe, médecines, alun, mercure, cinabre, charbon ; mais les maisons européennes établies sur la place n'opèrent en général que sur le thé, les peaux, le sésame, la ramie, l'huile de bois, les soies de porc, le musc. Ces maisons, de toutes nationalités, se font une concurrence acharnée et, les Chinois, en profitant pour maintenir des prix très élevés, les bénéfices deviennent très minces. Le commerce de Hankeou n'a cessé de s'accroître, c'est vrai, mais comme les maisons étrangères se sont multipliées à l'excès, il en résulte un certain malaise. Si l'on considère qu'en 1891 il y avait une vingtaine de maisons de commerce européennes, et qu'aujourd'hui, à la fin de 1910, il y en a plus de 120, on comprendra facilement qu'il faille brasser des millions et des millions d'affaires pour arriver à vivre.

Malgré les quantités de marchandises exportables que j'ai signalées, le thé reste encore, après l'abandon des Anglais, l'une des principales. Hankeou est le centre du commerce russe du thé. Nous nous figurons volontiers en France que, seuls, les Anglais consomment une grande quantité de thé : c'est une erreur ; les Russes, à ce point de vue, les surpassent encore, je crois, car ils en boivent *toute la journée*, et le samovar et la théière restent en permanence sur la table de la salle à manger. N'ayant pas de colonies où puisse pousser abondamment le précieux arbuste, les Russes sont obligés de le faire venir de Chine, et c'est à Hankeou qu'ils ont établi leur marché central.

Le thé, en effet, se trouve dans les provinces du Fo-kien, du Tche-Kiang, du Kiang-Si, du Houpe, du Hounan, et on peut dire, un peu partout en Chine, puisqu'il en existe jusqu'au Yunnan, où le thé du Pou-Eurl est très estimé. Mais le thé qu'on boit en Europe est celui qui vient du Kiangsi et des deux provinces du Houpe et du Hounan, et qui est par suite exporté de Hankeou. Celui du Fo-Kien et du Tche-Kiang est surtout du thé vert. Le thé porte des feuilles vers le milieu du printemps ; elles sont tendres alors, on les met au bain de vapeur et on en tire une eau amère, dit un auteur ancien, puis on les fait sécher et on les réduit en poudre, et on boit le thé ainsi préparé. Mais si cela se passait ainsi autrefois, il n'en est plus de même aujourd'hui. On cueille les premières pousses des feuilles au printemps, et elles forment le meilleur thé, celui dit Pekoe, plus tendre, plus délicat et infiniment plus estimé que ceux des récoltes qui suivent. La seconde récolte, et la plus abondante, se fait en mai, alors que les feuilles sont entièrement épanouies; elle fournit, comme la première récolte, la plupart des thés destinés à l'exportation. Les autres récoltes ont lieu au milieu de juillet et à la fin d'août, et c'est avec les feuilles de ces dernières récoltes que les Russes font les briques de thé qu'ils exportent en Sibérie, en Mongolie et au Thibet.

Le thé pousse, en général, à mi-hauteur des collines; on met les jeunes plants en pépinières jusqu'à ce qu'ils aient à peu près un an et qu'ils aient atteint de 0.30 à 0.40 centimètres, puis on les repique en lignes parallèles, séparées par de larges bandes de terrains, où l'on plante des légumes divers. Cette disposition rappelle celle des vignes dans le Centre et le Midi de la France. On commence à récolter les feuilles dès que le pied a atteint sa troisième année révolue, et, à l'âge de quinze ans, il est usé et épuisé. Le thé croissait autrefois en Chine à l'état sauvage, et ce n'est guère que depuis mille ans, que les indigènes en ont fait une boisson. La coutume de payer à l'Empereur, tous les ans, le tribut du thé, a commencé au temps de la monarchie des Tang (618 ap. J.-C.). Les espèces de thé dont les auteurs anciens font mention sont particulièrement celles qui étaient en usage pendant la

monarchie des Tang, elles étaient en nombre presque
infini et distinguées chacune par un nom spécial. Il faut,
disent les Chinois, boire le thé chaud et en petite quantité, surtout il ne faut pas le boire à jeun et quand on a
l'estomac vide. Autrefois, le thé était pour les Chinois
une véritable médecine (comme, du reste, il l'était encore
en France il n'y a pas si longtemps); ainsi, la feuille du
thé, disent les auteurs chinois, est bonne pour les tumeurs
qui viennent à la tête, pour les maladies de la vessie, elle
dissipe la chaleur ou les inflammations de poitrine. Elle
apaise la soif, elle diminue l'envie de dormir, elle dilate
et réjouit le cœur, elle dégage les obstructions et aide à la
digestion. Elle est bonne, quand on y ajoute de l'oignon
et du gingembre. Elle est utile contre les échauffements
et chaleurs d'entrailles, et elle est l'amie des intestins;
elle purifie le cerveau et éclaircit la vue, elle est efficace
contre les vents qu'on a dans le corps et guérit la
léthargie. Elle guérit aussi les fièvres chaudes; quand on
la fait bouillir dans du vinaigre, et qu'on la donne à boire
à un malade qui a la dysenterie, elle le guérit. Enfin la
feuille de thé était autrefois un remède universel; je ne
sais s'il réussissait toujours; dans tous les cas il était
bien facile à prendre.

La préparation du thé noir, de celui qu'on vend pour
l'exportation, n'est pas aussi simple que l'on pourrait
croire. On fait d'abord la part du déchet, en mettant de
côté toutes les feuilles flétries et jaunies; puis on place les
bonnes feuilles sur des claies de bambous en les étendant
avec soin, et on les expose pendant plusieurs jours au
grand air, afin de les faire sécher; on les roule avec la
main ou même avec le pied, après quoi on les met dans

de grands bassins en fer bien chauffés et que l'on secoue en tous sens pour qu'elles grillent uniformément. Puis, on les roule à nouveau avec les pieds, en pressant très fortement, et on en extrait ainsi l'huile âcre qu'elles peuvent alors contenir. On les grille encore une fois après les avoir fait sécher de nouveau au soleil, et on les met ensuite dans des récipients chauffés à une température moyenne où elles achèvent de se sécher ; enfin elles sont bonnes à emballer.

Quant au thé vert, qu'on n'exporte guère qu'en Amérique, on ne le grille qu'une fois au-dessus de plaques de tôle et après l'avoir fait baigner dans un liquide mélangé de safran et d'indigo, ce qui lui donne sa couleur verte. Ce thé, qui n'est grillé qu'une fois, a conservé toutes les propriétés excitantes de son huile essentielle et il est très énervant. Il ne peut convenir qu'à des tempéraments lymphatiques.

Parmi les thés noirs, la généralité porte le nom de *Congou*, ou « bien travaillé », nom qui a suppléé celui de *Bohea* dont on se servait pour le désigner il y a quelque deux cents ans ; ou bien *Pekoe orange*, c'est-à-dire parfum supérieur ;

Pekoe pur, c'est-à-dire couleur des cheveux de Lao-Tseu ; Sou chong et Pou chong, remarquables par la petite dimension de leurs feuilles ; Hyson, Siao chow, Ta chow, fleur du printemps, petites perles, grandes perles ; puis une infinité de noms dont le sens est : langue de moineau, griffe de dragon, parfum de l'oléa, etc...

Le thé est venu en Europe en 1591, importé par les Hollandais ; depuis on en boit dans le monde entier, et malgré les plantations de l'Inde, de Ceylan et d'autres pays, le thé de Chine est toujours le thé supérieur; cela tient sans doute à son habitat et à la culture spéciale dont l'entourent les Chinois.

XI. — Il est très difficile de se rendre un compte exact, d'après les statistiques douanières chinoises, de la valeur respective qui appartient à chaque nation dans le commerce d'un port chinois, parce que tout ce qui vient de Hong-Kong est porté au compte du pavillon britannique ou à peu près. Il s'ensuit qu'on ne peut tabler sur les « trade reports » avec certitude. Mais il est facile d'indiquer quelles sont les nations qui font le plus de commerce avec Hankeou. C'est d'abord le Japon qui importe pour environ 5 à 6 millions de taels, mais qui exporte pour une quarantaine de millions.

L'Angleterre est le gros importateur ; puis viennent les États-Unis, l'Allemagne ; la Russie n'exporte que son thé et n'importe absolument rien, la Belgique importe du matériel de chemin de fer et des machines.

Quant à la France, elle est représentée à Hankeou par quelques maisons (sept ou huit) qui font surtout de l'exportation de peaux, albumine et jaunes d'œufs, musc, sésame, noix de Galle, soies de porc, etc... Elle importe quelques soieries. En somme, nous venons à Hankeou, comme partout ailleurs, bien après les autres, et nous n'y faisons pas un trafic appréciable. Le commerce de la Chine semble plein d'avenir pour le Japon qui fabrique à bon marché et peut vendre à des prix minimes. Quant aux autres puissances, elles pourront encore pendant quelque temps y placer des produits de grande industrie, comme chemins de fer, machines à vapeur, blindages, canons et bateaux de guerre, mais le Japon les gagnera vite et il est probable qu'avant peu il sera le fournisseur attitré de son colossal voisin.

XII. — Les compagnies qui font un service régulier sur le Yangtseu entre Changhai et Hankeou sont :

L'Indo-China steam navigation C° (Jardine Matheson and C°), 4 vapeurs;

La China navigation C° (Butterfield and Swire), 4 vapeurs;

Geddes and C°, 4 vapeurs;

Ces trois compagnies sont anglaises.

China merchant steam navigation C° (compagnie chinoise), 5 vapeurs;

Osaka shô sen kwaisha (japonaise), 5 vapeurs;

Nippon you sen kwaisha (japonaise), 2 vapeurs;

Norddeutscher Lloyd (allemande), 3 vapeurs;

Hamburg Amerika linie (allemande), 2 vapeurs;

Compagnie asiatique de navigation (française), 2 vapeurs.

Les compagnies anglaise, chinoise et japonaise ont également des vapeurs sur Itchang et une compagnie japonaise, la Konan Kiten Kaisha en a un sur Tchang-Cha-Fou au Hounan. Les trois compagnies japonaises marchent d'accord et reçoivent une subvention du gouvernement japonais.

Les maisons françaises établies à Hankeou sont :

La Banque de l'Indo-Chine;

E. Bouchard (importations, commissions; affaires industrielles);

Compagnie française des Indes et de l'Extrême-Orient (importation, exportation);

A. Grosjean et Cⁱᵉ (albuminerie, exportation);

Olivier et Cie (exportation);

Racine, Ackermann et Cie (exportation);

Simonin (commission).

Ces maisons, à part celle de MM. A. Grosjean et Cie, sont des succursales de maisons françaises établies à Changhai; la maison Racine, Ackermann et Cie est propriétaire de la ligne de bateaux à vapeur faisant, sous pavillon français, le service des ports du fleuve entre Changhai et Hankeou.

Au point de vue industriel, la nouveauté la plus remarquable à Hankeou a été, à la fin de 1908, la mise en marche des métallurgies du Yangtseu (exactement Yangtse engineering works) qui, dès cette époque, purent exécuter les commandes qu'elles recevaient. Cet établissement se trouve à quelques kilomètres en aval de Hankeou; il occupe une superficie de plusieurs hectares et compte s'étendre encore. Toutes les machines y sont mises en mouvement par l'électricité, et on y construit un dock où les bateaux à faible tirant d'eau pourront être réparés. Actuellement on y exécute des travaux de toutes sortes, mais surtout des ponts métalliques. Un Anglais y est employé comme ingénieur, toute l'administration restant dans les mains des Chinois, et le directeur en est M. Li qui est aussi le directeur général des hauts-fourneaux de Hanyang. Tout semble montrer que cet établissement prendra peu à peu un développement sérieux.

Le second fait à noter dans les annales industrielles du port de Hankeou, c'est l'exportation en 1908 de 26.000 tonnes de saumon de fonte au Japon et de 3.000 tonnes aux États-Unis. En 1907 déjà, les Américains avaient exporté un peu de fer tout prêt à subir la conversion en acier, et ils avaient trouvé que ce fer était d'excellente qualité ; ils l'expédièrent au Canada ; les saumons de fonte exportés en 1908 étaient également destinés au Canada. Malgré la longueur du voyage et les droits de douane très élevés, les mines de Hanyang peuvent trouver du bénéfice à ces transactions, et il est démontré que le fer de Hanyang peut être envoyé sur le marché américain à un prix qui lui permet de lutter avec les produits du Steel trust. Évidemment cela tient à ce qu'un bon ouvrier chinois est payé, pour douze heures de travail, de 15 à 40 piastres mexicaines par mois (de 37 fr. 50 à 100 francs), ce qui serait pour un Américain absolument inacceptable. Dans ces conditions, et tant qu'elles existeront, comme le minerai se trouve être excellent et à profusion, ce produit pourrait prendre une place en vue sur le marché du fer et de l'acier soit au Canada, soit sur la côte américaine du Pacifique ; ce n'est plus pour les ouvriers de Hanyang qu'une question de capital et de bonne administration.

Ainsi l'établissement des usines métallurgiques de Hanyang, après tant de vicissitudes, se met enfin à fonctionner normalement. Il y a tout lieu de croire qu'il ne fera que prospérer, surtout s'il reste longtemps encore sous la direction de l'éminent ingénieur luxembourgeois, M. Ruppert qui, seul, il y a quelques années, a remis tout sur pied et a réorganisé complètement cette immense entreprise.

Mais que de millions de taels perdus depuis le début de l'affaire ? L'argent que Tchang-Tche-Tang a dépensé dans cette tentative ne sera jamais retrouvé, et on peut dire qu'une grande partie, que probablement la plus grande partie a été gaspillée. Il ne faudrait pas que la Chine imitât souvent les procédés du vice-roi Tchang pour s'européaniser, car le trésor de ses provinces n'y suffirait pas!

CHAPITRE IX

I. — Chache (Shasi) a été ouvert au commerce étranger à la date du 1er octobre 1896, suivant le traité sino-japonais conclu à Shimonoseki en 1895. Ce port est à environ 85 milles en aval d'Itchang, et se trouve situé au point d'intersection de deux importantes routes commerciales du centre de la Chine. La population terrienne et fluviale peut s'élever à environ 100.000 habitants. On a été déçu dans le rendement commercial que l'on s'attendait à trouver ici, et il ne s'y fait qu'environ 200.000 taels d'affaires. Les quelques petits vapeurs qui exécutent le service entre Hankeou et Itchang jettent l'ancre devant Chache, mais ne vont pas à quai. Les Anglais, qui y entretenaient un consul, ont supprimé ce poste consulaire depuis 1899 ; seuls les Japonais ont un représentant officiel ainsi qu'une concession, et le commerce étranger se trouve concentré dans leurs mains.

Chache est, on peut le dire, le port de Kin-Tcheou (Kin-Chow), ville murée et autrefois importante. Elle est, d'ailleurs, assez jolie, et les lacs qui l'environnent contribuent à rendre son territoire fertile et agréable. Les conquérants tartares l'avaient divisée en deux parties, et dans l'une d'elles avaient mis une forte garnison, car Kin-Tcheou était considérée comme la clef de la Chine centrale.

II. — Itchang (Ichang) est l'un des quatre ports qui furent ouverts au commerce étranger le 1ᵉʳ avril 1877, suivant les accords stipulés dans la convention anglo-chinoise de Tche-Fou (Chefoo) en 1876 ; il est à environ 1.000 milles de la mer et à 400 milles de Hankeou. Ici le sol et le climat changent complètement et il est très différent de celui des plaines basses du Houpe, autour de Hankeou, Wou-Tchang et Hanyang. La région d'Itchang, située au pied des massifs montagneux de l'ouest, est, au point de vue agricole, une zone spéciale, mi-tempérée, mi-tropicale. Sur les hauteurs viennent le blé et l'orge, les pommes de terre et les patates, et, dans les vallées abritées, poussent le riz, les oranges, les pamplemousses, les citrons et les mandarines. Dans les plus hautes régions, on rencontre les essences forestières que nous avons dans nos montagnes d'Europe, chênes et châtaigniers, et de nombreux conifères ; les arbres se font rares, comme partout ailleurs, bien que, dans certaines parties des districts de Pa-Tong et de Li-Tchuen, on trouve encore assez de bois de construction. En avril 1894, époque où je suis allé pour la première fois à Itchang, il y avait, comme Européens, le consul d'Angleterre et quelques employés de la douane chinoise, plus deux ou trois missionnaires franciscains, belges, et un orphelinat de sœurs franciscaines françaises. Le séminaire de la mission, pour former les jeunes prêtres indigènes était, sous la direction d'un franciscain allemand, établi de l'autre côté de la rivière, en face d'Itchang, dans la gorge de Che-Lieou-Hong, véritable ermitage rempli d'un charme pénétrant. Toutes les gorges qui entourent Itchang, d'ailleurs, sont, au printemps, délicieuses à visiter. La floraison des orangers et des citronniers embaume l'air, et les arbres à feuilles persistantes égayent la nature parfois sauvage de ces vallées. C'est un véritable enchantement pour celui qui a résidé longtemps dans les plaines du Bas-Yangtseu. Mais, par contre, l'été est très chaud, plus sec, il est vrai, que vers Hankeou ou Changhai, mais plus brûlant ; ainsi, en juin 1894, la température est montée à 111° Fahrenheit, ce qui fait 44° centigrades ; tous les thermomètres éclataient au soleil ; l'hiver est comme l'automne, absolument délicieux ; il en est ainsi, du reste, dans toute la vallée du Yangtseu ; seulement à Itchang, l'air est plus sec et plus vif.

III. — La communauté marchande est représentée actuellement dans le port ouvert par les agents des trois compagnies de bateaux qui font le service avec Hankeou, et par trois maisons de commerce : une allemande, une anglaise et une française. Cette dernière est la Compagnie française des Indes et de l'Extrême-Orient. Le commerce d'Itchang est, du reste, plutôt un commerce de transit. La ville est située dans une contrée montagneuse, très pauvre, et dont la population n'a, par suite, pas beaucoup d'argent à dépenser pour s'offrir des objets d'Europe. Le commerce qui se fait ici est un commerce de détail ; il n'y a ni grande banque, ni marchand en gros ; Itchang est le point de départ et d'arrivée de tout ce qui va au Sseu-Tchuen ou en revient ; c'est là sa seule importance.

IV. — Ce pauvre petit port a, lui aussi, sa spécialité : c'est la pêche à la loutre. Voici comment les pêcheurs procèdent : de petits bambous, gros comme des lignes de pêche, sont fixés à la rive et à leur extrémité, au-dessus de l'eau, est attachée une loutre, au moyen d'une chaîne de fer fixée en arrière des pattes de devant, tout autour du corps. Le pêcheur veut-il prendre du poisson ? Il descend son filet (sorte d'épervier) au fond de la rivière et, par une ouverture béante à la partie supérieure, il lance la loutre qui fait sortir le poisson de toutes les crevasses et cachettes où il se dissimule ; puis, après quelques instants, filet, loutre et poissons sont remontés, et la loutre est récompensée d'un poisson frais.

V. — Les promenades autour d'Itchang offrent toutes un intérêt au voyageur qui vient de passer de longs jours dans les plaines monotones et sans verdure qui se déroulent invariables depuis Changhai. En arrière de la ville, du côté opposé au fleuve, on peut visiter, au sommet d'une colline, un temple auquel les Chinois attachent une importance considérable. Cette construction, en effet, qui a subi des réparations et des additions en 1898, est destinée à contrebalancer l'influence du feung chouei de la colline en forme de pyramide, qui se trouve juste en face sur l'autre rive du fleuve.

Cette rive, également, présente de charmants aspects, et si l'on a parfois un peu de peine à gravir quelques pentes brusques, on est bien récompensé par la vue de la nature presque alpestre qui s'offre à tout instant : rocs et cascades, torrents roulant sur des cailloux fins, entre des berges bordées de bambous et de pamplemousses ; on se croit transporté dans une autre partie du monde, sauf à être désillusionné quand on tombe sur un pauvre village chinois sale et délabré, comme le sont malheureusement tous ceux que l'on rencontre.

Le Long-Wang-Tong, ou la grotte du roi Dragon, mérite d'être visité ; pour y arriver, une petite excursion est nécessaire. Non loin de là se trouve le Wen-Fo-Chan, ou montagne du Bouddha de la littérature, au milieu d'un amas de rocs escarpés qui semblent rendre les abords du temple complètement inaccessibles.

Le Yun-Wou-Chan, ou montagne du nuage et du brouillard (ou bien du brouillard nuageux) présente également de l'intérêt. Il est situé au fond d'une vallée à l'entrée de la gorge d'Itchang, et pour y arriver, il faut suivre la vallée, puis faire une ascension assez longue. C'est l'un des plus beaux endroits des environs d'Itchang.

VI. — Toutes les barques qui font le commerce avec le haut-fleuve jusqu'à Tchong-King, s'arrêtent à Itchang, et, pour le plus grand nombre d'entre elles, c'est le port d'attache.

Celles qui arrivent du Sseu-Tchuen débarquent ici leurs marchandises, lesquelles sont chargées sur les vapeurs destinés à les transporter vers Hankeou ; les autres font, en sens contraire, le chargement des marchandises pour les ports de la haute rivière. Cependant, malgré les facilités offertes par la vapeur, bon nombre de jonques venant du Sseu-Tchuen descendent leurs marchandises jusqu'à Hankeou, et même jusqu'à Changhai ;

c'est que, pour le Chinois, le temps ne compte pas ; la rapidité n'est qu'un vain mot.

La population flottante est par suite assez forte à Itchang, et il est impossible d'en savoir le chiffre, car elle est très variable. Mais la population stable d'Itchang peut être évaluée à 60.000 habitants.

Le commerce total, en 1908, était d'environ 8.000.000 de taels.

C'est à partir d'Itchang que la navigation du Yang-Tseu-Kiang, si elle devient moins rapide et plus difficile, est toutefois beaucoup plus intéressante. D'ici à Tchong-King, en effet, il faut aller en barque chinoise ; ces barques, d'ailleurs faites et construites en vue de cette navigation du haut-fleuve, sont très solides et très confortables. Tout l'arrière est destiné aux passagers et à leurs bagages ; divisées par des cloisons, les chambres sont évidemment assez exiguës, mais on peut y installer un matelas et y dormir confortablement au milieu des tentures de papier rouge collées sur toutes les parois, et des fleurs et des oiseaux sculptés sur les poutres. La salle à manger et la cuisine où coucheront les domestiques se trouvent au centre, et l'avant est réservé au poste d'équipage. Tout à l'arrière, près du gouvernail, le chef (en même temps pilote) a sa petite chambre dans les flancs du bateau, et même, la plupart du temps, il loge là avec sa famille. Ces jonques sont, du reste, longues et larges, mesurant de 15 à 25 mètres de long sur 4 à 5 de large, et bien assises sur l'eau ; elles ne naviguent que le jour, et, le soir arrivé, vont mouiller à l'abri de quelque crique où elles peuvent être en sûreté par tous les temps.

La première station que l'on passe est Ping-Chan-Pa,

à l'entrée de la première gorge ; il y a là un ponton où un douanier solitaire compte les heures tristement. Il est vrai qu'on ne le laisse là que trois mois ; chacun y stationne tour à tour, et ce tour doit encore arriver souvent, car le personnel de la douane d'Itchang n'est pas nombreux.

En quittant Ping-Chan-Pa, le fleuve est encaissé entre deux hautes falaises à pic et coule paisiblement : on ne se douterait pas que quelques kilomètres plus loin, l'eau, par suite des rapides, bouillonne avec furie. On franchit ainsi les premiers rapides, Pa-Tong et Yang-Pe, puis le Sin-Tan (*tan* veut dire *rapide* en chinois) et le Yé-Tan, le plus terrible aux hautes eaux. Que de barques ont sombré corps et biens, dans ces passages dangereux ! Les accidents sont fréquents, et pour tâcher de venir en aide aux malheureux qui sont ainsi éprouvés, des barques de sauvetage, peintes en rouge et battant pavillon impérial, croisent en amont et en aval des rapides. Ces barques de sauvetage existent, d'ailleurs, partout sur le fleuve, aux endroits dangereux. Il y en a à Hankeou, à l'embouchure de la Han, dans le grand fleuve, et les jours de gros vent ou de tempête, elles font le service de bacs entre Hankeou, Hanyang et Wou-Tchang.

La région intéresse par son caractère de sauvage grandeur ; tantôt le Yangtseu coule, calme et tranquille, ayant à peine 20 mètres de large, entre deux hautes montagnes ; le soleil ne pénètre jamais dans ces endroits resserrés, et il y fait sombre et froid ; puis, tout à coup, une vallée fraîche et riante se présente, le fleuve s'élargit, s'étale, et l'on entend au loin le bruit d'un rapide, semblable au tonnerre. Un des passages des plus saisissants se trouve aux approches des gorges de Feung-Chien où la vallée se rétrécit ; on aperçoit de grands bancs de roche et des villages, des hameaux plutôt, perchés sur les hauteurs ; les artistes chinois ont souvent représenté les sites agrestes et en même temps si attrayants du cours du Haut-Yangtseu, et plus d'un kakemono nous montre les temples couronnant les sommets des falaises, tandis qu'au bas le fleuve coule dans le brouillard, et qu'un pêcheur en barque jette ses filets.

La partie la plus pénible de la navigation commence à Itchang et finit à Kouei-Tcheou-Fou, petite préfecture d'environ 30.000 habitants, à la limite des provinces du Houpe et du Sseu-Tchuen. A partir de Kouei-Tcheou, la navigation devient plus aisée, et une fois que l'on a franchi le rapide de Chang-Chou-Long, lequel est encore assez périlleux et demande parfois une journée de travail à la corde, on peut se reposer de ses peines, quoique cependant on ne soit pas hors de toute difficulté. Toutefois, le plus pénible est fait, et c'est sur un fleuve parfaitement calme qu'on aborde à Tchong-King.

A la voile dans les gorges (Haut Yangtseu).

CHAPITRE X

I. — La province du Hounan n'est bordée par le Yang-tseu que sur une faible étendue, où il forme une partie de sa limite septentrionale ; mais elle est arrosée par quatre rivières qui se jettent dans le lac Tong-Ting, lequel communique avec le grand fleuve au port de Yo-Tcheou. Cette province a une superficie égale à celle de la France, et la rivière qui l'arrose à l'est, le Siang, est le plus long des cours d'eau qui alimentent le lac. Le Siang prend sa source sur les frontières du Kwang-Tong et du Kiang-Si et passe à Heng-Tcheou et Tchang-Cha avant de se jeter dans le lac ; près de sa source il possède de nombreux affluents navigables qui offrent de grandes facilités au commerce local des trois provinces du Kiang-Si, Kwang-

Tong et du Kwang-Si. Au centre se trouve le fleuve Sou qui est navigable seulement pour les petites jonques, lesquelles doivent d'ailleurs être tirées presque continuellement à la cordelle à cause des nombreux rapides : le bassin du Sou est très fertile, mais aucun grand centre n'existe dans ses limites, et les produits de son sol sont exportés soit vers Tchang-Cha, soit vers Tchang-Te. A l'ouest du Sou, coule la rivière Yuen, d'une longueur égale à la rivière Siang, mais beaucoup moins navigable, par suite des nombreux rapides échelonnés le long de son cours. La quatrième rivière est le Li-Chouei, qui se déverse aussi dans le lac Tong-Ting ; mais son cours inférieur seul est navigable et elle n'offre guère de commodités au point de vue commercial.

Située entre le 30e et le 26e degrés de latitude nord, cette province est très montagneuse au sud, où la chaîne des monts Nan-Ling la sépare du Kwang-Tong, ainsi qu'à l'ouest, où elle est voisine du Kwei-Tcheou. Dans sa région moyenne, c'est un pays ouvert, largement ondulé, tandis que, dans sa partie septentrionale, c'est un pays plat occupé en grande partie par le lac Tong-Ting qu'environnent des plaines alluvionnaires à l'embouchure des quatre rivières situées plus haut, interceptées de canaux. Le lac Tong-Ting apparaît en hiver comme un vaste marais, entouré de bancs de sable et de boue où grouillent les canards, les oies et les cygnes sauvages, et à travers lequel les eaux des rivières tracent leurs cours sinueux ; mais aux hautes eaux, c'est-à-dire pendant la période qui s'étend de mai à octobre, il monte de 10 à 15 mètres et couvre une superficie de plus de 10.000 kilomètres carrés.

II. — La population du Hounan a toujours passé pour être violente et rude, et c'est au Hounan que se recrutaient les meilleurs soldats, disait-on. Longtemps la province a été le foyer de la propagande anti-étrangère et les atrocités commises en 1891, 1895 et 1900 sont encore présentes à la mémoire. Aujourd'hui, cependant, cet esprit semble se modifier et le peuple du Hounan a l'air de vouloir marcher dans la voie du progrès. Cette province passe à tort ou à raison pour une de celles où il y a le plus de lettrés et le plus de gens aisés. Il est évident qu'au point de vue agricole, le Hounan est l'une des provinces les mieux partagées de la Chine, et c'est là peut-être une des raisons de sa supériorité sur les provinces avoisinantes. Elle pourrait se suffire à elle-même, car elle produit tout ce qui lui est nécessaire, et en assez grande quantité pour en exporter le surplus. Seul le sel lui manque et doit lui venir des provinces voisines.

III. — Son sol est extrêmement fertile. En tête de ses principaux produits agricoles est le riz, dont on fait, dit-on, trois récoltes par an, grâce à des conditions climatériques spécialement favorables. Un proverbe chinois dit qu'une belle récolte au Hounan fournit de quoi manger à toute la Chine ; (cependant les habitants prétendent au contraire que le sol de leur province est composé de trois parties de montagnes, six parties d'eau et une seulement de sol cultivable). Le riz est cultivé surtout dans les plaines qui entourent le lac Tong-Ting et dans la vallée de la rivière Siang. L'ingénieux système d'irrigation des Chinois leur a permis de soumettre également à cette culture les flancs des collines et des montagnes.

Le coton est cultivé dans tout le nord, notamment dans

les préfectures de Li-Tcheou et de Tchang-Te-Fou ; le tabac, de qualité supérieure, mais très chargé de nicotine, se rencontre principalement dans le district de Tcheng-Tcheou ; la région produit encore l'indigo, le thé, qui est très estimé. C'est surtout le Hounan qui approvisionne de thé le marché de Hankeou, et l'exportation annuelle du thé noir du Hounan se chiffre par une somme de 20 à 25.000.000 de francs ; il fournit aussi du thé vert, et celui qui provient de la petite île de Tcheou-Tchou, près du port de Yo-Tcheou, est, avec celui de Pou-eurl, réservé à la consommation du palais impérial.

Le Hounan produit aussi de la soie, mais très peu : la récolte était estimée il y a trente ans à 30.000 kilogs ; et la culture des vers à soie était complètement abandonnée ; on a essayé de la faire revivre tout dernièrement, et quelques riches Chinois de Tchang-Cha ont fait de nouvelles plantations de mûriers, mais on ne sait encore comment cette entreprise tournera et si elle finira par réussir.

Je puis encore citer la ramie, le gingembre, l'arbre à vernis, le suif végétal.

IV. — Mais ce qui constitue pour le Hounan une source de richesse, ce sont les bois. Alors en effet que *les Chinois ont tout déboisé dans l'Empire*, le Hounan est peut-être, avec le Yunnan, la seule province où il existe encore des forêts exploitables. Ces forêts sont situées dans le sud et le sud-ouest en des régions encore habitées par les aborigènes Yao. L'abatage des arbres, leur transport et leur vente est le monopole d'une sorte de trust formé par trois corporations de marchands de différentes provinces. Les arbres sont coupés en automne et en hiver, ébranchés, puis jetés dans les rivières qui les entraînent jusqu'à un point où, les eaux étant assez hautes, on fabrique avec les différents bois des radeaux qui descendent jusqu'aux environs du lac Tong-Ting. Là on réunit plusieurs de ces radeaux pour en former de plus grands qui puissent se hasarder sur le lac et sur le Yangtseu dont les tempêtes et les coups de vent sont parfois terribles. L'exportation annuelle des bois de la province est estimée à une cinquantaine de millions de francs. La principale essence est le pin ; on exporte aussi du chêne, du cèdre, du camphrier et une espèce du cyprès. Ces arbres atteignent quelquefois des proportions énormes ; et ce qui maintient la forêt, ce qui l'empêche de s'épuiser, c'est que les Yao aborigènes replantent au fur et à mesure ; cette prévoyance des naturels est à remarquer quand on voit l'incurie du Chinois pour les forêts et l'insouciance avec laquelle il laisse dévaster les plus belles plantations.

Les bambous sont également exploités ; les plantations en sont nombreuses au sud du lac Tong-Ting, dans le district de Tchang-Cha-Fou ; on les exporte de même dans les autres provinces et on en fait des radeaux pour faciliter le transport.

Les rivières du Hounan sont très poissonneuses ainsi que du reste les eaux du lac Tong-Ting où elles se déversent. De nombreuses pêcheries existent sur le lac et alimentent un commerce important.

V. — De même qu'il est riche par la fertilité de ses terres, le Hounan l'est aussi par les produits de son sous-sol. Les habitants, d'ailleurs, exploitent depuis longtemps différentes mines. Des gisements considérables de charbon existent dans toute la province, et ils avaient été signalés par Richtofen, mais ce savant allemand et ceux qui avaient suivi ses traces, n'avaient pas été autorisés à voir les houillères de près. Par contre, un ingénieur américain, M. Parson, le même qui a fait l'étude préliminaire du tracé de la ligne de Hankeou à Canton, a réussi à se rendre compte de la valeur du bassin houiller. D'après lui, dans le sud de la province, sur les bords du Siang, ce bassin a une longueur de 320 kilomètres sur une largeur de 95 et contient plusieurs couches de diverses sortes de charbons gras et d'anthracites. D'autre part il assure que de ces charbons gras, les uns seraient excellents pour la métallurgie, les autres pour la marine à vapeur et que, de ces anthracites, les uns seraient propres aux usages domestiques, ayant assez de matières volatiles pour s'enflammer aisément, et les autres bons pour les hauts-fourneaux et la fabrication de la fonte Bessemer. Ces riches gisements de charbons, situés dans un pays où abondent également le fer et d'autres métaux, assurant au Hounan un avenir des plus brillants au point de vue métallurgique. Actuellement aucune mine n'est exploitée à l'européenne, et c'est, d'ailleurs, l'anthracite seul que les Chinois retirent du sol. Ils n'entament que la surface des gisements proches des rivières navigables. Quelques houillères sont si près des cours d'eau que les jonques les accostent ; l'équipage n'a qu'à mettre pied à terre, à manier pelles et pics et à charger ; les mines de charbon en effet ne sont pas concédées et le charbon est à celui qui veut le prendre ; le gouvernement chinois n'intervient pas dans cette exploitation, contrairement à ce qui se passe pour d'autres mines ; le Hounan exporte déjà une grande quantité d'anthracite, mais il faut dire que jusqu'ici on n'a trouvé que de l'anthracite sulfureux, brûlant mal et laissant des résidus gros et durs comme des cailloux. Peut-être l'exploitation est-elle trop superficielle? Toujours est-il que jusqu'à présent on n'a découvert qu'une bonne mine de charbon sur la frontière sud du Hounan, et cette mine est celle de Ping-Siang au Kiang-Si; c'est elle qui avec la mine de Kai-Ping (près de Pékin) fournit le charbon nécessaire aux usines de Hanyang. Cette mine de Ping-Siang est, du reste, exploitée à l'européenne par des Allemands au service du directeur général des chemins de fer chinois, Cheng-Suien-Hoai.

Le fer existe dans toute la préfecture de Pao-King; le minerai est d'excellente qualité et l'acier du Hounan est céputé en Chine; malheureusement les produits vendus romme fer et acier de cette province sont souvent frelatés par les marchands.

L'antimoine est fort commun; on le trouve dans les districts d'An-Houa, Ki-Yang, Sin-Hou et Chai-Yang, et aussi dans le district de Tcheu-Tcheou; une partie du minerai est traitée à Hankeou; le reste est travaillé dans la province même à Tchang-Cha par deux fonderies appartenant à des maisons de commerce chinoises et qui débarrassent le minerai de sa gangue.

Le plomb existe dans tout le sud et il est exploité à Tchang-Ing et Ki-Yang; le minerai, expédié à Hankeou, est traité par l'usine de concentration de Wou-Tchang, puis exporté à l'étranger.

L'argent est extrait soit à l'état de minerai propre d'argent, soit à l'état de galène ou encore mêlé à l'antimoine et au cuivre; c'est dans la préfecture de Tchang-Cha que se trouvent les principales mines, mais l'exploitation en est actuellemen prohibée.

Parmi les mines d'or connues, l'une est située à Ping-Kiang (Yo-Tcheou-Fou) et l'autre sur la rivière Yuen entre Tcheu-Tcheou et Tao-Yuen; on a tenté, mais sans succès, d'exploiter la première suivant une méthode scientifique. D'autre part, les sables de plusieurs rivières sont aurifères.

Enfin on rencontre aussi dans la province le cuivre, l'étain, le zinc, le soufre, le borax, la potasse, l'alun, le salpêtre.

VI. — La principale industrie est celle du coton, à Tchang-Te-Fou, où elle est encore très florissante, alors que, dans la partie orientale de la province, elle est au contraire en décadence par suite de la concurrence des tissus étrangers. On tisse également la ramie; on fabrique aussi du papier, des baguettes d'encens, des pétards, de la porcelaine et de la poterie communes, des cordages de bambous, des marmites, des pots d'étain, de l'eau-de-vie, des articles en laque commune. Toutes ces entreprises, bien entendu, sont du type familial, et la seule industrie européenne est celle où on fond le minerai d'antimoine; il a été question de créer à Tchang-Cha une rizerie à vapeur. Mais ce n'est qu'un projet.

VII. — Les trois rivières Siang, Sou et Yuen sont, avec le lac Tong-Ting et le Yangtseu, les principales voies suivies par le commerce. Nous retrouvons, dans cette province, la grande route de Pékin à Canton qui passe déjà au Houpe pour ensuite se diriger vers le Hounan. Fluviale ici, sur la plus grande partie de son parcours, elle suit le Siang par Tchang-Cha, Siang-Tan, Heng-Tcheou, puis son affluent le Li-Chouei jusqu'à Tcheu-Tcheou-Chien, terminus de la navigation. Elle franchit ensuite les monts

Nan-Ling par la passe de Che-Ling et pénètre au Kouang-Tong pour gagner la capitale de cette province par la rivière du nord (Pékiang). Cette route avait une importance commerciale de premier ordre et était suivie par une quantité considérable de marchandises avant l'ouverture des ports du Yangtseu aux Européens et l'introduction de la marine à vapeur; elle est aujourd'hui beaucoup moins fréquentée, le gros du trafic ayant été détourné sur la voie maritime.

Une autre route très importante est celle de Tchang-Te-Fou au Kouei-Tcheou; elle suit la rivière Yuan et atteint Tchang-Yuen; un embranchement passe par Ma-Yang et paraît être encore plus fréquenté. Ma-Yang est un des plus gros marchés de l'ouest du Hounan.

La rivière Siang est navigable jusqu'à Tchang-Cha pour les vapeurs dont le tirant d'eau est de 1 m. 25 à 2 mètres pendant environ huit mois de l'année; ces mêmes vapeurs peuvent souvent atteindre Siang-Tan, dont l'accès est un peu plus difficile. Au-dessus de cette ville, la rivière n'est navigable que pour les jonques, puis pour les sampans seulement. Près de sa source un canal la relie au Fou-Ho, affluent du Si-Kiang dans le Kouang-Si.

La rivière Tse, ainsi que je l'ai déjà dit, n'est qu'une suite de rapides et ne peut être considérée comme pouvant être ni devenir une voie commerciale; quant à la Yuen elle serait navigable pour des vapeurs de faible tonnage jusqu'à Tchang-Te-Fou. La Compagnie Butterfield and Swire avait tenté d'y envoyer un bateau, mais l'embouchure de la rivière dans le lac Tong-Ting est obstruée par des roseaux et des bancs de boue. Pour pénétrer dans cette rivière, les jonques elles-mêmes font un détour et passent par des canaux qui, au sud du lac, la relient à la Tse. Au-dessous de Tchang-Te-Fou, les jonques ne doivent pas caler plus de deux pieds et, à partir de Hong-Kiang, la rivière n'est accessible qu'aux sampans.

VIII. — Les deux villes ouvertes au commerce étranger dans la province du Hounan sont : d'abord le port de Yo-Tcheou (Yochow) qui a une population d'environ 20.000 habitants et se trouve précisément à l'embouchure du lac Tong-Ting dans le Yangtseu. Le commerce du Hounan passe à peu près en entier par cette voie, mais n'ajoute rien à la prospérité de la ville qui est la porte principale de la province et rien d'autre. En 1906, les Japonais avaient essayé de faire ouvrir au commerce la ville de Tchang-Te-Fou qu'ils considèrent comme le centre commercial de la province, mais les choses en sont restées là. L'ouverture de Tchang-Cha-Fou a, du reste, contribué beaucoup à l'effacement de Yo-Tcheou qui ne sera jamais un marché important. Les transactions commerciales, presque toutes chinoises, figurent au relevé des douanes pour la somme de 1.500.000 à 2.000.000 de taels; quant aux importations européennes directes, elles ne sont que de 350.000 à 400.000 taels environ.

IX. — Tchang-Cha (la longue plaine de sables), ville capitale de la province du Hounan, est située sur la rivière Siang à 120 milles de Yo-Tcheou; elle devint ville ouverte en 1903. La douane chinoise y fut installée en 1904, le 1er juillet. La contrée, aux environs, est montagneuse, sauf du côté nord où s'étend une longue plaine d'où la ville tire sans doute son nom. La rivière sur laquelle se trouve la ville ne peut être remontée en vapeur que l'été; car l'hiver les eaux sont trop basses pour aller jusqu'à Tchang-Cha. La ville elle-même contient plusieurs édifices remarquables et les rues sont pavées suivant le goût chinois; elles offrent cependant plus de confort et de propreté qu'ailleurs.

L'ouverture de la ville de Tchang-Cha n'a pas donné ce qu'on espérait; les Chinois du Hounan font tout leur possible pour écarter les étrangers, et s'ils sont avides de nouveautés et de sciences occidentales, c'est à condition de les acquérir par eux-mêmes. L'esprit hostile du Hounanais est toujours en éveil et par toutes sortes de tracasseries le port est en quelque sorte un port fermé et non un port ouvert. L'importation directe et aussi l'exportation directe par les étrangers est insignifiante, mais le commerce purement chinois donne de 8 à 9.000.000 de taels de transactions. Pour l'année 1908, les relevés des douanes indiquent le chiffre de 9.240.292 taels. Le consul d'Angleterre disait, au reste, dans un de ses derniers rapports, que l'état d'esprit des habitants, très exclusif, rendait fort difficile aux étrangers l'ouverture de maisons de commerce dans la ville; une société très riche et hautaine, ennemie de l'étranger, s'arrange toujours, chaque fois qu'un de ces derniers veut s'installer et acquérir un terrain, pour acheter elle-même le terrain désigné et empêcher ainsi l'Européen de prendre pied à Tchong-Cha. Comme les gens riches ou aisés sont nombreux, ils arrivent toujours à leurs fins. Cependant, en dehors de la ville murée, dans le port ouvert, on a commencé à élever différentes constructions; la douane impériale et la compagnie de navigation de MM. Butterfield and Swire ont construit des bâtiments, et un quai déjà suffisamment long a été également édifié : il a 10 mètres de haut et mesure 200 mètres, mais il sera plus considérable, et déjà le gouvernement chinois a donné l'autorisation au service des douanes pour continuer le quai et en faire un de plusieurs kilomètres.

Comme résidents à Tchang-Cha, en dehors des Européens attachés au service des douanes chinoises, il y a quelques Japonais, et une seule maison européenne, la British American tobacco Cᵒ. Deux maisons japonaises sont également établies, la Mitsui Bussan Kwaisha et la Nisshin Kisen Kwaisha.

X. — C'est à Tchang-Cha-Fou que jadis, prit naissance la fête du Dragon. Un mandarin, qui administrait la ville, et dont le peuple estimait la probité et la vertu, s'étant noyé dans la rivière, on institua en son honneur une fête qu'on célébrait par des jeux, par des festins et par des combats sur l'eau. Cette fête, qui pendant longtemps fut particulière au Hounan, a lieu aujourd'hui dans tout l'Empire sous le nom de fête du Dragon, parce qu'on lance sur le fleuve, le soir du premier jour du cinquième mois, de petites barques longues et étroites, toutes dorées, qui portent à l'une de leurs extrémités la figure d'un dragon ; c'est pourquoi on les appelle long tchouan (bateaux dragons).

XI. — Les monts Nan-Ling, dont j'ai déjà parlé et qui se trouvent situés dans le sud de la province, vers la frontière du Kouang-Si et du Kouang-Tong sont habités, en outre des Yao, par des Miao-Tseu, que les Chinois appellent Cheng miao tseu ou Sauvages et qui vivent complètement indépendants. Il n'y a pas longtemps encore qu'ils créaient des ennuis aux autorités chinoises, mais ces dernières ayant pris le bon parti de les laisser tranquilles et de ne plus s'occuper d'eux, ces indigènes restent chez eux sans frayer avec leurs puissants voisins. Ils seront étudiés plus longuement dans le chapitre suivant.

CHAPITRE XI

I. — La province du Kouei-Tcheou est l'une des plus petites provinces de la Chine ; elle n'est pas arrosée directement par le Yang-Tseu-Kiang, mais un des grands affluents de ce fleuve, la rivière Ou, la traverse en partie, ainsi qu'un autre petit affluent, le Tche. Elle est donc, sinon baignée par le Yangtseu, du moins comprise dans le bassin du Yangtseu.

Elle est couverte de montagnes, dont quelques-unes très élevées ; aussi est-ce dans cette province que l'on rencontre encore le plus de ces peuples indépendants et vivant en dehors des lois de l'Empire, que l'on nomme Miao-Tseu ; il y a dans ces montagnes des mines d'or, d'argent et de cuivre, et c'est en partie de cette province qu'on tire le cuivre dont on fabrique la sapèque. La culture n'y est pas très rémunératrice et les habitants sont très pauvres ; on n'y fabrique aucune étoffe de soie, mais on y cultive beaucoup la ramie, cette espèce d'ortie de

Chine qui sert à tisser d'excellents vêtements d'été. Le Kouei-Tcheou fait un élevage assez considérable de chevaux et de bœufs.

Kouei-Yang-Fou, la capitale, est, comme d'ailleurs toutes les autres villes de la province, une forteresse ; quantité de forts et de places de guerre avaient en effet été élevés par les Empereurs pour tenir en respect les tribus indépendantes ; la capitale est très petite, construite mi-terre, mi-brique ; elle mesure à peine 6 ou 7 kilomètres de tour.

La rivière sur laquelle elle est située n'est point navigable, et il s'y fait fort peu de commerce.

Cette province n'est pas ouverte au commerce étranger ; elle serait d'ailleurs, en l'absence de toutes routes ou voies ferrées, d'un accès difficile, et les échanges qu'on pourrait y faire seraient de peu d'importance, étant donnée la pauvreté des habitants.

II. — Les Miao-Tseu, qui vivent dans le centre et au midi de la province du Kouei-Tcheou, sont de deux sortes : les uns obéissent aux magistrats chinois et font partie du peuple chinois dont ils ne se distinguent que par leur coiffure ; les autres ont leurs mandarins héréditaires qui sont originairement de petits officiers, lesquels servaient dans l'armée chinoise de l'empereur Hong-Wou, et qui, comme récompense, reçurent des titres et furent établis gouverneurs d'un certain nombre de villages. Ces gouverneurs indigènes furent appuyés par des garnisons chinoises placées en différents endroits fortifiés. Les Miao-Tseu s'accoutumèrent peu à peu à ce genre d'administration, et ils considèrent aujourd'hui leurs mandarins comme s'ils étaient de leur nation. Ces derniers, du reste, ont pris toutes les manières des villages miao-tseu qu'ils étaient chargés de gouverner. Cependant ils n'ont pas oublié de quelle province et de quelle ville ils sont; il y en a parmi eux qui comptent aujourd'hui vingt générations dans la province du Kouei-Tcheou. Quoique leur juridiction ne soit pas très étendue, ils ne laissent pas d'être à leur aise; leurs maisons sont larges, commodes et bien entretenues; ils jugent en première instance les procès qui leur sont soumis, et ils ont le droit de châtier leurs sujets, mais non de les condamner à mort. De leurs tribunaux, on appelle immédiatement au tribunal du tche fou ou préfet chinois.

Les indigènes s'enveloppent la tête d'un morceau de toile et ne portent qu'une veste bleue en cotonnade et des pantalons de même étoffe; mais les chefs sont vêtus comme des Chinois, surtout quand ils vont à la ville saluer le tche fou ou quelque autre autorité chinoise.

Les Miao-Tseu, encore indépendants, nommés par les Chinois *Cheng-Miao-Tseu* ou Miao-Tseu *crus*, c'est-à-dire non civilisés, ont des maisons à peu près comme celles des Laotiens et des Siamois, élevées sur pilotis. Dans le bas, au-dessous de la demeure familiale on met le bétail : bœufs, vaches, moutons, cochons; car ce sont les animaux que l'on voit le plus chez eux, sauf quelques chevaux; les maisons sont sales et sentent mauvais, toute l'odeur du bétail montant dans les chambres. Ces Miao-Tseu sont divisés en villages et vivent dans une grande union, quoiqu'ils ne soient gouvernés que par les anciens de chaque village. Ils cultivent la terre, ils font de la toile et des espèces de tapis qui leur servent de couvertures pendant la nuit. Cette toile n'est pas très solide, mais

les tapis sont habilement tissés. Les uns sont de soie unie,
de différentes couleurs, surtout rouges, jaunes et verts; les
autres de fils écrus, d'une espèce de chanvre qu'ils savent
fort bien tisser et qu'ils teignent également ; ils n'ont
pour vêtement qu'un pantalon et une veste comme leurs
congénères chinoisés.

Par l'entremise de ces derniers, les Chinois arrivent à
faire un certain commerce avec les Miao-Tseu indépendants,
notamment le commerce des bois. Les indigènes les coupent et les font flotter jusqu'au bas des montagnes où les
Chinois les reçoivent et en construisent de grands radeaux.

Plus près de la frontière du Yunnan, vivent d'autres
Miao-Tseu, dont le vêtement diffère un peu de celui
des précédents. La forme de ce vêtement le fait ressembler à un sac muni de manches très larges, lesquelles
sont fendues jusqu'au coude ; par-dessous ils portent une
petite veste de différentes couleurs ; les coutures sont
ornées de toutes sortes de petites coquilles que l'on
ramasse dans les lacs du Yunnan. Le couvre-chef ne dif-
fére pas de celui des précédents. La matière de ces vêtements est une espèce de gros fil de chanvre ou de jute ;
c'est probablement la même matière première qu'on
emploie pour faire les tapis dont j'ai parlé plus haut, et
qui est tantôt tissée tout unie et d'une seule nuance, tantôt à petits carrés de diverses couleurs.

Parmi les instruments de musique dont ils jouent, on en
voit un composé de plusieurs flûtes insérées dans un plus
gros tuyau, muni d'une sorte d'anche ; le son en est plus
doux et plus agréable que celui du *kin* chinois, c'est
comme une espèce de petit orgue à main, qu'il faut souf-
fler. Ils savent danser en cadence et leur danse exprime

fort bien des sentiments de gaîté, de tristesse... Tantôt ils s'accompagnent d'une sorte de guitare ; d'autres fois d'un instrument composé de deux petits tambours opposés : ils le renversent ensuite comme s'ils voulaient le jeter et le mettre en pièces.

Ces peuples n'ont point parmi eux de bonzes ou prêtres de Bouddha ; mais ils ont une sorte de religion fétichiste comme tous les Thai et les Shan, les Pou-Lao et autres tribus non chinoises du Yunnan.

Il y a, en fait, une foule de Miao-Tseu, et si les Chinois leur ont donné ce nom générique, ils les distinguent cependant entre eux par des noms spéciaux, généralement des noms méprisants. Ainsi, ceux qui se trouvent sur la frontière du Kouei-Tcheou et du Kouang-Si sont nommés Li-Jen ou Yao-Seu, Pa-Tchai, Lou-Tchai, etc...

Tous ces indigènes vont pieds nus et, à force de courir sur les montagnes, ils ont la plante des pieds tellement dure qu'ils grimpent sur les rochers les plus escarpés et sur les terrains les plus pierreux avec une vitesse incroyable et sans en être le moins du monde incommodés.

Si les hommes ont une coiffure très peu significative, la coiffure des femmes a quelque chose de grotesque et de bizarre, surtout dans certaines tribus. En général, leur chevelure est toujours arrosée d'une huile qui fait tenir les cheveux raides et les colle pour ainsi dire ; elles les arrangent en un chignon qu'elles ornent de plaques d'argent, d'épingles, de cercles d'argent ; quelques-unes mettent dans leurs cheveux une planchette d'un pied de long autour de laquelle elles les enroulent ; puis elles les appliquent bien avec de l'huile ou de la graisse. Cette coiffure dure plusieurs mois, et les femmes Miao-Tseu ne la renouvellent guère que quatre à six fois par an. Il est d'ailleurs bien évident qu'avec ces modes de coiffures, il serait absolument impossible de se peigner tous les jours. Mais, lorsqu'elles deviennent âgées, elles se contentent de ramener leurs cheveux en toupet sur le haut de la tête et de les nouer avec des tresses. J'ai vu moi-même ces différentes coiffures, et je dois dire qu'elles produisent un effet étrange, notamment celle qui consiste en une petite planchette autour de laquelle les cheveux s'enroulent. La langue de tous ces peuples paraît être la même dans toutes les provinces, sauf quelques différences insignifiantes.

Tous les Miao-Tseu sont méprisés des Chinois qui les traitent de barbares et de voleurs de grand chemin. Cependant, ceux des Européens qui ont été en contact avec eux, dans quelque province que ce soit, les ont trouvés, au contraire, très hospitaliers et très respectueux de la propriété d'autrui. Quand j'ai voyagé au milieu d'eux, j'ai toujours été bien accueilli, et ils ne craignaient qu'une chose : l'escorte de soldats chinois qui m'accompagnait et qui les traitait plutôt durement. Aussi comprend-on que les Miao-Tseu aient leurs raisons de n'être pas satisfaits des Chinois. Ceux-ci leur ont enlevé tout ce qu'ils avaient de bonnes terres et continuent à les traiter, à l'heure actuelle, avec le plus grand sans-gêne quand ils se sentent les plus forts. Par suite, les Miao-Tseu n'aiment pas plus les Chinois, que les Chinois n'aiment les Miao-Tseu; ceux-ci regardent leurs conquérants, et non sans raison, comme des maîtres très durs. Il est toutefois à remarquer qu'aujourd'hui les Miao-Tseu vivant sur les montagnes sont laissés à peu près indépendants, et que l'administration chinoise ne se préoccupe guère de ce qui se passe chez eux.

CHAPITRE XII

I. — La province du Sseu-Tchuen est l'une des plus belles et des plus grandes provinces de l'Empire : le Yang-Tseu-Kiang la traverse tout entière ; elle est très riche, non seulement par la quantité de soie qu'elle produit, mais encore par ses mines d'étain, de plomb, de fer ; par son ambre et ses cannes à sucre, par ses pierres précieuses, et, dit·on, aussi par ses mines d'or. Elle abonde en musc, surtout dans sa partie occidentale qui touche au Thibet, pays du musc. On y trouve quantité d'orangers et de citronniers ; des chevaux très recherchés quoique de petite taille, mais fort vifs et énergiques ; des cerfs, des daims, des perdrix, des perroquets ; une variété de poules à plumes douces comme la laine, petites et basses sur pattes, que dans toutes les provinces, les habitants s'amusent à élever en cage. C'est de la province du Sseu-Tchuen qu'on tire la meilleure rhubarbe.

Considérée par les étrangers aussi bien que par les Chinois comme une des plus riches sinon la plus riche province de l'Empire, le Sseu-Tchuen est en outre la plus peuplée, et sa superficie égale à peu près celle de deux autres provinces. Elle fut le grenier des Empereurs quand ces derniers avaient leur capitale à Si-Ngan-Fou, dans le Chen-Si, et sa ville principale, Tchen-Tou, fut au IIIᵉ siècle la capitale des Han.

Le Sseu-Tchuen est arrosé par quatre rivières qui, courant du nord au sud, viennent toutes se jeter dans le Yangtseu en suivant la même direction, et forment par suite quatre thalwegs tout à fait parallèles ; ces rivières sont le Kialing, le Lo, le Min et le Yaloung, la plus grande de toutes, qui part du Thibet et qui vient se confondre avec le Yangtseu sur la frontière du Yunnan et du Sseu-Tchuen. La rivière Min descend dans la plaine de Tcheng-Tou, où ses eaux se divisent en une quantité de bras ou canaux qui contribuent à la grande fertilité de cette partie de la province. Il ne faudrait d'ailleurs pas considérer le Sseu-Tchuen sous un seul aspect ; en effet, si, depuis Kouei-Tcheou-Fou, ville frontière à l'est, vers le Houpe, jusque sur les rives de la rivière Min, à Tchen-Tou et Kiating, le sol est productif et la province bien peuplée ; depuis le Min jusqu'à la limite occidentale il n'en est pas de même. Là les contreforts du Thibet s'avançant en rangs serrés, offrant des hauteurs de 2.500 à 3.000 mètres, occupent la majeure partie du terrain, qui est, de ce fait, impropre à la culture et fort peu habité. C'est, du reste, de ce côté que vivent éparses sur les hauteurs quelques tribus de Lolos, aborigènes non encore assimilés et qui ont jusqu'à présent été absolument réfractaires à la culture chinoise. Quand on parle donc de la fertilité, de la richesse du Sseu-Tchuen, il faut entendre d'une partie de la province.

II. — En fait de richesses naturelles, en dehors de celles que j'ai déjà citées, on peut noter l'une des plus importantes et qui fait l'objet d'une industrie locale très active : ce sont les puits d'eau salée. Les Sseu-Tchuennais font évaporer l'eau pour avoir ensuite le sel qu'ils expédient un peu partout à dos de bœufs. Ces puits de sel sont exploités, depuis des générations, d'une façon absolument primitive, mais qui fait honneur à la patience et à l'ingéniosité des Chinois. Avec les moyens dont ils disposent, ils mettent généralement trois ans pour creuser un puits. Quand il s'agit de tirer l'eau, ils descendent dans le puits un tube en bambou au fond duquel se trouve une espèce de soupape ; lorsque le bambou est au fond du puits, un homme, au moyen d'une corde, imprime des secousses ; chaque secousse fait ouvrir la soupape et monter l'eau. Quand le tube est plein, un grand cylindre en forme de dévidoir, de seize mètres de circonférence, sur lequel roule la corde, est tourné par deux, trois ou quatre buffles ou bœufs, et le tube monte ; l'eau qu'on en recueille donne à l'évaporation un cinquième, quelquefois un quart de sel. Ce sel est très amer et n'a pas la force du sel marin. Ces salines, dont les plus connues et les plus renommées se trouvent à Tseu-Lieou-Tsing, sont exploitées depuis des générations soit par des compagnies, soit par des familles, et à l'heure actuelle c'est toujours la vieille méthode qui triomphe ; personne n'admet d'innovation, et celui qui introduirait les procédés d'extraction à l'européenne serait immédiatement en butte aux tracasseries, à la haine même de ses compatriotes et obligé de quitter le pays. Les corporations qui vivent des salines sont si nombreuses et si puissantes qu'on se demande à quelle époque pourra se faire l'exploitation normale et rapide par nos moyens mécaniques.

III. — A côté des puits salants, se trouvent les puits de feu (Ho tsing). On s'en sert pour éclairer les exploitations la nuit. Un petit tube en bambou ferme l'embouchure des puits et conduit l'air inflammable où l'on veut ; on l'allume et il brûle sans s'arrêter. La flamme est bleuâtre et donne une lumière très douce. Ces flammes proviennent évidemment des nappes de naphte souterraines qu'on a dernièrement découvertes au Sseu-Tchuen, mais qui n'ont jamais été mises en exploitation.

Pour évaporer l'eau et cuire le sel, les Chinois se servent de grandes marmites en fonte, qu'ils emplissent au fur et à mesure de l'évaporation, de sorte que le sel, quand l'eau est complètement évaporée, remplit la cuvette à pleins bords et en prend la forme. Le bloc de sel est dur comme la pierre ; on le casse en trois ou quatre morceaux pour qu'il soit plus facilement transporté à dos de mulets ou de bœufs. Pour chauffer les chaudières on emploie soit le charbon, soit le feu naturel. Les couches de charbon sont quelquefois assez épaisses et descendent à une grande profondeur, mais on n'exploite qu'à la surface ; on n'ose pas ouvrir de grandes mines, car on ne peut employer la lumière à cause du grisou, et les ouvriers, la plupart du temps, vont à tâtons ou s'éclairent avec un mélange de sciure de bois et de résine qui brûle sans flamme et ne s'éteint pas.

Pour l'emploi du feu naturel, quand on peut y avoir recours, c'est infiniment plus simple : à trente centimètres sous terre, sur les quatre faces du puits, sont plantés quatre gros tubes de bambou qui conduisent l'air sous les chaudières. Un seul puits fait chauffer plus de trois cents chaudières. Chaque chaudière a un tube de bambou à l'extrémité duquel est adapté un tube de terre glaise qui empêche le bambou de brûler ; le système, on le voit, est très simple et, pour éclairer l'exploitation la nuit, on creuse d'autres trous dans lesquels on fixe de longs bambous ; on a alors des torches permanentes et donnant toujours la même lumière. Les nappes souterraines, qui fournissent ainsi un gaz inflammable, sont évidemment des fleuves de pétrole, et ils sont tellement abondants qu'avec une exploitation européenne raisonnée, la Chine pourrait s'éclairer sans avoir recours aux pétroles d'Amérique et du Caucase ; mais la grosse difficulté est de convaincre toute cette population qui vit des puits de sel et des puits de feu. Ce sera très long et il sera nécessaire d'agir avec beaucoup de prudence.

IV. — En dehors de cette industrie toute spéciale, le Sseu-Tchuen fabrique des bronzes renommés, mais je crois cependant que les beaux bronzes du Sseu-Tchuen ont surtout été fondus autrefois ; car aujourd'hui on n'en trouve guère. La soie y est travaillée et ouvrée. La coutellerie de Tcheng-Tou est renommée ; de même aussi la fabrication de chapeaux de paille ; d'ailleurs les tresses de paille du Sseu-Tchuen et particulièrement de Tcheng-Tou sont expédiées par gros chargements sur Changhai, à destination d'Europe, et deux maisons françaises de Changhai en exportent chaque année de grandes quantités sur Paris.

Le Sseu-Tchuen est aussi le marché des laines et des peaux de chèvre et de yack provenant du Thibet; du musc qui devient une marchandise rare et très frelatée; de la cire animale ou tchang pela, c'est-à-dire cire blanche des insectes. Ce sont de petits insectes qui la forment. Ils sucent le suc d'une espèce d'arbre, et à la longue ils le changent en une sorte de graisse blanche qu'ils fixent aux branches de l'arbre; on la récolte en râclant les branches en automne, puis on la fait fondre sur un feu doux, enfin, on la passe pour en chasser les impuretés et on la verse dans l'eau froide où elle se fige. Elle est polie et brillante, on la mêle avec de l'huile et on en fait des chandelles. On trouve cette sorte de cire au Hounan également, ainsi qu'au Yunnan; mais celle qu'on récolte au Sseu-Tchuen est supérieure. L'arbre qui porte l'insecte distillant cette cire est un arbre à feuilles persistantes; il donne des fleurs blanches en grappes au mois de mai et de petits fruits en forme de baie, ressemblant assez à de petites noix; les Chinois le nomment tong tsin chou. Les insectes sont blancs quand ils sont jeunes, et c'est à ce moment qu'ils font la cire. Quand ils ont rempli leurs fonctions, ils deviennent gris; ils se réunissent alors en forme de grappes et s'accrochent aux branches de l'arbre; au printemps ils font leurs œufs et construisent des nids comme les chenilles; chacun de ces nids contient plusieurs centaines de petits œufs blancs, lesquels, une fois éclos, livrent passage à une nouvelle génération d'insectes. Ainsi tous les ans, le même arbre donne une récolte de cire. Il faut avoir bien soin de surveiller l'arbre et d'empêcher l'invasion des fourmis qui mangeraient les insectes et détruiraient la récolte.

V. — Mais ce que le Sseu-Tchuen produit avec abondance, ce sont les médecines, et c'est de ce fait que la province a une célébrité spéciale parmi les Chinois ; car le Chinois prend des médecines à tout propos et hors de propos. Or le Sseu-Tchuen lui en fournit abondamment. Rhubarbe et herbes médicinales de toutes sortes, cornes de cerf, os de dragon, et quantité de drogues extraordinaires, de mixtures sans nom, tout cela vient du Sseu-Tchuen. Les jonques qui partent de Tchong-King en amènent des chargements considérables à Hankeou et à Changhai, d'où ils sont dirigés dans toute la Chine.

VI. — La province qui nous occupe en ce moment a été l'objet de l'attention générale vers 1895 et les années qui ont suivi. Ce devait être l'eldorado rêvé. Tous les Européens s'accordaient à reconnaître au Sseu-Tchuen une valeur commerciale énorme ; je crois qu'aujourd'hui on en est un peu revenu. D'abord l'accès de la province est particulièrement difficile et restera tel tant qu'une voie ferrée ne reliera pas Tchong-King et Tcheng-Tou à Hankeou et à Changhai, et puis, il faut bien le dire aussi, plus la Chine s'ouvrira, moins l'Européen aura de chances, surtout dans l'intérieur ; car l'intelligence du Chinois s'ouvrira en même temps et le commerce restera dans les mains chinoises. Il n'y a qu'à voir la situation actuelle des grands centres comme Changhai et Hankeou ; les maisons européennes s'y livrent une concurrence effrénée et sont de plus en plus battues en brèche par les maisons chinoises qui commencent à travailler directement ; les profits sont loin d'être ce qu'ils étaient autrefois, et l'Européen en Chine doit fournir un travail considérable. Que sera-ce dans l'intérieur du pays? Seuls les Japonais pourront tenir quelque temps, mais le Chinois, une fois bien outillé et au courant des affaires de l'Occident, finira par laisser loin derrière lui tous les étrangers.

VII. — Le commerce total de Tchong-King pour l'année 1908 s'élève à la somme de 31.180.995 taels, contre environ 28.000.000 de taels en 1907 et 28.000.000 également en 1906. La ville de Tchong-King, qui est en même temps le port ouvert aux étrangers, est le centre commercial non seulement du Sseu-Tchuen, mais de la Chine occidentale et du Thibet chinois. La ville s'élève sur l'extrémité d'une colline assez haute et rocheuse, formant presqu'île au confluent de la rivière Kialing avec le Yangtseu. Elle est entourée, comme toutes les villes chinoises, d'un mur crénelé, percé de neuf portes. Le climat de Tchong-King, sans être malsain, est très lourd l'été à cause de la chaleur humide; quant à l'hiver qui est parfois très frais, il est désagréable à cause des brouillards épais qui s'élèvent du fleuve tous les matins. Sur la rive gauche du Kialing, en face de Tchong-King, se trouve la petite ville de Kiang-Pe-Ting, laquelle, avec Tchong-King, forme une agglomération d'environ 300.000 âmes. C'est en 1891 qu'a été ouvert le port de Tchong-King; vers 1893-1894, un Français est allé s'y installer et a assez bien réussi; aujourd'hui plusieurs maisons étrangères y ont établi des succursales, mais tout le commerce est entre les mains des indigènes. La Compagnie française des Indes et de l'Extrême-Orient y entretient un agent. Le gouvernement français, les missionnaires catholiques et protestants subventionnent également des hôpitaux et des écoles à Tchong-King et à Tcheng-Tou ; enfin, un Japonais, M. Ishidzuka, a entrepris la construction d'une manufacture pour la préparation des cuirs du Sseu-Tchuen à Tcheng-Tou.

La situation commerciale de la province du Sseu-Tchuen, au cours de l'année 1908, a été, grâce à un ensemble de conditions favorables, particulièrement prospère (1). La totalité du trafic qui a été contrôlé par l'administration des douanes chinoises de Tchong-King représente une valeur de 31.180.995 taels (environ 110.000.000 de francs), soit une augmentation de 15.000.000 de francs sur l'année 1907. Comme on estime qu'un cinquième seulement du commerce de la province passe par les douanes maritimes, la majeure partie des marchandises dirigées sur le Bas-Yang-tseu, par les maisons chinoises de la place, acquittent les droits aux octrois indigènes ou *likin*. La valeur brute du commerce de Tchong-King peut être évaluée à 500 millions de francs. Ce chiffre semble d'abord considérable ; il n'a cependant rien qui puisse surprendre si l'on considère que cette ville est le seul port ouvert d'une province qui compte plus de 40.000.000 d'habitants. Ce chiffre a, d'ailleurs, dû être de tout temps le chiffre normal des transactions du Sseu-Tchuen ; seulement, comme autrefois nous n'avions aucune statistique pour nous en rendre compte, nous l'ignorions. Les produits de toute la Chine occidentale, du Yunnan septentrional, du Kouei-Tcheou même, ne trouvant leur débouché qu'à Tchong-King, il n'y a pas lieu de nous étonner.

(1) D'après les documents du ministère des Affaires étrangères.

Le nombre des jonques affrétées s'est élevé à 2.567, et le prix moyen du fret par picul à la montée a été de 80 francs d'Itchang à Tchong-King, et de 25 francs à la descente. La plus forte crue du Yangtseu n'a été que de 52 pieds, alors qu'au cours des années précédentes on avait fréquemment enregistré 80 et même 100 pieds.

L'argent s'est maintenu au taux moyen de 930 taels de Tchong-King pour 1.000 taels de Changhai. Toutefois, en automne, l'envoi de quantités importantes de numéraire aux grandes salines du Tseu-Lieou-Tsing, et surtout dans les marchés thibétains, pour payer les dépenses de l'expédition militaire chinoise, a eu pour résultat une hausse subite de l'argent. Les banquiers qui échangeaient 930 taels de Tchong-King contre 1.000 taels de Changhai n'en donnèrent plus que 890. Cette crise dura près d'un mois et causa quelque malaise sur le marché. Cependant il n'y eut aucune faillite à signaler. En somme, malgré la crise monétaire, l'année a été bonne ; l'agriculture, au reste, a été également favorisée, et le prix des denrées est resté peu élevé, à tel point qu'on a pu exporter du riz et des céréales au Houpe.

La plus grande partie du commerce d'importation et d'exportation est entre les mains des maisons chinoises, lesquelles ont des représentants à Hankeou, Itchang et Changhai. Les articles importés sont des articles de vente courante, dits articles de bazar ; la plus grande partie de ces articles viennent, comme toujours, du Japon ou de l'Allemagne ; ils sont de fabrication et de qualité inférieure, mais ils ont l'avantage d'être à la portée de toutes les bourses. L'article allemand, très ordinaire surtout, se vend beaucoup.

Les produits français sont très appréciés, mais ils coûtent trop cher. On les trouve seulement dans les comptoirs de la Compagnie française des Indes et de l'Extrême-Orient, rarement dans les magasins tenus par les Chinois. Les articles suivants se vendent bien : verrerie de Bohême (vases à fleurs), passementerie, parfums et savons, montres, vins de champagne bon marché, liqueurs douces. Mais toutes ces marchandises, ce sont les Allemands et les Japonais qui les vendent, parce que seuls ils peuvent les livrer à un bon marché auquel nous ne saurions atteindre. Il en est de même de tous les articles de fer-blanc ou d'émail. Ces objets sont d'un emploi courant chez les habitants de cette province, mais les Allemands ont le monopole de la vente. Outils, charnières, clous, vis, pointes, fils de fer, tout cela est allemand, quoique cependant on voie sur le marché certains articles de provenance française. Il en est de même pour les machines à coudre ; quelques-unes sont d'origine française, mais la grande majorité vient d'Allemagne. Il n'y a guère que dans les soieries de Lyon que nous trouvions une vente rémunératrice ; elles commencent à être appréciées des gens riches et aussi des chefs indigènes lolos ou Miao-Tseu ; il s'en est vendu 815 piculs (1 picul = 60 kgs.) en 1908, contre 478 piculs en 1907.

Le pétrole donne une importation de 300.000 gallons en 1908, et il est tout entier livré par la Standard Oil C° de New-York.

Le coton est également importé en grande quantité. Les filés de cotons indiens ont subi une diminution de 56.922 piculs ; par contre les filés de coton chinois provenant des manufactures de Wou-Tchang sont passés de 42.000

piculs en 1907 à 75.000 en 1908 ; et les filés japonais dont il n'avait été importé que 210 piculs en 1907 ont atteint cette année 10.000 piculs. Tchong-King est le grand centre de transit pour les filés de coton envoyés au Yunnan, au Kouei-Tcheou et au Thibet. Les tissus écrus arrivent à Tchong-King ; on teint dans la proportion de 600 pièces sur 1.000 ceux qui sont destinés au Yunnan et au Kouei-Tcheou ; quant aux tissus dirigés sur le Thibet, ils sont habituellement teints à Yo-Tcheou.

Comme exportation le Sseu-Tchuen fournit :

Les soies de porc qui constituent le principal article d'exportation des maisons européennes de Tchong-King ; les soies noires sont toutes expédiées en Europe ; quant aux soies blanches, le Japon en achète tous les ans une certaine quantité.

La quantité de musc expédiée chaque année de Ta-Tsien-Lou peut être d'environ 1.000 livres chinoises ou *Kin* (le Kin vaut 600 grammes) ; ainsi que je l'ai noté plus haut, le négociant européen fera bien de vérifier les poches de musc avant d'en prendre livraison ; car très souvent il est fraudé.

La rhubarbe croît ici en grande quantité, soit cultivée, soit sauvage ; la rhubarbe cultivée provient des montagnes de l'ouest et du sud de la province ; la rhubarbe sauvage se trouve dans les marches thibétaines ; une quantité considérable est exportée tous les ans vers les autres provinces chinoises.

La cire animale blanche compte pour environ 300.000 taels chaque année. La cire jaune, les noix de galle figurent à l'exportation avec les peaux de bœuf, de buffle, de chèvre et d'agneau ; le Sseu-Tchuen écoule par Tchong-

King toutes les peaux de la Chine occidentale ; on en fait des envois considérables en Europe et en Amérique ; elles proviennent en partie du Thibet et en partie du Yunnan. Depuis quelques années la ville de Tchao-Tong, située au nord de cette dernière province, expédie au Sseu-Tchuen une grande quantité de peaux de bœuf jaunes et de peaux de chèvre ; ces peaux sont en majorité dirigées sur l'Amérique.

Le transport des peaux provenant de Tchao-Tong se fait à dos de mulet pendant sept étapes, puis à dos d'homme de Lao-Wa-Tan à Soui-Fou, d'où on les envoie par jonques jusqu'à Tchong-King.

On exporte aussi en Europe des peaux de renard, de daim ou de lapin blanc, ainsi que la laine des troupeaux du Yunnan qui arrive à Soui-Fou pour être dirigée sur Tchong-King.

La soie du Sseu-Tchuen n'est pas à beaucoup près aussi estimée que celle du Kiang-Sou, du Chantong et de Canton ; toutefois, dans ces dernières années, de grands progrès ont été réalisés dans cette industrie. A Tong-Tchouan, à quatre étapes au nord-est de Tcheng-Tou, une filature a été ouverte où la soie est dévidée suivant les procédés modernes. Le dévidage se fait pour les cocons blancs, de cinq par fil ; pour les cocons jaunes, de six. Cette soie est brillante et souple. Une école indigène a été établie à Tcheng-Tou en 1906 ; une autre a été tout récemment créée à Tchong-King.

Le bureau d'agriculture provincial vend aux éleveurs de vers à soie qui en font la demande des graines importées de Hang-Tcheou et de Sou-Tcheou et aussi du Japon ; des distributions gratuites de ces graines ont été faites dans toutes les écoles où l'on traite des questions se rattachant à la sériciculture. Les autorités ont promis une récompense à ceux qui chaque année produisent une qualité de soie supérieure.

Le Sseu-Tchuen fournit une autre espèce de soie, la soie sauvage produite par le bombyx du chêne, qui existe aussi au Japon où il est connu sous le nom de *Yamamaï.* Cette soie a été, paraît-il, très demandée en Europe et en Amérique ; on l'emploie en Amérique pour en faire une étoffe dénommée *radjah*, et en Europe aussi bien qu'en Amérique elle entre dans la confection d'un tissu spécial très résistant utilisé dans l'aérostation.

Le suif végétal provient des graines du *Kiuen-Tseu-Chou*, ou *Stillingifera sebifera*, de la famille des euphorbiacées.

Les plumes d'aigrette sont un article d'exportation ; mais elles se font rares, tellement on détruit de ces malheureux oiseaux ; d'ailleurs, les plumes dites aigrettes ne se trouvent que sur la tête des mâles qui ont plus de trois ans ; s'il y en a encore quelques troupes, c'est qu'au Yunnan il existe des localités où les oiseaux sont sacrés et où on risquerait sa vie si on les tuait.

VIII. — Les produits du Thibet qui sont exportés en Europe par le port de Tchong-King sont les suivants :

Le musc, 120 à 160.000 francs ;

La rhubarbe ;

La laine ;

Les peaux d'agneau ;

Les queues de yack, environ 2.000 par an, chacune coûtant environ 1 fr. 25 ;

Les poils de yack, lesquels sont utilisés pour le tissage d'une étoffe imperméable ;

Les crins de chevaux ;

Les soies de porc ;

Les cornes de cerf, qui, réduites en poudre, sont, paraît-il, un médicament d'une efficacité sans pareille ;

Les peaux tannées : peaux de cerf, de musc, de renard, de yack, panthère, ours, lynx, loup, fouine, zibeline.

Ces marchandises sont apportées par les Thibétains à Ta-Tsien-Lou, qui est le grand marché du Thibet oriental. Avec l'argent qu'ils en retirent, ils achètent du thé, des cotonnades, des couleurs d'aniline, du bois de campêche, des fils de soie. De Ta-Tsien-Lou, les produits du Thibet sont envoyés par voie de terre à Yo-Tcheou ; on compte neuf étapes entre ces deux villes. Ils sont alors chargés sur des radeaux qui, par la rivière Yaho, les amènent à Kia-Ting-Fou ; de là ils descendent par le Min et le Yangtseu jusqu'à Tchong-King, d'où ils sont dirigés sur Changhai.

IX. — En somme, c'est toujours à Changhai qu'il faut en venir, comme au débouché le plus important pour toute la Chine centrale et occidentale. Même quand les chemins de fer auront relié Hankeou à Tchong-King et à Tcheng-Tou, même quand le chemin de fer de Yunnan-Fou ira rejoindre Tchong-King par Tong-Tchuen et Tchao-Tong, Changhai restera le marché principal pour tout le bassin du Yang-Tseu-Kiang, parce que la voie d'eau, n'importe en quel pays, est toujours la moins chère et parce que jamais, au point de vue du transport des marchandises, le chemin de fer ne contrebalancera les bateaux à vapeur du fleuve Bleu. Les chemins de fer pourront développer les échanges, amener plus facilement et plus rapidement les marchandises aux ports d'embarquement, ou, une fois débarquées, les distribuer plus facilement aux extrémités des provinces, mais la navigation gardera toujours la prépondérance, parce que moins chère et presque aussi rapide. D'ailleurs, même si elle n'était pas aussi rapide, cela ne gênerait en rien les Chinois pour qui le temps ne ne compte pas et qui ont une patience à toute épreuve.

Actuellement, dans le Sseu-Tchuen, les moyens de communication sont très difficiles, tant dans l'intérieur de la province qu'entre la province et les provinces voisines; les moyens de transport à dos d'homme ou de mulet sont fort coûteux; la navigation des fleuves et rivières, parsemés de rochers et de rapides, est dangereuse toute l'année et à peu près impossible pendant l'époque des hautes eaux. Les accidents sur le Yangtseu entre Itchang et Tchong-King sont extrêmement fréquents; on estime qu'une jonque sur dix, en moyenne, fait naufrage ou subit de graves avaries. Il est donc bien évident que, dans cette région, il importe d'avoir au plus tôt des voies ferrées, et la construction d'un chemin de fer venant de Hankeou pourra seule établir un transport normal; mais soyons bien persuadés que le négociant chinois n'abandonnera pas de si tôt le fleuve; il ne renoncera pas à ses habitudes, surtout parce que ses habitudes le conduisent au meilleur marché. On le voit bien par l'exemple du chemin de fer de Changhai à Nankin; les bateaux transportent toujours les marchandises et le chemin de fer n'arrive pas à les concurrencer.

Quant à songer à lancer une ligne régulière de vapeurs entre Itchang et Tchong-King, c'est là une pure chimère;

si, à certaines époques, des canonnières à *fond plat* ont pu remonter le fleuve, il me paraît peu probable que des navires chargés de marchandises et cubant une certaine profondeur puissent jamais naviguer sur le Haut Yangtseu en l'état où il est actuellement.

Il serait cependant à désirer grandement que l'on pût remonter facilement au Sseu-Tchuen; car c'est incontestablement une des provinces les plus anciennes et les plus dignes d'être visitées, et les touristes n'y manqueraient pas.

X. — La capitale, Tcheng-Tou, est située au nord-ouest de Tchong-King, sur la rivière Min, qui forme, avec la rivière Tcheng, à l'endroit même où est située la capitale, un enchevêtrement de lacs et de canaux tel que la ville est entourée d'eau de tous côtés. Le premier aspect de Tcheng-Tou est celui de toutes les villes chinoises avec leur cortège de saletés, d'immondices, de guenilles et de mendiants. Cependant quelques rues, larges, bien pavées, bordées de boutiques assez propres et jolies à l'œil, contrastent avec ce que l'on est habitué à voir en Chine. C'est un reste de l'ancienne splendeur de la ville qui fut capitale de l'Empire il y a quelques siècles, et l'on peut y voir encore de nombreux palais et monuments. La révolte des Taiping a épargné cette province, et c'est une des raisons qui font que les villes du Sseu-Tchuen, et celle de Tcheng-Tou en particulier, offrent encore au voyageur un spectacle plus agréable et plus varié que la plupart des villes du Yangtseu, qui ont toutes plus ou moins été dévastées par les rebelles.

Quoique la province soit très fertile, on y rencontre beaucoup de pauvres, car la population, qui n'a jamais connu le déchet que causent les guerres civiles et les révoltes, est extrêmement nombreuse et ne trouve pas toujours de quoi se nourrir. De Tcheng-Tou partent plusieurs belles routes qui se dirigent sur Soui-Ting, Pao-Ning, Tong-Tchuen, Ta-Tsien-Lou, et qui sont bien entretenues, chose rare en Chine; non pas qu'elles ressemblent encore à nos routes de France, mais elles sont pavées de belles pierres qui rendent la marche moins pénible que les fondrières si souvent rencontrées dans les provinces de l'Empire.

Les environs immédiats de Tcheng-Tou produisent une impression de bien-être; on se trouve dans une autre Chine. Les jardins sont nombreux et bien cultivés; tout a un air de propreté et de prospérité auquel on n'est pas habitué ordinairement. Il faut observer d'ailleurs que la situation de Tcheng-Tou, au milieu de plaines fertiles et bien arrosées, au pied des derniers contreforts qui descendent du Thibet, contribue à la beauté de la ville et de ses environs; nulle part en Chine on ne trouve tant de beautés naturelles alliées à une telle fertilité. De plus, le réseau de canaux et de rivières qui environne la ville facilite le commerce par jonques, puisque toujours ces dernières peuvent remonter jusqu'à Tcheng-Tou; cependant de novembre à mai, pendant la saison sèche, les petites barques seules peuvent y parvenir.

La muraille qui entoure la ville a été élevée sous la dynastie des Tsin il y a quelque vingt siècles, mais elle a été agrandie et refaite sous l'empereur Kang-Hi, de la dynastie actuelle. On trouve dans l'enceinte trois villes, comme à Pékin et à Nankin; une ville impériale, dont il ne reste que des ruines, pavillons délabrés, marbres brisés, palais effondrés ; une ville tartare où quelques Mandchoux tiennent garnison, et enfin la ville chinoise.

Hors de la ville le voyageur peut visiter quelques édifices intéressants, tels que la pagode de Wou-Keou-Tseu, tombeau d'un empereur ; la pagode de Tsin-Yang-Kong ou des deux brebis, placée sous l'invocation de Lao-Tseu ; c'est peut-être une des plus belles pagodes qui existent en Chine ; tour, piliers, dragons et phénix, immenses brûle-parfums, enfin les deux brebis en bronze, l'ensemble offre un caractère de grandeur et d'élégance qu'on n'est pas habitué à voir dans ce pays. De temps à autre, aux époques où l'on fête les différentes phases de la vie du philosophe, de véritables foires s'installent autour du temple, avec des jongleurs, des montreurs de bêtes, etc.

Le monastère de Tsao-Tang mérite également d'être visité.

C'est là que repose un des poètes les plus connus de la Chine, Tou-Fou, célèbre non seulement par ses œuvres, mais aussi par la capacité de son gosier : il mourut à la suite d'un excès de vin de Chao-Hing ; c'était, d'ailleurs, comme tous les beaux buveurs, un homme fort gai. Le monastère où il est enseveli depuis plus de mille ans est, comme il convient, entouré de cabarets en plein vent et de buvettes où les fervents admirateurs du poète viennent débiter ses vers en vidant quelques coupes de vin chaud.

A environ 50 kilomètres de Tcheng-Tou on peut faire l'excursion de Kouan-Chien, où se voit un pont suspendu fort original jeté sur le Min, en face des montagnes où la petite ville s'étage en amphithéâtre. Ces ponts ne sont pas rares dans ces parties montagneuses de la Chine et le Yunnan en possède plusieurs.

Mais la merveille du Sseu-Tchuen, c'est le monastère d'Omei, la montagne sainte du Sseu-Tchuen comme le Fuji-Yama est la montagne sacrée des Japonais. On y rencontre des pèlerins exactement vêtus comme ceux du Japon : vêtements blancs, sandales de paille, un grand bâton à la main.

Pour faire le pèlerinage d'Omei, il faut d'abord se rendre à Kia-Ting qui se trouve à 200 kilomètres au sud de Tcheng-Tou ; le plus simple et en somme le plus rapide moyen pour s'y rendre est la barque. C'est là que tous les pèlerins se réunissent, et c'est de là qu'ils partent pour aller s'agenouiller dans les temples de la montagne sacrée, d'où, suivant la tradition, le bouddhisme s'est propagé en Chine. La nature ici est sauvage et grandiose : montagnes élevées, précipices, cascades se précipitant de rocher en rocher, et au milieu de cette nature, pagodes, temples et monastères. C'est vraiment un spectacle rare et qu'on ne peut se lasser d'admirer. Au monastère des Dix mille années, situé à mi-chemin de la cime du mont, les bonzes bouddhistes donnent une hospitalité aimable, et on y rencontre d'innombrables malades et estropiés qui, entassés pêle-mêle, prient avec ferveur pour obtenir un allègement à leurs souffrances.

Comme le Fuji-Yama, la montagne d'Omei est souvent couverte de nuages, et il est rare qu'une fois arrivé sur la cime le pèlerin ait la vue, qui doit être pourtant merveilleuse, de tout le pays environnant. Le pèlerin chinois ne s'en soucie pas beaucoup ; mais le voyageur européen qui vraisemblablement ne repassera pas tous les

Halage à la corde.

ans au mont Omei, comme il pourrait le faire au Rigi, est désappointé. Malgré tout on est payé de ses fatigues par le spectacle de cette nature grandiose, de ces montagnes derrière lesquelles on devine le Thibet, pays encore mystérieux et si bien défendu par ses énormes glacis couverts de neiges éternelles.

CHAPITRE XIII

I. — La province du Yunnan se trouve au sud-ouest de l'Empire chinois, entre le 21° et le 27° de latitude septentrionale et le 95° et le 101° de longitude orientale. Elle est bornée au nord par le Sseu-Tchuen, à l'est par le Kouei-Tcheou et le Kouang-Si, au sud par l'Indo-Chine française, et enfin à l'ouest par la Birmanie britannique. Elle est arrosée, au nord par le Yang-Tseu-Kiang, au sud par le fleuve Rouge et la rivière Noire ; elle fait donc partie du bassin du Yangtseu au nord, sur la frontière du Sseu-Tchuen. A l'ouest, d'ailleurs, elle dépend également du bassin du Mékong. Son éloignement du centre administratif de l'Empire est cause que cette province a toujours

été un des points faibles de la monarchie chinoise, depuis
sa conquête, faite sous la dynastie des Han (202 av. J.-C.
à 281 ap. J.-C.); et le caractère sauvage et batailleur des
indigènes a, plus d'une fois, sous la conduite d'un chef
habile, tenu en échec l'autorité du fils du Ciel. Les
empereurs, sous la dynastie des Tang (618-907), parvinrent
cependant à en opérer la conquête effective, et Koubilaï-
Khan lui-même fit en 1253 une expédition au Yunnan et
installa son fils comme lieutenant-gouverneur de toutes
les provinces du sud-ouest de l'Empire. Les travaux et les
voyages des Anglais Baber, Anderson et Margary (lequel
périt assassiné non loin du Haut-Mékong), et des Français
Mouhot et Francis Garnier ont beaucoup aidé à la connaissance de cette province.

De l'ouest à l'est le Yangtseu touche au Yunnan, un peu
à l'ouest de Tchao-Tong; on remonte son cours dans la
direction du sud jusqu'à Ta-Chien, où il fait un coude, et
en se dirigeant vers le nord on arrive à l'embouchure
du Ya-Long-Kiang : puis, après avoir franchi Li-Kiang-
Fou et Atien-Tseu, le fleuve se retrouve au Sseu-Tchuen,
à Batang. En continuant ainsi, on arriverait à sa source,
dans les contreforts du Thibet.

Du côté du Yunnan, c'est-à-dire sur la rive droite, on ne
voit aucun grand affluent; seuls quelques petits torrents
vont se jeter dans le grand fleuve.

Le Yunnan est un amas de montagnes dont la hauteur
varie entre 2.000 et 2.500 mètres pour s'élever jusqu'à
3.000 mètres du côté de Tali-Fou; quelques plateaux sont
seuls fertiles et habités; les vallées, très étroites, ne
peuvent se prêter en aucune façon à l'installation de
l'homme. Une quantité de torrents donnant naissance à de

grands fleuves ou allant s'y jeter s'insinuent à travers ces vallées étroites et rendent, à l'époque des pluies, la circulation matériellement impossible. Le climat est bon : par suite de sa situation sous les tropiques et de son altitude, il n'est jamais trop chaud ni trop froid. Cependant, dans le nord, à Yunnan-Sen et à Tali-Fou, la neige est assez persistante en hiver. Je dois également ajouter que sur beaucoup de plateaux règne la malaria et que presque toutes les vallées sont fatales à ceux qui y séjournent : le paludisme les atteint sûrement. Les Européens résistent mieux au climat que les Chinois.

Deux lacs se trouvent à l'est, près de la capitale, Yunnan-Sen : l'un le Sien-Hai, l'autre le Tien-Hai; ces deux lacs sont assez importants et peuvent avoir de 100 à 120 kilomètres de long sur 20 et 30 de large. Mais ils ne sont pas, à beaucoup près, aussi considérables que le Eurl-Hai ou lac de Tali qui a quelque 200 kilomètres de long et 40 de large.

Une assez grande quantité d'autres lacs plus ou moins modestes sont disséminés dans toute la province.

La capitale de la province, Yunnan-Cheng-Tcheng (ville capitale de la province du Yunnan), plus communément connue des indigènes sous le nom de Yunnan-Sen, est située au nord du Tien-Hai. C'est la ville du Yunnan qui a le plus d'importance politique, et c'est aussi le centre principal du commerce de la province. Elle est bien bâtie et elle offre encore quelques monuments intéressants, quoi qu'elle ait été sérieusement éprouvée par un violent tremblement de terre qui dura, dit-on, trois jours, en 1834, et que l'incendie y ait causé de grands ravages lors de la répression de la rébellion musulmane par Ma-Jou-Long.

Tombée entre les mains des Chinois sous les Tang, et entièrement soumise sous les Mongols, Yunnan-Sen était devenue, à la décadence de la dynastie Ming (1590-1620), la capitale d'un prince chinois qui s'était rendu indépendant; mais les conquérants mandchoux ne tardèrent pas à reprendre possession de la province qui, depuis lors, est restée partie intégrante de l'Empire.

On y parle le chinois de Pékin et du Sseu-Tchuen, car les soldats mandchoux s'y étaient installés en grand nombre après la conquête, et actuellement les habitants du Sseu-Tchuen viennent y fonder des colonies. On dit que la province est riche en mines; charbon, étain, cuivre, marbre, argent, l'or même, y seraient en abondance. Quelques ingénieurs français envoyés par l'Indo-Chine y ont fait des prospections; mais il semble qu'aucun n'ait donné de renseignements très sûrs et définitifs. Toutefois un syndicat anglo-français s'est fondé, qui a envoyé des ingénieurs américains à Yunnan-Sen; les résultats ont été tenus secrets; mais j'ai entendu dire que les ingénieurs n'avaient pas été satisfaits; peut-être le chemin de fer aidera-t-il au développement minier; car il ne suffit pas de trouver des mines, il faut pouvoir les exploiter. Le jésuite du Halde a laissé de Yunnan-Sen une peinture qu'on peut encore citer : « Après tout, la ville d'Yunnan, dans l'état où elle est, a encore plus de réputation que d'abondance ; les boutiques sont assez mal garnies, les marchands peu riches, les bâtiments médiocres ; le concours du monde n'y est même pas fort grand, si on le compare à celui qu'on voit dans les autres capitales de la province. »

II. — La ville a aujourd'hui environ 80.000 habitants.

La province du Yunnan touchant sur toute sa frontière méridionale à l'Indo-Chine française, et nous intéressant par suite d'une façon particulière, je m'étendrai assez longuement sur sa situation, ses ressources et son histoire.

L'histoire du Yunnan est, en effet, tout autre que l'histoire de la Chine, et il n'y a pas bien longtemps que cette province vit de la vie générale de l'Empire. Aussi, comme nos compatriotes du Tonkin sont de plus en plus appelés, surtout depuis que le chemin de fer du Yunnan a fait son entrée à la capitale, à être en relations d'affaires avec les indigènes de cette partie du Céleste Empire, je ne craindrai pas d'entrer dans quelques détails. L'histoire et l'ethnographie du Yunnan sont, au reste, bien loin d'être ennuyeuses, et on y trouve, au contraire, une saveur et un intérêt particuliers.

Le Yunnan autrefois n'était pas peuplé par les Chinois; bien qu'il appartienne à l'Empire chinois et qu'il en fasse partie au même titre que les autres provinces, il diffère de celles-ci cependant, en ce sens qu'il n'est pas encore complètement assimilé à la Chine, et qu'il constitue, en quelque sorte, une colonie chinoise. C'est que le Yunnan est peut-être, de toutes les provinces de Chine, la moins chinoise comme population. D'autres, comme le Kouei-Tcheou ou le Hou-Kouang, conservent encore, au milieu de la masse chinoise qui les compose, des groupes ethniques non fondus, mais qui demeurent insignifiants. Au Yunnan, à part les villes qui sont à peu près toutes chinoises, la campagne est restée peuplée par les indigènes de race thai, et l'impression, pour quiconque a habité la Chine, lorsqu'il pénètre au Yunnan, c'est qu'il n'est plus en Chine. Et je fus moi-même tout surpris, dès mon entrée au Yunnan, à Man-Hao, et, en le traversant, soit à Yuen-Kiang et à Ta-Lang, soit à Sseu-Mao, d'entendre les gens de la campagne parler la même langue que j'avais, dans ma jeunesse, au début de ma carrière, entendu parler au Siam.

C'est que la race thai, en effet, occupait toutes les régions qui forment le Yunnan actuel, et, bien que nous n'ayons aucune chronique thai pour nous donner des renseignements précis sur les peuples de cette race qui habitaient le pays, nous savons par les historiens chinois que, depuis 629, sous la dynastie chinoise des Tang, il existait un ou des royaumes thai connus sous le nom de Nan-Tchao (princes ou principautés du Sud) ; tchao est la traduction chinoise du terme thai *Kiao*, signifiant prince, terme encore employé aujourd'hui au Siam et au Laos, et dans les différentes tribus thai réparties entre la Birmanie, le Tonkin et le Yunnan.

Bien que les chroniques chinoises ne nous signalent ces princes du Nan-Tchao que depuis 629, il est évident que, bien avant, les Thai occupaient ces régions, puisque nous savons qu'en 566 l'autorité chinoise était si loin d'être établie que l'empereur Wou-Ti, de la dynastie des Tchao du Nord, était obligé de protéger le passage du Yang-Tseu-Kiang contre leurs incursions. Et ces Thai, bien loin de former un état compact et une nation unie, étaient, fort probablement, une agglomération de différentes tribus luttant et combattant pour la suprématie. Ce qui tendrait à le prouver, c'est le terme *Ko shan pyi* (les neufs pays Shan), sous lequel les désignaient leurs voisins les Birmans. Ces derniers d'ailleurs ne possèdent non plus aucune chronique, aucun document sur ces tribus thai, et nous sommes obligés de nous livrer à des suppositions en ce qui concerne les Thai du Yunnan jusqu'en 629, époque où lés chroniques commencent le récit du Nan-Tchao pour le conduire jusqu'en 1252, date où Khoubilai-Khan conquit definitivement le Yunnan.

Khoubilai-Khan conféra au dernier Tchao le titre de maharadjah et en fit un sujet de l'Empire. Cependant, vu l'éloignement de la province et le peu de surveillance dont les princes thai étaient l'objet, ces derniers continuèrent à gouverner librement leurs états ; ce n'est qu'en 1382 que les derniers princes thai cessèrent de régner ; ils furent pris et amenés à Nankin où l'empereur Hong-Wou des Ming les fit décapiter. Ce fut là la fin de la puissance thai au Yunnan. Le général Wou-San-Kouei essaya bien de reconstituer, trois cents ans plus tard, vers 1673, un royaume indépendant, mais il fut pris et tué par les Mandchoux de la dynastie actuelle des Tsing, en 1681.

Si nous nous bornions à ajouter foi à la chronique chinoise, nous pourrions croire qu'il a existé un important état thai au Yunnan, de 629 à 1252 ; mais si nons contrôlons les chroniques par le peu d'histoire que nous ont laissé les Birmans et par les différentes traditions des Thai, il paraît bien plus probable qu'il n'y a jamais eu de pouvoir thai très centralisé et que, au contraire, ce que les Chinois appellent Nan-Tchao, et les Birmans Ko-Shan-Pyi, royaume de Mao ou royaume de Pong, était une réunion de tribus semi-indépendantes les unes des autres, et obéissant vaguement au chef de la plus puissante d'entre elles. La nature du pays rendait, du reste, leur indépendance facile vis-à-vis les unes des autres, et explique bien leur manque de cohésion.

Mais quelle était l'origine de ces Thai, et d'où venaient ils ? Ils étaient au Yunnan bien avant les Chinois, puisque Khoubilai-Khan les soumit en 1552, et que, dès 90 ans après J.-C., les princes thai de Tali-Fou avaient des relations avec la Chine. Les annales de la dynastie des Tang nous apprennent, en effet, que les Chinois avaient des relations continues avec les Thai ou Ai-Lao de Tali-Fou, dans le premier siècle de notre ère. Vers 90 ou 97, un nommé Yang-Yu, roi de Tan, y est-il dit, envoya un tribut en Chine par le gracieux intermédiaire du prince des Ai-Lao. Quel était ce royaume de Tan ? il est impossible de le dire ; peut-être était-ce la Birmanie ou l'Assam.

A cette époque, les Thai de Tali étaient donc connus sous le nom de Ai-Lao ; ce n'est que plus tard que les Chinois leur donnèrent celui de Nan-Tchao, et il ne peut y avoir aucun doute sur l'identification des noms ; il s'agit bien des mêmes peuples thai et nous savons que les Annamites, aujourd'hui encore, désignent les Laotiens et les Thai du Haut-Siam par le nom de Ai-Lao ; nous retrouvons du reste ce nom de Ai-Lao attaché à une ville du Laos à l'ouest de Hué.

Les chroniques chinoises aussi nous disent que le Nan-Tchao était le prince du sud (Nan) parmi les six princes thai, et elles ajoutent que tchao est la transcription du mot kiao, lequel est, toujours d'après elles, un mot barbare qui signifie prince. Les mêmes chroniques nous rapportent que le Nan-Tchao touchait au Magadha, ce qui expliquerait pourquoi les princes Kshatrya de l'Inde pouvaient se frayer un passage jusqu'à la Birmanie.

Au sud-ouest venaient les Pyu (les Birmans). Pendant le VIIIᵉ siècle, les Tou-Kin ou Tou-Fou, c'est-à-dire les

Thibétains, luttèrent avec la Chine pour la maîtrise du Nan-Tchao ; mais ils furent battus de même que les Chinois, et le prince du Nan-Tchao, Kolofong, annexa le royaume de Pyu et l'Assam.

Avant toutes ces luttes, d'ailleurs, les Chinois avaient pris contact avec les Thai. Environ cent ans avant l'ère chrétienne, un empereur de Chine de la dynastie des Han envoya une expédition à Tien ; or Tien est actuellement encore en chinois le nom littéraire du Yunnan. On peut donc affirmer que le roi de Tien était un thai. La capitale était Pengai, ville qui, huit cents ans plus tard, demeurait un centre très important. Ce roi de Tien devint d'ailleurs l'allié des Chinois et les aida même à anéantir la tribu des Kouen-Ming.

Kouen-Ming est encore aujourd'hui le nom d'un lac près de Yunnan-Fou ; le pays de Tien devait donc se trouver non loin de Yunnan-Fou et touchait évidemment la Chine, était en contact avec elle, probablement par le Yang-Tseu-Kiang.

Vers l'an 50 après J.-C., le roi Ai-lao ou thai, Chien-li, pendant qu'il guerroyait contre une tribu voisine, viola le territoire chinois ; les armées chinoises le repoussèrent, lui et son armée, et il devint tributaire de la Chine. Puis, non contents de cette soumission, les Chinois continuèrent leurs exploits et soumirent de nombreuses tribus voisines pouvant former un total de 500.000 âmes, qu'ils groupèrent ensemble pour former la préfecture de Yong-Tchang-Fou. Un des premiers gouverneurs de Yong-Tchang-Fou fit un traité avec les Thai d'après lequel chaque homme devait payer un tribut consistant en une mesure de sel, et en deux vêtements ayant un trou au milieu pour y passer la tête. Mais la paix ne dura pas longtemps et les Thai se révoltèrent souvent contre les Chinois ; de nombreuses guerres de frontières s'ensuivirent.

Quand l'Empire chinois, vers 220 après J.-C., fut divisé et tomba dans l'anarchie et la désorganisation, il ne fut plus question des Aï-Lao ; on les perd de vue pendant plusieurs siècles et les annales chinoises n'en parlent plus jusqu'à l'époque où la dynastie des Tang eut réorganisé l'Empire et l'eut rétabli dans sa cohésion. Cependant, même vers l'époque citée plus haut, un célèbre général, Tchou-Ko-Leang (il mourut en 232 après J.-C.), malgré la faiblesse de l'Empire, ne cessa de batailler au Yunnan ; on parle encore de lui au Sseu-Tchuen comme s'il était disparu seulement de la veille, et aujourd'hui même, non loin de Teng-Yueh (le Moméin des Birmans) on montre les ruines de la ville de Tchou-Ko-Leang.

Mais, à part cet épisode, les Aï-Lao, c'est-à-dire les Thai, sont oubliés. La Chine a à s'occuper chez elle ; pendant près de quatre siècles, nous n'avons aucune donnée sur les tribus thai du Yunnan, et c'est vers 629, d'autres disent 657, que nous les voyons reparaître dans les chroniques chinoises, sous le nom de Nan-Tchao.

Ce Nan-Tchao était fort étendu : il avait touché, ainsi que je l'ai déjà dit, d'après les Birmans, au Magadha à l'ouest, et bien que les relations des Birmans et des Thai avec l'Inde soient rapportées d'une façon plutôt fabuleuse, elles sont néanmoins, en principe, tout à fait réelles, une fois dépouillées de tout fatras légendaire. Au nord-ouest, le Nan-Tchao atteignait le Thibet d'où les ethnographes et philologues font sortir les Birmans : au sud était le royaume gouverné par une femme ou « état du prince femelle » comme on appelait alors le Cambodge, dont la reine avait épousé un aventurier venu de l'Inde ; ce nom donné au Cambodge par les Thai n'avait, d'ailleurs, chez eux, rien de méprisant, car on rencontre chez eux aussi des tribus gouvernées par des femmes, quoique cependant, une fois mariées, elles cèdent leurs droits à leur mari.

Au sud-est du Nan-Tchao étaient les Tonkinois et les Annamites, et il dut y avoir, entre ces derniers et les Thai, de nombreuses luttes où les derniers n'ont pas toujours eu le dessus ; car on retrouve jusque vers les sources du fleuve Rouge et de la rivière Noire des souvenirs annamites ; et même sur la route de Tali-Fou à Yunnan-Sen, j'ai traversé un petit village nommé An-Nan-Kouan, barrière d'Annam. L'Annam s'étendit vraisemblablement fort au nord, à un moment donné, au détriment des Thai.

Au sud-ouest du Nan-Tchao étaient les Pyu ou Birmans ; quant au nord et au nord-est, les annales de la dynastie des Tang ne citent aucune frontière, évidemment parce que, à cette époque, les royaumes et tribus thai du Yunnan étaient considérés par les Chinois comme faisant partie intégrante de la Chine. Les villes capitales du Nan-Tchao étaient situées sur l'emplacement actuel ou à peu près des villes modernes de Tali-Fu, de Yong-Tchang-Fou et de Yunnan-Sen. Les villes les plus importantes étaient Pengai, capitale du roi de Tien ; Mong-Cho (le moderne Muong-Kang) et Tai-Ho (moderne Tali-Fou) ; une autre ville aussi, Kouen-Ming, près de l'emplacement de Yunnan-Fou.

Les Thai connaissaient l'art de tisser le coton et d'élever les vers à soie. Dans l'ouest du pays il y avait beaucoup de malaria (elle y sévit encore à l'heure actuelle). Les puits de sel étaient ouverts pour tout le monde; on trouvait l'or un peu partout, dans le sable et dans les carrières. Les chevaux de Teng-Yueh étaient renommés, ils le sont également aujourd'hui.

Les princes et les princesses avaient, comme signes distinctifs, un nombre plus ou moins considérable de parasols, comme en ont encore actuellement les princes thai du Siam ou du Laos; comme marque spéciale d'honneur les grands dignitaires portaient une peau de tigre; les cheveux des femmes étaient réunis en deux tresses roulées ensuite en chignon; leurs oreilles étaient ornées de perles, de jade et d'ambre. Les jeunes filles étaient libres d'elles-mêmes avant le mariage, mais obligées à la plus grande fidélité une fois mariées. C'est encore ce qui se passe de nos jours au Laos. La charrue était connue de tous : nobles et peuple se livraient à l'agriculture; personne n'était soumis à une corvée quelconque, mais tout homme payait une taxe équivalente à deux mesures de riz, tous les ans.

L'histoire de la dynastie chinoise des Tang donne une liste des rois thai du Yunnan; cette liste est complète à peu près, depuis le commencement du VIIe siècle de notre ère. Il apparaît dans cette nomenclature que chaque successeur prenait, comme première syllabe de son nom, la dernière syllabe du nom de son père et prédécesseur; ainsi Ta-Lo; Lo-Cheng-Yen; Yen-Ko. Cela me paraît une fantaisie de l'écrivain chinois; car chez les Thai le nom du fils se choisit absolument en dehors de toute espèce d'allusion au nom du père, et nous sommes ici en présence d'une des nombreuses imaginations chinoises au sujet des Thai.

Toujours est-il que, vers le milieu du VIIIe siècle, un certain roi thai, nommé Ko-Lo-Fong, résidait à Tai-Ho (Talifou); il était, semble-t-il, vassal de la Chine, qui lui conféra un titre, et il succéda à son père vers 750. Cependant il entra en lutte avec son suzerain, en raison de la conduite trop sévère que suivit à son égard un gouverneur chinois, et le résultat fut que Ko-Lo-Fong se déclara indépendant et s'allia aux Thibétains. Ces derniers lui donnèrent un sceau avec le titre de Bsampo-Tchong ou « jeune frère » venant immédiatement après le roi du Thibet. Ko-Lo-Fong fit, dit-on, graver sur une stèle les motifs de sa révolte et de son alliance avec les Thibétains, et M. Rocher, dans son histoire du Yunnan, dit que la stèle existe encore près de Tali-Fou. Je l'ai cherchée en vain lors de mon séjour à Tali-Fou; peut-être mon guide n'a-t-il pas su la découvrir. Au moment où Ko-Lo-Fong régnait sur les tribus thai, la Chine était aux prises avec les Turcs ; aussi, profitant de cette occasion, il annexa différents pays environnants, notamment celui des Pyu ou Birmans, et celui des Soun-Tchen qui paraît être une tribu d'Assam, chez laquelle les gens revêtaient des feuilles d'écorce. On trouve encore aujourd'hui, au nord de la Birmanie, des tribus sauvages, tout en haut des montagnes, qui portent le même genre de vêtements. Les Chinois essayèrent plusieurs fois de soumettre Ko-Lo-Fong, mais essuyèrent des défaites continuelles. A sa mort, il eut pour successeur son fils Yimeou-Siun, dont la mère était une sauvage tou-kin, probablement thibétaine. Mais lui-même, tout jeune, avait été éduqué et instruit par un lettré chinois, ce qui tendrait à prouver que la civilisation et les lettres chinoises pénétraient déjà l'aristocratie thaï. Il essaya donc, sur les conseils de son tuteur, de se rapprocher de la Chine, en trouvant, du reste, les Thibétains d'un voisinage trop turbulent et trop hautain ; il fit des ouvertures à un certain Wei-Kao, gouverneur chinois de Tcheng-Tou, et lui envoya une lettre pour se plaindre de la tyrannie des Thibétains ; il essaya d'excuser et d'expliquer la conduite de son père, et proposa à la Chine de faire alliance avec les Turcs Ouigours contre les Thibétains.

Cette correspondance se termina par l'élaboration et la conclusion d'un traité, lequel, dit la chronique, fut scellé au pied de la montagne Tien-Tsang qui domine la ville moderne de Talifou ; quatre copies en furent faites ; une fut envoyée à l'Empereur de Chine, une fut placée dans le Temple royal, une dans la pagode publique, et la quatrième fut jetée dans la rivière.

Yi-Meou-Siun fit prendre et tuer tous les chefs thibétains qui se trouvaient dans ses états et défit l'armée thibétaine dans une grande bataille au pont de fer (peut-être le pont de fer sur la Salouen). L'Empereur de Chine lui envoya alors un sceau d'or comme récompense, et le reconnut roi de Nan-Tchao. L'envoyé chinois lui apportant ces bonnes nouvelles fut reçu en grande pompe à Tali-Fou, alors Tai-ho. Les soldats thaï bordaient la route, recouverts de leurs plus belles armures, et Yi-Meou-Siun portait une cotte de mailles d'or et une peau de tigre ; il était escorté de 12 éléphants, il se prosterna devant l'envoyé et jura fidélité éternelle à l'Empereur de Chine.

Libre du côté de la Chine, Yi-Meou-Siun commença une carrière de conquêtes et entreprit d'abord de réunir toutes les tribus thai en une seule ; puis il annexa nombre de pays avoisinants, sans doute la Haute-Birmanie et quelques peuplades thibétaines ; il envoya ses fils étudier à Tcheng-Tou la culture chinoise et devint de plus en plus lié à la Chine. Il défit plusieurs fois les Thibétains et leur fit des prisonniers parmi lesquels se trouvaient un grand nombre d'Arabes et de Turcomans de Samarcand. A peu près vers cette époque, du reste, un général coréen au service de la Chine avait porté les armes chinoises à Balti et au Cachemire, et les khalifes abassides avaient des relations régulières avec les Chinois ; on peut donc en déduire que l'islamisme s'était introduit à Tali-Fou avant l'époque de Khoubilai.

Yi-Meou-Siun mourut vers 808 et eut pour successeurs ses fils et petits-fils qui, d'ailleurs, périrent tous rapidement. Un de leurs généraux fit une incursion sur Tcheng-Tou et emmena nombre d'ouvriers chinois et d'artistes qu'il installa à Tai-Ho comme instructeurs.

En 859, un nommé Tseu-Long devint chef du Nan-Tchao, déclara la guerre à la Chine, assiégea Tcheng-Tou et massacra des milliers d'habitants. Cependant il ne prit pas Tcheng-Tou et fut obligé de se retirer ; il tourna ses armes contre l'Annam et s'empara de Kesho (Hanoi moderne). Mais ces guerres continuelles poursuivies par lui et ses successeurs ruinèrent le Nan-Tchao, et, en 936, après que plusieurs dynasties éphémères eurent régné sur ces débris, un général chinois s'établit roi de Tali. Il paraît à peu près certain que, à partir de cette époque, le Nan-Tchao n'existait plus que de nom ; tout le pays autour de Tali était devenu de plus en plus chinois, tandis que la partie ouest restait plus thai et se divisait en une foule de petits états, unis de temps à autre, quand se rencontrait un homme énergique à la tête de l'un d'eux. Khoubilaï conquit l'état de Tai-Ho en 1252, donna des titres et des honneurs aux chefs thai du pays et les laissa gouverner le pays à condition qu'ils lui fussent soumis. C'est le système que nous voyons encore en vigueur aujourd'hui dans les districts thai du Yunnan où n'a pas encore pénétré absolument l'administration chinoise.

Les Thai furent à la longue tout à fait incapables de tenir contre les troupes plus nombreuses et mieux disciplinées des Chinois, et ils cédèrent devant la pression venue du nord. Ils se dispersèrent vers le sud et l'ouest et allèrent fonder les royaumes du Laos, Luang-Prabang, Nan et Xieng-Mai et aussi, sans nul doute, le royaume Thai ou Siam. Les derniers princes thai ont été décapités à Nankin en 1380, et Mgr Pallegoix place la formation du royaume thai au Siam en 1350.

Il est donc bien évident, par tout ce qui précède, que le Yunnan est chinois depuis peu ; il est le dernier venu dans l'Empire et n'est pas encore assimilé complètement. La Chine, cependant, continue petit à petit son absorption, bien que, par suite de la pauvreté du pays, le colon chinois ne soit pas trop attiré vers ces régions. Ce sont surtout les habitants du Sseu-Tchuen qui franchissent le Yang-Tseu-Kiang pour venir s'installer au sud du fleuve, et les villes de Tchao-Tong, Tong-Tchouan, Yunnan-Sen, Anning, Tchou-Chiong, Tali, Teng-Yueh, et Meung-Houa sont des villes absolument chinoises, bien que, par suite d'un mélange avec les indigènes, le type chinois ne soit plus aussi pur. La langue chinoise elle-même (le dialecte mandarin), qui s'y parle, a subi des modifications qui constituent une espèce de patois local, auquel on s'habitue d'ailleurs assez vite. Le sud de la province actuelle du Yunnan est plus long à coloniser, et les Chinois ont peur de s'y rendre à cause des fièvres qui y règnent en permanence; aussi les villes de Pou-Eurl, Talang, Yuen-Kiang, Sseu-Mao sont misérables, la campagne tout autour est habitée par des thai, auxquels les Chinois donnent toutes sortes de noms, mais qu'ils désignent sous le nom global de *Pai*.

Les Chinois ont tellement peur de quitter les villes où ils sont installés pour aller dans la campagne qu'il est difficile de trouver des coolies si l'on veut faire une excursion. Et de fait les Chinois prennent facilement la fièvre dès qu'ils sortent ; je me rappelle avoir laissé en route tous mes coolies dans un petit voyage de Sseu-Mao à Muong-Ou, et ils sont rentrés péniblement, tous malades du paludisme. Seuls les Thai résistent.

Le lecteur trouvera peut-être un peu long cet exposé ; cependant, c'est avec intention que je m'étends sur ce sujet : la province du Yunnan intéresse d'une façon toute particulière nos compatriotes résidant en Indo-Chine, et les renseignements contenus dans les pages qui précèdent leur seront, j'en suis certain, de quelque utilité.

Actuellement tous les Thai qui subsistent sont très divisés; les uns vivent en territoire chinois, les autres sous la protection de la France, enfin une troisième partie sous le protectorat de l'Angleterre. Leur langue même, qui autrefois devait être une, a subi des modifications comme leur vêtement. Ceux qui habitent en Chine, dans les états thai du Yunnan, portent le costume chinois, les hommes du moins. Ils ont la queue qu'ils roulent autour de la tête et qu'ils recouvrent d'un turban. Le costume des femmes diffère suivant les régions; près des centres chinois, elles portent à peu près les mêmes vêtements que les Chinoises, pantalon et veste de cotonnade bleue, mais si on s'éloigne et qu'on se dirige vers le Mékong, on les trouve vêtues de jupons multicolores et de petits corsages de couleurs voyantes. Leur tête est entourée d'un lourd turban. Dans les états Lu du Haut-Laos, vers Muong-Ou, hommes et femmes portent le costume laotien très peu modifié; quant aux Thai de la rivière Noire ou du fleuve Rouge, ils adoptent des vêtements noirs ou blancs, de coupe chinoise.

Les plus curieux que j'aie rencontrés sont les Thai vivant dans les montagnes près de Yuen-Kiang; leurs femmes portent de petits cotillons descendant jusqu'aux genoux, en grosse étoffe brodée de dessins multicolores et fort seyants. Elles ressemblent tout à fait par leur costume aux femmes Katchins que j'ai vues au nord de Bhamo, vers Teng-Yueh; — quant à ceux qui vivent du côté de la Birmanie anglaise, ils ont pris le costume birman et on ne les distingue que par leur type et leur langage.

Ces descendants des Thai n'ont à notre époque aucune écriture propre, et on se demande si jamais leurs ancêtres en ont possédé une. Il est fort probable que, s'ils s'étaient servis d'une écriture spéciale, ils nous auraient laissé des chroniques et des traditions écrites. Or nous n'avons rien de cela. Nous sommes obligés de nous baser, pour l'histoire thai, sur les documents chinois. Cependant on a retrouvé au Yunnan des stèles gravées d'une écriture inconnue; les caractères ressemblent soit au tamoul, soit au birman, mais tendraient plutôt à se rapprocher du javanais.

Sommes-nous là en présence de l'écriture thai, ou bien n'est-ce pas plutôt quelque mémorial de chef indien, puisque aussi bien les relations du Yunnan avec l'Inde étaient fréquentes? L'année 1906, lorsque j'étais en Birmanie, le regretté général de Beylié m'a parlé d'une inscription en langue inconnue qu'il avait vue à Pagan. Serait-ce là une inscription thai? Je ne puis me prononcer; mais il n'y aurait aucune impossibilité à cela, puisque les Thai ont conquis le royaume de Pyu (Birmans) dont la capitale était Pagan.

A l'heure actuelle les Thai vivant sous la domination chinoise parlent chinois et emploient les caractères chinois, bien que conservant toujours leur langage et le parlant entre eux. Les Laotiens et les Lu ont un alphabet imité du Siamois; alphabet siamois qui est lui-même sorti du cambodgien. Quant aux Thai de la Salouen et de l'Irawaddy, ils ont pris l'alphabet birman qu'ils emploient avec quelques petites modifications. On peut dire aujourd'hui : autant de tribus thai, autant de dialectes ; mais l'unité de la langue se reconnaît toujours en ce sens que si on connaît le Siamois, on peut sans difficulté parcourir tous les pays thai.

En Chine, les Thai sont administrés par leurs chefs sous le contrôle d'un mandarin chinois qui ne réside même pas au milieu d'eux; un chef portant le nom chinois de Tou-Sseu (administrateur indigène), et quelques-uns d'entre eux, notamment sur les bords du Mékong, dans l'ouest du Yunnan, district de Tche-Li-Tcheou, donnent encore de sérieux embarras au général chinois commandant à Pou-Eurl.

Tous ces pays du Yunnan sont très pauvres, ce qui explique le peu d'empressement des Chinois pour s'y installer ; cette région est formée d'un amas de montagnes enchevêtrées, elle ne possède comme cours d'eau que des torrents resserrés dans d'étroites gorges, nul grand fleuve arrosant des vallées fertiles ; les pluies arrêtent toute communication pendant six mois ; il n'est pas étonnant que le Yunnan soit resté un peu en dehors de l'action chinoise et que son développement ait été si lent.

III. — J'ai parlé un peu plus haut du Mahométisme au Yunnan ; il est nécessaire d'y revenir. Le Yunnan en effet est la province de Chine qui compte, avec celle du Kan-Sou, le plus de musulmans, et, s'ils sont aujourd'hui sujets soumis de l'Empereur, c'est par suite d'un massacre effroyable, qu'en ont fait pendant une suite de dix années les généraux envoyés par Pékin ; car l'Islam révolté voulait fonder au Yunnan un royaume indépendant, et la rébellion ne fut complètement réprimée qu'en 1875.

Vers la fin du ve siècle, les Turcs apparurent sur les frontières occidentales de la Chine ; il se fit alors entre eux et les Chinois un commerce d'échange qui augmenta d'année en année.

C'est par ce même chemin évidemment que s'est introduit l'islamisme, car c'est précisément dans ces provinces chinoises de la frontière qu'il s'est développé. Il existe au Yunnan une population musulmane d'aspect complètement chinois au point de vue extérieur, mais absolument différente de ses congénères de l'Empire du Milieu au point de vue moral. Cette population a été pendant longtemps un gros souci pour l'Empire, mais aujourd'hui elle est entièrement soumise et ne donne plus à Pékin aucun sujet de crainte.

A Sseu-Mao seize familles qui, d'ailleurs, sont toutes unies par les liens de la parenté, vivent dans une enceinte unique, sur un petit mamelon hors de la porte de l'Est. Comme lieu de réunion servant de mosquée ou plutôt de lieu de prière, ils ont, dans ladite enceinte, une vaste chambre à la chinoise, décorée simplement de versets du Coran sur papier rouge, et, trois fois le jour, ils s'y réunissent pour la prière.

La maison des musulmans est reconnaissable aux sentences arabes tracées sur la porte ; la plus commune est celle qu'on peut appeler le Credo des musulmans : *la Allah ilah Allah ou Mohammed ressoul Allah*, qu'ils inscrivent en lettres arabes dans un petit cercle de papier blanc ou rouge, sur la porte principale ; ou bien, simplement dans un carré de papier rouge ils inscrivent le nom d'Allah.

Il est bon de noter le papier rouge ; habitude chinoise. Le rouge en Chine présage le bonheur.

En Chine les musulmans ne se distinguent des autres Chinois par aucune coiffure ou costume spécial ; ils vivent exactement comme tout le monde, mais ils suivent, au point de vue moral et matériel, tous les préceptes du Coran. Ainsi, ils se livrent très exactement à la prière suivant les usages fixés par la loi. Ils s'abstiennent de porc, et c'est même grâce à eux que les Européens peuvent se procurer de la viande de bœuf ; ils s'abstiennent également de vin et d'alcool, et en général observent fidèlement leur religion.

A Sseu-Mao ils possèdent une petite bibliothèque de vingt volumes environ, en arabe, contenant l'explication de la doctrine. Et ils ont un fort bel exemplaire du Coran qu'ils n'ont jamais voulu me laisser voir autrement qu'à l'extérieur.

Je les ai fait lire alors dans d'autres livres et j'ai vu qu'ils lisaient facilement. Comprennent-ils tout ? C'est une autre question.

Quelles sont les idées, quelle est l'attitude des Chinois musulmans vis-à-vis de leurs compatriotes bouddhistes ou chrétiens ?

Les chrétiens en général sont fort bien considérés par eux, et le mahométan chinois n'a pas à leur égard l'aversion du musulman turc ou arabe. Persécuté lui-même dans son propre pays, il incline à considérer les chrétiens comme les sectateurs d'une religion assez semblable à la sienne, puisque l'une et l'autre foi, la musulmane et la chrétienne, ont pour principe l'adoration de Dieu unique créateur et maître du monde. A ce propos je puis citer un fait très curieux qui s'est passé à Nankin en 1891 : alors que j'étais dans le Yang-Tseu-Kiang, au moment des émeutes, les églises catholiques de Wou-Hou avaient été brûlées et des bandes de brigands s'apprêtaient à incendier celle de Nankin. Ayant appris la chose, les musulmans de Nankin, qui étaient en bons rapports avec les Pères Jésuites, vinrent à la mission en masse, armés, et la protégèrent contre les fureurs de la foule. C'est grâce aux musulmans que la mission catholique de Nankin a été sauvée en 1891.

En revanche, ils méprisent profondément les bouddhistes ; et, contre les mandarins, on sent chez eux, dans toutes leurs paroles, une haine sourde. Le fait est qu'ils ont été horriblement décimés il y a une quarantaine d'années, et qu'aujourd'hui encore ils sont tenus en défiance, puisqu'il ne leur est pas permis d'habiter l'intérieur des villes. Ils doivent demeurer hors de l'enceinte murée.

Dans le district de Tali les musulmans sont plus nombreux. C'était autrefois un de leurs grands centres et ils y étaient tout puissants. La répression exercée par le fameux Yang-Yu-Ko, au nom de l'Empereur, les a réduits comme nombre et leur a enlevé toute espèce d'influence. Ils n'ont plus le droit d'avoir de maisons de prière communes ; leur plus belle et leur plus grande mosquée, tout près de la porte sud de Tali, a été transformée en temple confucéiste : ils sont obligés de se livrer aux exercices de leur culte dans des maisons particulières. Au reste, actuellement, le petit nombre demeure à Tali ; ils habitent surtout les villages environnants et exercent les professions de muletiers, bouchers, selliers, c'est-à-dire tout ce qui concerne le métier des cuirs ; ils pratiquent aussi l'élevage des bœufs, des chèvres et des moutons.

Beaucoup d'entre eux, à l'exemple de quelques dissidents du Kan-Sou, se sont enrôlés à Tali dans les troupes de la garnison ; et il est fort probable qu'ils marcheraient contre leurs coreligionnaires, comme l'ont fait en 1897 les musulmans enrôlés au nombre de six à sept mille dans l'armée de Tong-Fou-Siang lors de la petite révolte du Kan-Sou.

A Yunnan-Sen ils sont également nombreux, mais, comme à Tali, bien diminués par la répression féroce de Ma-Jou-Long qui exterminait à Yunnan-Sen pendant que Yang-Yu-Ko massacrait à Tali. Le séjour de la ville, ici comme partout ailleurs, leur est interdit. Ils n'ont le droit que d'y venir, non celui d'y résider. Aussi c'est dans les environs, hors des remparts et dans les villages avoisinants, qu'on les rencontre. Pas de mosquée, pas de lieu de réunion ; ils possèdent quelques imans, quelques mollahs, connaissant fort bien l'arabe : mais je n'en ai pas vu un seul ayant fait le pèlerinage de la Mecque.

La plus forte agglomération de musulmans vit dans la cité de Tong-Hai, au sud de Yunnan-Sen. Tong-Hai est le grand marché de distribution de marchandises pour tout le Yunnan. C'est de là que partent les caravanes se dirigeant vers Yuen-Kiang et Sseu-Mao ; Yunnan-Sen, Tchou-Chiong et Tali ; Yunnan-Sen, Tchao-Tong, Soui-Fou. C'est de là aussi que s'en vont les caravanes vers Mong-Tseu et Kai-Hoa. Or, les musulmans exerçant le métier de muletiers transporteurs se trouvent nécessairement en grand nombre à ce point central de Tong-Hai.

Quel est le chiffre de la population musulmane au Yunnan ? Je n'ose me risquer à en donner un même approximatif. Cependant on peut dire que si la population du Yunnan tout entière est d'environ 5.000.000 d'habitants, le tiers peut-être est musulman. Et ce ne sont plus les musulmans d'autrefois, puissants, riches, batailleurs et décidés à se créer un royaume au Yunnan. Actuellement ils sont sans force aucune : les autorités chinoises les surveillent très étroitement et il leur serait impossible, y songeraient-il d'ailleurs, de se soulever à nouveau. Les musulmans n'ont plus en Chine aucune puissance. Depuis la terrible répression, et les menaces dont ils ont été l'objet de 1872 à 1875, ils sont brisés et incapables, à l'heure qu'il est, de retrouver de nouvelles forces pour une action commune.

La Chine est la même du nord au sud, en général : cependant on conviendra que le Yunnan est une province qui diffère essentiellement des autres et qui a gardé un reste d'originalité. C'est pourquoi je me suis si longuement étendu sur son histoire.

IV. — Comme personne ne l'ignore, il a été, pendant ces dix dernières années, fort question du Yunnan. Les conventions signées entre la France et la Chine d'un côté, entre la France et l'Angleterre de l'autre, à propos, soit de questions de frontières, soit de questions commerciales ou industrielles, ont mis cette province de l'Empire du Milieu tout à fait à l'ordre du jour. On en a dit beaucoup de bien ; on en a dit beaucoup de mal ; quelques enthousiastes, dans l'Indo-Chine française, ont vu luire de grandes espérances de ce côté ; et c'est facilement compréhensible. Quand de la chaleur lourde et humide du Tonkin on arrive en quelques heures au sommet d'une montagne, sur le plateau de Mong-Tseu, on croit être dans le paradis. D'autres, plus réfléchis, n'y ont vu qu'un avenir médiocre. Peut-être ces derniers sont-ils plutôt dans le vrai.

Le Yunnan forme la frontière franco-anglaise avec la Chine au nord du Tonkin et sur le Mékong. La France et l'Angleterre se trouvent donc, par suite, en continuelles relations avec la Chine. Peuvent-elles en tirer grand profit par la province du Yunnan ? C'est ce que je vais examiner.

Sur le Mékong, du côté de Pou-Eurl et de Sseu-Mao, le Yunnan est très pauvre, très peu peuplé, et ne produit rien qui puisse faire de la ville ouverte de Sseu-Mao un centre commercial important. Dans cette partie du Yunnan, en effet, comprise entre Lin-Ngan, Yuen-Kiang, Ta-Lang et Sseu-Mao; Pou-Eurl et Wei-Yuen-Tcheou d'une part; Sseu-Mao et Xieng-Hong d'autre part : il n'y a rien à faire; ce ne sont que hautes montagnes boisées, enchevêtrées, sans vallées étendues, se continuant au Laos, par une succession de mamelons dénudés. Aucune route; seulement quelques sentiers fréquentés par les muletiers qui circulent pendant la saison sèche. Les villages sont d'ailleurs rares et habités par de non moins rares autochtones, dont 60 pour 100 sont goîtreux. Les caravanes que l'on rencontre du mois de novembre au mois d'avril et qui cessent tout trafic dès le début de la saison des pluies, viennent en général de Yunnan-Sen et de Tong-Hai ou de Tali-Fou, et ne font que traverser Pou-Eurl et Sseu-Mao pour se diriger vers la Birmanie anglaise par Xieng-Long, ville des États Shan anglais, et Xieng-Mai, grand marché au nord du Siam. Ces caravanes apportent, généralement aux Thai habitant ces régions des objets de toilette chinois, des chapeaux de paille du Sseu-Tchuen, des marmites à cuire le riz; et aussi de menus objets, tels que lacets, bâtonnets, bols et plateaux de laque commune; elles vont ensuite chercher à Mandalay et à Moulmein des cotonnades et des objets de fabrication européenne.

Ce commerce est, d'ailleurs, insignifiant; les employés de la douane à Sseu-Mao ont été unanimes à me dire qu'ils ne voyaient aucun avenir de ce côté. Toutefois une chose m'a frappé : c'est que le peu de commerce qui se fait passe par les pays anglais, jamais par les pays français. Tandis que les Anglais ont créé des centres à Xieng-Tong, à Bhamo, ont mis en communication soit par

eau, soit par voie ferrée, soit par route, les points extrêmes
de la Birmanie avec la mer, et ont su attirer les clients
par la facilité des transports, les Français, eux, n'ont
jusqu'à ce jour, rien fait vers le Laos et la frontière yun-
nanaise pour les mettre en communication avec Pnom-
Penh et Saïgon. Que viendraient donc chercher en pays
français les caravanes du Yunnan?

Les seules transactions un peu actives de la région de
Sseu-Mao-Pou-Eurl sont celles qui ont pour objet le thé
connu généralement sous le nom de thé Pou-Eurl. Au
reste le pays d'Ivou et Ibang où pousse le thé, le seul qui
se boive au Yunnan, appartient à la Chine, qui ne s'en est
dessaisie ni au profit des Anglais, ni au profit des Français.

Mohei, près de Pou-Eurl, fournit le sel gemme; c'est,
avec le thé, le trafic le plus considérable. Aussi tout le
long des sentiers, dans la montagne, rencontre-t-on des
bandes de cent et de deux cents mulets chargés de
galettes de thé ou de blocs de sel et marchant à la queue
leu leu.

V. — Du côté de Yunnan-Fou et de Mong-Tseu il y a
peut-être plus à faire. C'est du reste de ce côté que les
Français ont porté tous leurs efforts et qu'ils ont construit
une voie ferrée qui relie l'Indo-Chine au Yunnan. Si, en
effet, le commerce par lui-même n'est pas non plus très
brillant de ce côté, on compte sur les mines de charbon,
de cuivre et d'étain auxquelles le chemin de fer créera un
débouché facile, si toutefois les réalités répondent aux
espérances. Il avait été question de poursuivre la voie
ferrée actuelle jusqu'à Soui-Fou par Tong-Tchouan et
Tchao-Tong, et de relier ainsi au Yunnan et à l'Indo-

Chine la riche province du Sseu-Tchuen. Je crois que l'entreprise est faisable, mais je pense aussi qu'on se leurre sur les résultats à atteindre. En effet, le trafic du Sseu-Tchuen, malgré une voie ferrée qui le transporterait vers Haiphong, prendra, selon moi, toujours la voie du Yang-Tseu-Kiang, bien meilleur marché, et qui le conduit directement au port de Changhai, le plus admirablement situé des ports de l'Extrême-Orient; et il ne se détournera pas sur Haiphong qui, en admettant même que nous en fassions un port de tout premier ordre, aura toujours le désavantage énorme de sa situation au fond du golfe du Tonkin, loin et en dehors de la route fréquentée par les navires.

Si maintenant nous remontons plus au nord vers Tali-Fou, nous rencontrons plus de mouvement et plus de trafic, surtout entre Yunnan-Sen, Tchou-Chiong et Tali; mais ce n'est toujours qu'un commerce purement local d'approvisionnements pour les Chinois qui descendent du Sseu-Tchuen et viennent coloniser le Yunnan.

Les Anglais ont fait ouvrir, il y a quelques années, au commerce étranger la ville de Teng-Yueh, à l'ouest de Tali, sur la frontière birmane, avec l'espérance de relier un jour Bhamo à Tali par une voie ferrée qu'ils pousseraient ensuite de Tali au Sseu-Tchuen; mais les difficultés à surmonter pour l'établissement de la ligne sont telles qu'on ne voit pas encore à quelle date sera réalisé ce projet évidemment séduisant de nos voisins.

On peut se rendre compte par ce que je viens d'exposer que le Yunnan est un pays très pauvre; et, au point de vue de la fertilité de la terre, c'est certainement une des provinces les moins favorisées de l'Empire. Je sais

bien que les indigènes disent qu'avant l'insurrection musulmane le pays était très prospère et les habitants plus
nombreux; mais ce sont là des affirmations qui me parais-
sent ne pas devoir être acceptées sans contrôle. Or, si
j'ai vu des villes détruites, des bourgs ruinés, et si j'ai pu
constater qu'effectivement quelques-uns de ces centres
devaient être plus brillants et plus peuplés autrefois
qu'aujourd'hui, j'ai également parcouru la campagne du
Yunnan; depuis Mong-Tseu je suis allé jusqu'à Sseu-
Mao; de cette dernière ville j'ai atteint Tali-Fou en
passant par Mong-Houa et King-Tong; j'ai fait la route de
Tali à Yunnan-Sen, et de cette dernière ville je suis allé
rejoindre Mong-Tseu. Parlant chinois, il m'était facile de
me renseigner et de questionner. Eh bien, la vérité est que
dans cet amas de montagnes arides qu'est le Yunnan,
sans larges vallées, sans rivières navigables, seuls quelques grands centres chinois sur les plateaux ont pu être
plus prospères avant la révolte musulmane, mais la campagne partout ailleurs n'a jamais rien produit de plus
que maintenant, pour la bonne raison qu'il n'y peut rien
pousser qu'un peu de riz rouge, de patates, et que le
bétail et la volaille y sont rares parce qu'on ne peut les
nourrir. Par suite la population est forcément très clair-
semée. Que de fois, arrivant le soir dans des villages où
je devais passer la nuit, n'ai-je pu trouver un œuf ou un
morceau de porc à mettre dans la poêle! Même à Sseu-
Mao, je n'ai pas toujours eu de quoi varier le menu, qui
généralement se composait de porc et de riz, et parfois,
mais rarement, de bœuf, quand un musulman avait abattu
une bête à cornes qui ne pouvait plus faire de service.

La ville de Mong-Tseu, la plus importante parmi celles

où les étrangers sont admis, a été ouverte au commerce européen en 1886 ; c'est une sous-préfecture qui peut avoir de population fixe 15.000 habitants ; actuellement, avec le chemin de fer, il y a une grosse population flottante. La ville est murée, mal construite, sale et dans bien des parties à moitié en ruines. Aujourd'hui, à côté de la ville chinoise, une véritable ville européenne s'est élevée ; des hôtels s'y sont construits et, grâce à la voie ferrée, les Français de l'Indo-Chine peuvent aller se reposer et respirer l'air tant désiré par eux du plateau yunnanais.

Au point de vue de l'agrément, le chemin de fer est donc incontestablement une grosse affaire pour la colonie française du Haut-Tonkin ; il reste à savoir, et ce n'est que le temps qui peut nous l'indiquer, si le commerce du Yunnan va de suite prendre un essor considérable. Il n'est pas douteux que le chemin de fer, atteignant Yunnan-Sen, ne supprime les caravanes qui portaient le fret à Mong-Tseu et ne prenne leur place sur toutes les stations de leur parcours entre Mong-Tseu et la capitale, de même qu'entre Mong-Tseu et Man-Hao, petit port sur le fleuve Rouge où les caravanes venaient apporter l'étain et prendre en retour des cotonnades. Mais pour faire un wagon de marchandises il faut beaucoup de caravanes ! On importe à Mong-Tseu des shirtings anglais, des cotonnades italiennes teintes, des flanelles de coton, simples, teintes et coloriées de dessins divers ; des velours et veloutines, des couvertures de coton ; des torchons, des peignes et des allumettes de fabrication japonaise ; des filés de coton indien, japonais, tonkinois ; il y a quelques années les filés de coton de nos usines du Tonkin avaient réussi à exclure presque ces filés anglais, et de gros négociants chinois de Mong-Tseu en avaient fait de fortes commandes ; mais les fabriques du Tonkin ne pouvant fournir la quantité suffisante, il était à craindre que les filés anglais ne reprissent le dessus ; aujourd'hui ce sont les filés indiens qui tiennent la première place, le filé tonkinois ne venant à Mong-Tseu que dans la proportion de 7 p. 100.

Comme objets de laine on importe à Mong-Tseu des couvertures, un peu de drap, de la flanelle unie et rayée ; enfin un peu de soie, des boutons, de la porcelaine, des teintures d'aniline, des lampes, des fruits secs, des glaces et miroirs, des produits pharmaceutiques, des aiguilles, du pétrole, du papier, du bois de santal, du tabac, des parapluies.

Comme exportation nous avons : jambons (de Li-Kiang et Ho-Kien), des peaux, des cornes de buffle et de vache ; des médecines, des patates, de l'alcool de riz, du sucre brun, de la cire, et enfin surtout du thé de Pou-Eurl et de l'étain de Ko-Tsiou.

C'est principalement le port de Hong-Kong qui profite des transactions du Yunnan par Mong-Tseu ; et l'étain et le thé, qui sont les deux principales marchandises d'exportation, vont à Hong-Kong. Si nous voulons détourner au profit d'un de nos ports indo-chinois le commerce du Yunnan, ce n'est pas à Haiphong qu'il faut faire aboutir la voie ferrée de Yunnan-Sen, mais à Saïgon ; il faut que le chemin de fer aille sans arrêt et sans bifurcation de Yunnan-Sen à Saïgon et qu'il y ait à Saïgon un port moderne. Quoiqu'on fasse, il faudra en arriver là ; c'est Saïgon qui doit être le centre commercial de l'Indo-Chine, tant par sa situation géographique que par son importance économique.

Sseu-Mao, est, à l'extrême sud-ouest du Yunnan, la seconde ville ouverte aux étrangers ; elle a été déclarée ouverte en 1895. C'est, au point de vue administratif, un *ting*, c'est-à-dire une ville ne rentrant pas dans le système général d'administration chinoise. Les *ting* sont des portions de territoires frontières où l'élément chinois n'est qu'un colonisateur et où l'élément indigène domine ; ce sont des pays non encore complètement chinoisés ; aussi les *ting* sont-ils nombreux sur les frontières du Yunnan. Les fonctionnaires mis à la tête d'un ting tiennent le milieu entre les préfets et sous-préfets.

La ville de Sseu-Mao est située dans une cuvette entourée de hautes montagnes et n'offrant qu'une superficie relativement petite. La plaine est arrosée par un ruisseau donnant juste assez d'eau pour les rizières, lesquelles prennent toute l'étendue de la terre cultivable ; quelques villages entourent Sseu-Mao au bas des montagnes ou au flanc de coteaux.

La ville elle-même, limitée par des murailles délabrées, bâtie de maisons en pisé, n'offre qu'un aspect pitoyable ; la partie comprise dans les murailles est presque déserte ; elle renferme les *Ya-Meun* du sous-préfet, du général commandant les troupes de la frontière, du télégraphe, quelques *Houei-Kouan* ou clubs indigènes ; mais la partie la plus peuplée de la ville se trouve hors des murs, dans le marché. Toute la journée c'est là que sont le mouvement et l'activité. Le matin, les indigènes des environs apportent des légumes, du bois à brûler, du charbon de bois ; ce sont eux qui approvisionnent Sseu-Mao, qui, tout compté, dans les murs et hors des murs, peut avoir 12.000 habitants.

La douane chinoise, qui est installée ici comme dans tous les ports ouverts, ne fait presque rien comme recettes ; le seul commerce un peu important est celui du thé ; du reste le trafic en ce pays est suspendu d'avril à octobre. Personne ne sort en cette saison : les pluies torrentielles défoncent les pauvres sentiers, des herbes immenses poussent partout ; les rivières, les torrents ont des crues effrayantes et terribles, et par suite, toutes les communications sont coupées. Seuls les malheureux courriers continuent leur service, et combien d'entre eux ont perdu leurs sacs de dépêches quand ce n'était pas leur vie, au passage d'un torrent. Dans ces conditions et étant donnée la nature du pays, le commerce ne peut être qu'insignifiant. Il est, du reste, bien facile de s'en rendre compte en parcourant le marché de Sseu-Mao : cotonnades chinoises, cotonnades anglaises, fil, aiguilles, boutons en métal, lacets, petites glaces de toilette, petites boîtes en fer-blanc, allumettes japonaises. Comme autres marchandises chinoises, en dehors des cotonnades, on trouve du cuivre venant de King-Tong sur la haute-rivière Noire, des objets de pacotille venant de Canton et du Yunnan, et c'est tout.

Veut-on de la farine ? il faut la faire venir de Hanoï ou de Tali-Fou ; du sucre ? il faut attendre que des caravanes en apportent de Yunnan-Sen ou de Tali ; des fruits ? les oranges viennent d'Ivou et d'Ibang ; les noix, les jujubes, les poires, de Tali et de Yunnan-Sen. A Sseu-Mao il n'y a rien.

La construction du chemin de fer de Yunnan-Sen à Soui-Fou amènerait-elle le développement ultérieur de toutes les parties du Yunnan que je viens de passer en revue ? Évidemment non. Le Yunnan n'aurait rien à fournir au Sseu-Tchuen ; quant aux produits du Sseu-Tchuen, ils ne viendraient pas non plus au Yunnan puisque personne ne pourrait les acheter. Le Yunnan est un pays de transit, non un pays d'achats à l'importation ou de vente à l'exportation ; il est pauvre et restera tel, à moins qu'on y développe une industrie minière très rémunératrice, avec des capitaux européens et la main-d'œuvre du Sseu-Tchuen.

VI. — La ville de Tali, ancienne capitale des musulmans du Yunnan, et qui avant la terrible répression de Yang-Yu-Ko devait être très florissante, est un rectangle assez développé situé dans la plaine qui s'étend de Chia-Kouan, au sud du lac, à Chang-Kouan, au nord du même lac, un des côtés regardant le Eurl-Hai, l'autre étant adossé aux contreforts de la haute montagne grise et nue qui, d'une hauteur de 3.000 mètres, domine l'ensemble de la ville.

L'aspect général en est misérable : les rues sont désertes et de nombreux champs de fèves, bordés de cactus, remplacent les maisons détruites. La population musulmane est encore en nombre assez considérable à Tali, mais elle n'y a plus aucune influence. Bien plus, les musulmans ne peuvent plus exercer leur culte et n'ont pas le droit d'avoir de mosquée en ville. Ils ne peuvent se livrer à la prière que dans des maisons particulières, et leur grande mosquée de Tali a été transformée en temple dédié à Confucius.

Une partie des troupes de la garnison est musulmane et il semble qu'aucune velléité de liberté ou d'indépendance n'existe plus parmi la communauté islamique.

Au point de vue commercial, il paraît y avoir très peu d'activité, sauf peut-être pendant les foires. Mais ces foires, qui se tiennent à époques fixes et dont il m'a été donné de voir plusieurs, ne comportent qu'un commerce local d'échange de marchandises chinoises, venues par la voie de Yunnan-Sen ou du sud du Thibet. Les marchandises européennes ne sont pas représentées sur le marché, sauf la bimbeloterie que nous avons déjà rencontrée à Sseu-Mao et à King-Tong.

Tali, toutefois, est le lieu de centralisation du commerce qui se fait par Teng-Yueh (Momein) sur Bhamo ; mais jusqu'à présent ce commerce est peu de chose ; les routes sont d'ailleurs très difficiles et, comme dans tout le reste du Yunnan, c'est la mule qui est le seul moyen de transport. Les deux grands marchés de la région sont Chia-Kouan et Chang-Kouan. Des deux, c'est Chia-Kouan qui est le plus important, quoiqu'on n'y trouve, comme dans les autres villes du Yunnan, que des produits locaux. J'ai vu Chia-Kouan un jour de grand marché : légumes et fruits, blé, orge, riz, maïs ; un peu de coton venu de Birmanie ; des ustensiles venus de Canton par Nanning, Kai-Houa et Yunnan-Sen ; des chapeaux de paille et de grandes marmites du Sseu-Tchuen ; du sel de Mohei, du thé de Pou-Eurl, du sucre de King-Tong. Les marchandises étrangères y étaient représentées toujours par les petites glaces, les boîtes en fer-blanc, les peignes, les aiguilles, les allumettes du Japon et la pauvre petite pacotille des bazars. En somme, tout est encore à créer ici comme ailleurs, et, étant donnée la configuration géographique du pays et la hauteur des montagnes qui le séparent des régions voisines, peut-on espérer y réaliser jamais quelque chose de brillant ?

Je ne veux pas quitter Tali-Fou sans raconter la

légende fort poétique que rappelle le grand lac Eurl-Hai :

Aux temps où le Yunnan était divisé en plusieurs royaumes thai, le roi de Li-Kiang étant venu voir son voisin le roi de Tali, fut ébloui de la beauté de la fille de ce dernier et la demanda en mariage. Mais la jeune fille avait fait vœu de virginité et refusa la proposition du prince. Elle fut, malgré toutes les avances de son royal amoureux, absolument inflexible. Au moment de retourner dans ses états, le roi de Li-Kiang exprima le souhait qu'elle consentît du moins à l'accompagner dans une promenade sur le lac, afin de graver ses traits dans sa mémoire à jamais. Elle accueillit favorablement ce désir. Mais au moment où ils arrivaient au milieu du lac, le roi de Li-Kiang voulut se permettre quelques privautés, et la jeune vierge indignée et ne voulant pas être surprise se précipita dans les flots ; jamais elle ne reparut.

Yunnan-Sen, la ville capitale, n'est plus que l'ombre de ce qu'elle a dû être autrefois ; on y entre par des faubourgs désolés et infects ; tout ici est démoli et en ruines. Les remparts sont écroulés en partie, et personne ne songe à les relever ; les temples s'effondrent et dans la ville même on ne circule, dans certains quartiers, qu'à travers des décombres. On croirait être au lendemain de cette guerre « inexpiable » qui dura de 1855 à 1875, et pendant laquelle les musulmans du Yunnan et les troupes impériales se livrèrent des combats sans merci. La ville a aujourd'hui une population que l'on évalue généralement à 80.000 habitants, mais elle devait en avoir au moins le double, peut-être davantage autrefois. Quelques monuments pourtant, quelque arc de triomphe, quelque portail de temple sont encore à voir.

Comme construction européenne, il y existe un arsenal, et c'est même une sensation bizarre que l'on éprouve, quand, se promenant dans la vaste plaine nue et jonchée de tombeaux qui s'étale autour de la ville, on entend le sifflet appelant les ouvriers à l'usine.

Le plateau où se trouve situé Yunnan-Sen est merveilleux ; très fertile, bien arrosé, entouré de lacs qui rendent l'irrigation facile, il forme avec les plateaux de Mong-Tseu et de Lin-Ngan, auxquels il se rattache, la partie la plus florissante et la plus peuplée de la province, et la mieux cultivée. Ici, hors de la ville dont on n'aperçoit plus les murs écroulés et les palais délabrés, maintenant que la campagne seule s'offre à la vue, on sent un pays aisé, riche même relativement, en comparaison de toutes les contrées désolées qu'on vient de quitter.

A deux étapes de Yunnan-Sen se trouve Tong-Hai, point de concentration de toutes les caravanes. Situé entre l'eau et les montagnes, au bord du grand lac, Tong-Hai offre vraiment l'aspect d'une ville florissante, chose rare dans ce pays. Tous les produits de la Chine s'y trouvent réunis et partent de là pour se répandre dans le nord et l'ouest de la province.

De Yunnan-Sen, par Tong-Hai, vers les extrémités frontières, les routes sont :

Vers le sud, la route de Mong-Tseu, aujourd'hui peu fréquentée, puisque le chemin de fer existe jusqu'à la capitale ; vers le sud-ouest, la route de Yuen-Kiang, Pou-Eurl, Sseu-Mao ; vers l'ouest, la route, Tchou-Chiong, Tali-Fou, Teng-Yueh ; vers le nord, la route de Tong-Tchuan, Tchao-Tong ; une autre route, partant de Yunnan-Fou à l'est, va rejoindre Kouei-Yang-Fou, capitale du Kouei-Tcheou.

Ainsí que je l'ai constaté au début de cette étude du Yunnan, on peut voir que, bien que faisant partie du bassin du Yang-Tseu-Kiang du côté du nord (Yunnan-Fou n'est, par Wou-Ting, qu'à deux ou trois étapes du fleuve), cependant, c'est vers le nord-ouest et le sud que son commerce est le plus actif. D'un côté, en effet, vers Li-Kiang et Atien-Tseu, les vallées sont plus étroites, les rivières plus maigres, les populations plus éparses et moins nombreuses ; donc, dans cette contrée désolée, peu de trafic ; de l'autre côté, au nord-est, par Tong-Tchuen et Tchao-Tong, la route est très dure si les populations sont plus denses ; et les productions sont trop peu variées pour être exportées au Sseu-Tchuen, province riche ; on n'y envoie donc de cette partie du Yunnan que des peaux de buffles ou de bœufs, de chèvres et de moutons. Quant aux productions du Sseu-Tchuen, il en descend très peu vers cette région du Yunnan, juste assez pour les colons qui, partis du Sseu-Tchuen, viennent coloniser les hauts plateaux yunnanais.

VI. — En tant que pays intéressant, quoique très pénible à parcourir, le Yunnan est certainement l'un des plus curieux que j'aie visités en Chine ; mais au point de vue fertilité, donc au point de vue commerce, c'est tout autre chose. Que de fois, dans un village misérable, perché sur quelque crête, n'ai-je même pu me procurer une poignée de mauvais riz rouge ! Que de fois ai-je fait 40 et 50 kilomètres sans rencontrer un homme, une hutte ! Quelle différence avec le Sseu-Tchuen ou le Houpe, si actifs, si peuplés !

CHAPITRE XIV

I. Le tarif douanier chinois. — II. Octrois, accises ou likin. —
III. Situation du commerce général dans les provinces du bassin
du Yangtseu pendant l'année 1908.

I. — Actuellement un nouveau tarif douanier est à
l'étude, et déjà un commissaire britannique, envoyé spécialement à l'effet de traiter des nouvelles conditions
douanières, est arrivé à une entente avec les commissaires
chinois. Mais les négociations ne sont pas encore ter-
minées avec les autres puissances; et l'ancien tarif, imposé
par le traité de 1858, est toujours en vigueur, c'est à savoir
5 pour 100 *ad valorem* sur les marchandises importées.
Pour les marchandises exportées, il existe un autre tarif
qui taxe d'un droit de sortie certains produits exportés
de Chine. Il est inutile d'en donner la liste ici, sauf
peut-être pour la soie qui nous intéresse spécialement :
la soie brute paye 10 taels par picul; la soie jaune du
Sseu-Tchuen, 7 taels; la soie sauvage, 2 taels 50;
les déchets, 1 tael; les cocons, 3 taels; la soie floche de
Canton, 4 taels 30; la soie floche des autres provinces,
10 taels; rubans de soie, fils de soie, pièces de soie,

pongés, châles, écharpes, crêpes, satins, gazes, velours et broderies, 10 et 12 taels ; soie unie du Sseu-Tchuen et du Chan-Tong, 4 taels 50 ; torsades, 10 taels ; mélange de soie et coton, 5 taels.

II. — En dehors des droits de douane, il existe en Chine des droits d'accise ou d'octroi nommés *likin*. Le payement de ces taxes avait, en principe, été décidé pour faire face aux dépenses causées par la révolte des Taiping et devait donc être temporaire ; mais les impôts temporaires, en Chine comme partout, sont ceux qui résistent le plus. Et aujourd'hui non seulement la taxe du likin (tant pour mille sur les marchandises en transit) n'est pas supprimée, mais ses bureaux et ses bannières sont installés dans tout l'Empire ; il étend les mailles de son filet sur les fleuves et les rivières, aux portes des villes, aux limites des provinces, aux limites de chaque ville et bourg. Chaque province a ses likin spéciaux ; chaque mandarin, pour ainsi dire, est maître de ses tarifs, et les petits officiers chargés de percevoir le likin ne se font pas faute d'augmenter le taux pour leur compte ; c'est la plaie du commerce intérieur. Les Européens n'y sont pas soumis et ils peuvent faire venir en transit des marchandises de l'intérieur jusqu'à un port ouvert en se faisant délivrer par l'intermédiaire de leur Consul des « passes de transit » qui les exemptent des tracas du likin ; mais les marchandises européennes, une fois aux mains du négociant chinois qui en a pris livraison dans un port ouvert, sont soumises à tous les likin qu'elles rencontreront sur leur route jusqu'à leur destination. On peut donc s'imaginer à quel prix revient une marchandise qui, prise à Hankeou, par exemple, doit remonter la Han jusqu'au Chen-Si !

A plusieurs reprises quelques hauts fonctionnaires, voyant les entraves considérables mises au trafic par ces taxes, ont demandé leur abolissement; mais alors, quel trou dans les trésors provinciaux! c'est ce qui fait que le likin subsiste et subsistera vraisemblablement longtemps encore.

III. — D'après les statistiques de la douane maritime chinoise, la situation commerciale générale dans les provinces du Yangtseu en 1908 se présentait ainsi (1) :

L'espoir de voir une recrudescence dans les transactions qui semblait justifiée aux débuts de 1908, ne s'est pas réalisé. La dépression commerciale s'est fait sentir du commencement à la fin de l'année. La baisse continuelle de la valeur de l'argent a découragé l'importation en général et, vu l'état déjà morbide du marché, a joué un grand rôle dans l'histoire de cette année malheureuse.

Mais le commerce étranger a toujours eu à compter avec l'incertitude du change, qui lorsqu'il est défavorable à une branche du commerce est favorable à l'autre, comme il est prouvé, d'ailleurs, par les statistiques de 1908; et on doit chercher d'autres causes pour expliquer l'absence de demande de marchandise étrangère par rapport à un commerce d'exportation normal, puisque cette absence de demande à l'importation ne peut pas être due au développement d'industries dans le pays même. Parmi ces causes il faut d'abord voir la cherté du riz dont le prix a continué à rester élevé en dépit des bonnes récoltes de l'année précédente et des incessantes importations de l'Indo-Chine. Cependant le marché s'est

____

(1) J'ai indiqué plus haut (p. 68) pour quelles raisons je citais les chiffres de 1908.

amélioré vers le milieu de l'année. Le prix de détail du meilleur riz du Kiang-Sou à Changhai, qui était en août de 5 piastres 80 cents le picul, est tombé à 4 piastres à la fin de décembre, et même à 3 piastres 40 cents; et il est clair que la baisse a affecté tous les districts accessibles aux transports par eau. A Yo-Tcheou, en septembre, le prix par picul était de 2 piastres 20 cents, et à Tchong-King, le même mois, de 2 piastres 50 cents. Un autre obstacle, et plus grand encore, aux échanges a été la dépréciation des sapèques de cuivre due, en certains districts, à la rareté de l'argent, mais en général causée par la frappe excessive des monnaies provinciales. La valeur de ces sapèques baissa continuellement et, à la fin de l'année, une piastre se changeait pour 135 cents de cuivre dans le Yangtseu (Hankeou), pour 126 sur le Bas-Yangtseu; ceci, qui touche à la poche de la grande masse du peuple, est l'un des plus graves problèmes, celui qui réclame une prompte solution. Mais, tout en tenant compte de cette raison et d'autres encore pour expliquer le ralentissement du commerce, il n'est que juste de reconnaître dans la moins-value des imports sur les exports, un effort pour balancer le taux des recettes et des dépenses.

En 1905, les contributions de guerre, estimées à 150.000.000 de taels, ont donné au commerce d'importation une impulsion qui a continué à se faire sentir après la disparition des conditions spéciales qui l'avaient créée, il en est résulté que les importations se sont trouvées très en excès sur les demandes du marché et ont dû être liquidées difficilement et avec pertes. La situation excellente du commerce d'exportation et les progrès réalisés dans l'établissement d'industries manufacturières sont d'un bon augure pour l'avenir.

Changhai a distribué aux autres ports, en 1908, 350.000 piculs de filés de coton de manufactures locales, estimés à 8.772.000 taels, soit 88 pour 100 de plus qu'en 1907 ; et 753.000 piculs de farine provenant des moulins locaux, estimés à 2.717.000 taels, soit 38 pour 100 de plus qu'en 1907. Hankeou montre une grande activité, spécialement en ce qui concerne la production du fer et de l'acier par les arsenaux de Hanyang avec le fer de Taye et le charbon de Ping-Siang. Il n'y a pas de doute que d'ici peu d'années la Chine ne devienne une grande nation industrielle ; elle y est destinée non seulement par ses ressources naturelles, mais aussi par le caractère de ses habitants, et, du reste, c'est dans ce sens que son éducation devra être dirigée. Il lui faudra, nécessairement, modifier un peu sa mentalité, et soigner un peu plus ses produits, changer ses méthodes, notamment pour la soie et le thé qui sont concurrencés par l'étranger en quantité formidable, surtout ce dernier produit.

Les autorités continuent à pourchasser l'opium en défendant strictement la culture du pavot, et de ce côté le commerce des Indes anglaises sera certainement atteint. Que les effets de cette prohibition soient excellents à la longue, c'est indéniable ; mais, même sans tenir compte de l'opium des Indes, si on ne regarde que l'opium chinois, il est évident que la défense strictement immédiate de consommer l'opium aura une répercussion fâcheuse sur les provinces qui l'exportent et qui s'en font un revenu de 100.000.000 et même 150.000.000 de taels. Cependant, malgré cela la réforme est populaire, et le délai de dix ans accordé pour la suppression totale de l'opium a été trouvé trop long par beaucoup de vice-rois. Aussi, dans treize provinces la culture du pavot a été interdite immédiatement, avec promesse qu'il n'y en aurait plus en 1909; et dans les autres cinq provinces, il ne doit plus y en avoir dans deux ans. La population est complètement d'accord avec le gouvernement en ce sens, et même en admettant que le délai soit un peu bref, il est hors de doute que, d'ici peu, l'opium à fumer aura disparu de la Chine.

La question des chemins de fer est une des grandes questions chinoises ; mais les progrès faits jusqu'à présent en ce sens n'ont pas été très sensibles. Il est toutefois tellement bien reconnu par tout le monde que le développement ultérieur de la nation est lié à l'établissement des voies ferrées que le désir d'en posséder est unanime. Malheureusement, ce sont les ressources qui font défaut, et comme les Chinois sont devenus extrêmement méfiants, il est difficile aux capitaux étrangers de compter pour le moment sur un appel ; mais il n'en est pas moins certain que la Chine se rendra compte qu'elle ne peut rien en ce sens sans l'argent étranger, et qu'elle lui demandera son aide en lui donnant de sérieuses garanties. Le chemin de fer a été ouvert entre Tchen-Kiang et Nankin, et on peut maintenant, de Changhai, venir à Nankin en 5 h. 35 minutes. A Nankin même, une petite ligne a été installée qui relie la ville à la rivière, et l'on parle d'étendre cette ligne jusqu'à Wou-Hou. Une partie du chemin de fer du Kiang-Sou, environ trente kilomètres, de Changhai à Song-Kiang a été ouverte au trafic en avril 1908, et le reste, jusqu'à Feung-King (55 kilomètres) va être terminé. Le chemin de fer du Tche-Kiang qui doit rejoindre celui du Kiang-Sou à Feung-King est terminé de Hang-Tcheou à Ka-Ching, et les deux lignes viennent d'être rejointes en 1910. La ligne qui, de Canton, doit rejoindre Hankeou, a été ouverte sur 60 kilomètres, à partir de Canton, et on procède actuellement à de nouveaux levés dans le Hounan.

La ligne de Wou-Hou à Kouang-Te-Tcheou n'a pas fait de progrès sérieux.

La ligne qui doit partir de Hankeou pour aller rejoindre Tcheng-Tou est toujours en espérance, et les affaires n'ont guère avancé de ce côté.

Quant au chemin de fer que les Français ont construit de Hanoi à Yunnan-Sen, il est aujourd'hui en pleine exploitation, et les douanes de Mong-Tseu enregistrent pour le dernier trimestre 1907 de leur statistique, l'arrivée des trains en gare de Mong-Tseu.

Nombre d'autres lignes sont en projet, dont voici les principales :

Du Yunnan au Sseu-Tchuen, c'est-à-dire de Yunnan-Sen à Soui-Fou, continuation de la ligne actuelle ;

Du Yunnan au Hounan par le Kouei-Tcheou ;

Du Yunnan en Birmanie, c'est-à-dire de Yunnan-Sen par Tali-Fou et Teng-Yueh.

Toutes ces lignes sont situées dans la vallée du Yang-Tseu-Kiang, et c'est pourquoi je les cite ; mais le chemin de fer est à l'ordre du jour dans toutes les provinces chinoises. Seulement les Chinois ne trouveront jamais l'argent pour les construire eux-mêmes, les capitalistes chinois n'ayant aucune confiance dans la gestion de leurs mandarins.

Les récoltes du Sseu-Tchuen ont été très abondantes,

et les denrées nécessaires à la nourriture ont été, par suite, bon marché. Politiquement, la province a été tranquille. Au Houpe, au contraire, la récolte de coton et la récolte de riz ont été très médiocres et bien au-dessous de la moyenne ; le thé, au contraire, a bien donné. Au Hounan, mauvaise récolte de coton, mais belle moisson de riz. A Wou-Hou, le prix de détail du riz, à la fin de l'année, a été de 2 piastres 60 à 3 piastres 20 le picul, et les expéditions vers les autres ports ont monté à 5.000.000 de piculs, plus du double des expéditions de l'année précédente.

Au Kiang-Sou, la moisson a été ordinaire, les rizières du sud du fleuve ayant fourni plus que celles du nord.

Le commerce des ports ouverts du Yang-Tseu-Kiang, depuis Tchong-King jusqu'à Tchen-Kiang, a marqué une moins forte demande d'importations étrangères, mais un plus grand mouvement dans les échanges indigènes, ainsi qu'il ressort du tableau suivant :

	1906	1907	1908
Importations étrangères : (en taels)	96.714.791	110.239.450	104.644.857.
Importations indigènes :	23.256.838	28.065.027	33.154.129.
Exportations :	108.668.735	115.476.892	134.680.625.

A Changhai, le total du commerce était à peu près le même qu'en 1907, mais il y avait une différence marquée dans la proportion étrangère et indigène qui composent ce total.

Les importations étrangères ont donné 11.000.000 de taels de moins en 1908.

Dans le Yunnan, Mong-Tseu a fait 1.000.000 de taels de moins aux importations étrangères, mais gagné

1.500.000 taels à l'exportation. Teng-Yueh et Sseu-Mao restent toujours au même point.

En somme, dans l'année 1908, tous les ports (et les ports du nord et du sud, comme les ports du Yangtseu) ont montré une moins-value aux importations étrangères. Les ports du Yangtseu donnent une moins-value de 5 pour 100 en général, mais par exemple, le port de Hankeou, qui est le distributeur des produits étrangers pour toutes les provinces environnantes, présente, à lui seul, une moins-value de 8 pour 100, et Tchen-Kiang, qui fournit le Kiang-Sou, le Chan-Tong et le Honan, une de 11 pour 100. A Changhai, le déclin des marchandises importées peut être évalué à 24 pour 100, et au Yunnan à 14 pour 100. On voit donc bien que la faible demande de marchandises étrangères a été la même dans tout l'Empire. Les districts qui ont le plus été touchés sont ceux desservis immédiatement par Changhai.

Le commerce direct, pendant toute l'année, donne 671.165.881 taels contre 680.782.066 taels en 1907, décomposés ainsi qu'il suit :

	1907	1908
Imports :	416.401.369	394.505.478.
Exports :	264.380.697	276.660.403.

La moins-value des importations s'élève à peu près à 22.000.000 de taels, mais, vu une grosse augmentation de la valeur de l'argent résultant du bas taux de l'échange, la moins-value réelle des importations est, en réalité, plus grande que la différence des chiffres ne l'indique.

L'opium étranger a diminué beaucoup, et l'on constate une consommation bien inférieure dans presque tous les ports ; ainsi Changhai a pris 2.000 piculs en moins ; les ports du Yangtseu, 2.000 piculs ; le Tche-Kiang, 600 piculs, et les autres ports en proportion. Toutefois, si l'importation de l'opium étranger diminue, il n'en est pas de même pour l'opium indigène, et la quantité d'opium du Sse-Tchuen et du Yunnan qui est passée par Itchang est sensiblement la même que les années précédentes.

Les cotonnades donnent une diminution de 8.000.000 de taels, et cette diminution se fait surtout sentir sur les filés de coton, et les pièces diverses, teintes, italiennes, turques. Les shirtings importés représentent 4.887.000 pièces, soit une augmentation de 1.400.000 pièces sur 1907 ; la moyenne ici a donc été sensiblement la même ; mais les cotons américains ont toujours souffert de leur chute de 1907, quoique en 1908 ils aient donné un chiffre de 1.586.000 pièces. En 1906, ces cotons américains avaient été importés par 8.500.000 pièces, et en 1905 par 12.500.000 pièces, et on ne sait vraiment pourquoi ils ont subi un tel déclin ; peut-être y en avait-il trop en stocks non écoulés ? En tout cas, il n'y a pas de raison pour qu'ils ne revoient pas des temps meilleurs.

TABLEAU COMPARATIF DES IMPORTATIONS

DES PIÈCES DE COTON

	1905	1906	1907	1908
Anglaises . .	13.548.015	10.785.227	8.224.951	8.993.534
Américaines.	12.566.093	8.544.165	578.647	1.586.989
Japonaises. .	780.580	733.436	840.401	986.982
Indiennes . .	650.636	85.003	67.905	141.312

Les filés de coton sont tombés de 450.686 piculs et se trouvent depuis dix ans en fléchissement continu. Cela tient aux manufactures locales qui sont actuellement capables de fournir d'aussi bons filés que ceux de l'étranger.

Les importations de mélanges laine et coton ont diminué de moitié; les laines pures aussi.

Les métaux ont donné une somme de 22.000.000 de taels à l'importation, contre 20.000.000 en 1907.

Les lingots et saumons de cuivre ont augmenté dans la proportion de 66.000 piculs et ont été distribués surtout aux différentes monnaies provinciales.

Presque toutes les marchandises diverses ont subi une diminution, sauf le pétrole qui a fourni 186.000.000 de gallons (1 gallon = 4 litres), soit 15.000.000 de plus que l'année précédente. L'importation d'huile américaine a augmenté de 26.000.000 de gallons, l'huile russe de plus de 2.000.000, l'huile de Sumatra de plus de 4.500.000 gallons. La farine, le riz, ont également diminué. Le sucre, l'horlogerie et les bibelots ont donné une grosse diminution à l'importation, ce qui indique évidemment une restriction dans les dépenses de luxe due, ainsi que je l'ai dit plus haut, à la crise monétaire.

Toutes les puissances ont souffert de cette diminution dans les importations, sauf les États-Unis et la Russie.

Les États-Unis, en effet, ont été peut-être un peu éprouvés dans leur importation de cotonnades, mais par contre leur pétrole a largement compensé les déficits constatés dans les farines, les bois et les autres articles. La Russie a aussi augmenté son chiffre d'importation, mais par le nord.

Les importations directes ne passant pas par Changhai comme port distributeur deviennent tous les ans plus considérables, et Hankeou est l'un des ports qui en profite le plus. Cependant il y aura forcément un arrêt dans cette façon d'opérer ; car ce sont les bateaux japonais seuls qui font du Japon l'importation directe à Hankeou ; ce sont des bateaux de petit tonnage, qui n'ont pas à effectuer une longue traversée maritime ; mais les grands paquebots européens ou américains ne pourraient pas venir directement à Hankeou, sauf pendant deux ou trois mois d'été, aux hautes eaux.

Aux exportations, le thé a donné beaucoup : les États-Unis et la Russie ont absorbé la totalité ou à peu près ; car la quantité exportée en Angleterre diminue tous les ans, et les autres pays d'Europe n'ont pris que 119.600 piculs tous ensemble. La Grande-Bretagne tire plus de 2.000.000 de piculs de l'Inde, de Ceylan et d'Assam, et 66.000 piculs seulement de Chine.

Il est probable, d'ailleurs, que rien n'enrayera le mouvement qui amène peu à peu l'Angleterre à renoncer au thé de Chine. Les planteurs de l'Inde et de Ceylan font tous leurs efforts pour garder leur position acquise et la fortifier encore, et il est probable qu'ils y arriveront ; car les Anglais aujourd'hui préfèrent de beaucoup ce thé « national » au thé de Chine. Toutefois le thé de Chine peut encore voir de beaux jours si les Chinois se décident à le traiter convenablement et conformément aux procédés modernes ; car en dehors de la Russie, qui est toujours son gros débouché, le thé de Chine peut se vendre dans tous les autres pays où il est de plus en plus à la mode, et où la consommation augmente.

Dans le premier trimestre, le prix des soies a considérablement baissé, mais les prix se sont relevés vers la fin de l'année, et les stocks se sont bien vendus.

Les haricots et les gâteaux de haricots, qui jusqu'à présent étaient une spécialité des ports de Mandchourie, commencent à s'exporter de Hankeou ; l'Angleterre en a pris pour 500.000 piculs, destinés à faire de l'huile.

Le sésame donne une augmentation sérieuse à l'exportation : 1.792.432 piculs valant 9.138.129 taels contre 734.712 piculs valant 3.670.810 taels en 1907. L'immense saut fait par cet article, dont la vente est concentrée à Hankeou, est attribué au chemin de fer de Hankeou à Pékin qui draine les districts producteurs de sésame au Honan.

Quant à l'étain du Yunnan, il passe toujours par Mong-Tseu et le Tonkin, pour se diriger sur Hong-Kong. En 1908 Mong-Tseu en a exporté 18.335 piculs de plus qu'en 1907.

La seule remarque à faire au point de vue de la navigation est l'augmentation, réalisée par le pavillon français, de 360.000 tonnes, principalement dans les ports du Yangtseu.

CHAPITRE XV

I. — Le service postal chinois mérite une étude particulière. On y verra par quelles phases il a passé avant d'arriver à son état actuel. Bien qu'un système à peu près normal fonctionne aujourd'hui dans les principaux centres, cependant le vieux système chinois n'a pas dit son dernier mot ; car aujourd'hui la poste impériale coûte au Trésor et ne lui rapporte rien. Seuls quelques districts où le commerce est prospère commencent à couvrir leurs frais et à équilibrer leurs dépenses et leurs recettes ; mais il est loin d'en être ainsi partout. Il faut, naturellement, de nouveaux crédits tous les ans pour améliorer et étendre le service dans un pays immense où les communications ne sont pas toujours faciles. Le système postal chinois, pris dans son ensemble, ne ressemble donc pas encore à un service européen, régulier et donnant des bénéfices ; c'est un service à côté de la douane, et les commissaires de douanes sont les directeurs principaux des districts postaux établis dans les ports ouverts et les villes principales des provinces limitrophes ; dans l'intérieur, ce sont des Chinois.

Autrefois, dans la Chine tout entière, et aujourd'hui encore dans les provinces et dans les centres éloignés, la poste se faisait par des entreprises particulières chinoises, soit correspondant entre elles, soit se faisant concurrence, concurrence d'ailleurs limitée, grâce à l'existence et au pouvoir des chambres syndicales désignées sous le nom de « guilde ».

Ces entreprises, désignées sous le nom de Tchang-Houa-Sin-Kiu, ou simplement Sin-Kiu, existaient dans toutes les villes et endroits importants de l'intérieur ; elles transmettaient leurs dépêches par tous les moyens possibles, soit par terre, soit par eau ; elles se servaient notamment, sur les canaux, de petites embarcations, longues et étroites, très légères, peintes en rouge, avec un toit en nattes ; l'équipage se composait de deux hommes qui faisaient la relève à tour de rôle ; appuyé à l'arrière, l'homme avait une petite godille sous le bras gauche, dont il tenait le corps de la main gauche et la tête de la main droite qui servait surtout de gouvernail ; plus en avant, à droite, il avait un petit aviron qu'il faisait mouvoir avec le pied ; la barque possédait également un petit mât et une petite voile qui pouvait servir quand le vent était favorable.

Suivant les provinces et l'importance des localités, ces services variaient de journaliers à mensuels. Il fallait payer chaque entreprise par laquelle la correspondance passait. Il n'y avait naturellement pas de timbres-poste, mais chaque entreprise avait un cachet en bois qu'elle appliquait sur les correspondances, ainsi qu'un autre cachet indiquant la destination. Il existait même une sorte de recommandation qu'on pouvait obtenir moyennant un payement spécial.

Afin d'assurer l'arrivée à destination, l'expéditeur avait soin d'écrire sur l'enveloppe : « pourboire à remettre au porteur », tout suivant l'importance de la missive.

Les lettres dont le port était payé étaient marquées d'un cachet spécial, « payé d'avance » ; les autres portaient l'inscription : « à payer la somme habituelle » (cette somme variait de 5 à 20 cents suivant l'importance du courrier).

On pouvait aussi, par l'intermédiaire de ces entreprises, envoyer de l'argent et des petits colis en les assurant, le bureau expéditeur se rendant responsable de toute perte causée par sa faute ou celle de ses employés; mais si la perte était causée par une attaque à main armée, ou autres actes de violence, on pouvait s'adresser aux autorités locales qui généralement faisaient rembourser par leur trésor 50 ou 60 pour 100 de la valeur perdue.

Pour donner une idée de la somme à payer pour une lettre, une lettre expédiée de Changhai pour Hankeou, par exemple, coûtait 50 sapèques (environ 25 centimes) si elle passait par une seule entreprise.

Bien entendu toutes ces entreprises postales ne servaient qu'aux particuliers; le service officiel se faisait par courriers spéciaux qui transmettaient les dépêches des autorités provinciales à Pékin et les décrets impériaux de Pékin aux gouverneurs et vice-rois. Ces courriers nommés Yi tchang étaient supposés exister dans toutes les capitales de provinces et dans les autres villes importantes, et elles devaient avoir toujours un certain nombre de chevaux prêts à partir. Comme les autres services chinois du temps présent, cette organisation existait plutôt sur le papier qu'en réalité.

Le service postal se faisait donc très régulièrement, sinon rapidement, et les missionnaires de l'intérieur m'ont déclaré que jamais leurs lettres ou paquets ne leur manquaient, à moins qu'il n'y ait eu cas de force majeure, telle que les inondations ou le pillage du courrier.

Cependant, vers 1866, le service des douanes impériales organisa une sorte de poste particulière pour transmettre les correspondances de l'Inspectorat général aux divers ports ouverts et vice versa. Cette poste avait même fini par admettre (en franchise naturellement, puisqu'il n'y avait pas de timbres-poste) les correspondances du public aux agents des douanes et réciproquement ; elle se chargeait encore d'expédier en Europe la correspondance privée de tous les agents des douanes. Mais le besoin d'un service postal plus régulier se faisait sentir, et, en 1876, avec l'approbation de Li-Hong-Tchang, alors vice-roi du Tche-Li, ce service fut installé d'abord dans le nord, avec des timbres de 1, 3 et 5 candarines (1, 3 et 5 cents). Peu à peu il gagna les autres ports, et en 1890, il fonctionnait officiellement dans tous les ports ouverts, mais seulement dans ces ports et nullement dans l'intérieur du pays.

C'est alors qu'en 1893, Li-Hong-Tchang, vice-roi du Tche-Li, et Lieou-Kouen-Yi, vice-roi de Nankin, appelèrent l'attention du gouvernement impérial sur le développement des bureaux de poste anglais, français, américains et allemands, qui tous s'étaient depuis longtemps installés à Changhai et faisaient le service de courrier avec l'Europe et le monde entier, en collaboration avec les paque-bots-poste de ces différentes nationalités ; ils attirèrent également l'esprit du gouvernement sur la poste locale de Changhai, instituée par les municipalités étrangères, et qui faisait un service postal entre les ports ouverts et aussi dans les limites des concessions étrangères de Changhai. Il s'agissait de faire échec à toutes ces postes exotiques, d'autant plus que, suivant en cela l'exemple de Changhai, toutes les municipalités des ports ouverts avaient créé un service postal local avec des timbres à cet effet. Ce fut la belle époque des finances municipales ; car la quantité de timbres vendus dans le monde entier fut énorme.

II. — Malgré les avis de Li-Hong-Tchang, le gouver-nement impérial refusa l'invitation du gouvernement austro-hongrois de se faire représenter au Congrès de l'Union postale universelle. Toutefois l'administration des douanes chinoises fit émettre en automne 1894 une série de timbres de 1, 2, 3, 4, 5, 6, 9, 12, 24 cents pour célébrer le soixantième anniversaire de l'Impératrice douairière. En même temps la municipalité de Changhai émettait un timbre spécial pour fêter le cinquantenaire de la colonie.

Ce n'est qu'après la guerre sino-japonaise que le gou-vernement chinois, pour se procurer les revenus dont il avait un besoin inéluctable, consentit à mettre à l'étude la question de la Poste. Après bien des pourparlers et des discussions, un projet de l'Inspecteur général des douanes fut adopté en 1896 ; la direction générale des Postes était rattachée à l'administration des douanes ; on devait faire une demande immédiate de participation à l'Union postale et on avait exigé la fermeture des bureaux de poste en Chine.

Le nouveau système devait être primitivement essayé dans tous les ports ouverts et leur voisinage immédiat; on n'interviendrait pas dans les affaires des entreprises particulières desservant l'intérieur, dont les ramifications devaient être employées plus tard pour l'extension du service postal. Il y avait donc à distinguer les bureaux de l'Union établis dans les ports ouverts au fur et à mesure, et le service de l'intérieur du pays.

Le service fonctionna normalement, mais les bureaux de poste étrangers continuèrent de fonctionner comme auparavant; seuls les bureaux locaux ou ports ouverts furent supprimés. Des timbres de toute valeur furent émis par le nouveau service, et la taxe d'une lettre pour l'étranger fut fixée à 10 cents (0,25 cent.). Pendant un certain temps, et afin d'attirer la clientèle, des bureaux postaux chinois se chargèrent de transporter toutes les correspondances européennes munies de timbres des puissances faisant partie de l'Union.

Ce service fut notifié par une circulaire du Tsong-Li-Ya-Menn, le 14 juin 1896, aux ministres accrédités à Pékin; cette circulaire leur annonçait l'établissement de Postes impériales chinoises, ainsi que la demande faite par le gouvernement chinois à Berne pour son admission dans l'Union postale universelle, et les invitait ainsi que leurs subordonnés et sujets à ne plus se servir que des services postaux chinois.

Il est inutile de dire que les étrangers continuèrent à se servir de leurs bureaux nationaux, et que les Russes et les Japonais, qui n'en avaient pas encore, se hâtèrent d'en établir.

L'ouverture du nouveau service postal était fixée au 1er juillet 1896. Mais elle a été reculée jusqu'au 1er juillet 1897 et n'a commencé à fonctionner qu'à cette époque.

Dans cette organisation, les entreprises particulières chinoises n'étaient pas oubliées; elles avaient conservé le droit de fixer leur propre tarif, mais elles devaient en faire la déclaration au bureau de l'Union le plus proche afin que celui-ci pût le publier. En même temps elles étaient invitées à se faire enregistrer officiellement au bureau de l'Union si elles voulaient être reconnues et subsister, ou à fermer tout simplement. Beaucoup d'entre elles essayèrent de résister, notamment celles de Changhai, Tchen-Kiang, Wou-Hou et Canton, mais elles furent contraintes de céder, et finirent par accepter toutes l'enregistrement. Elles n'étaient évidemment pas de force à lutter et auraient été impitoyablement brisées.

Il n'en était pas de même des bureaux de poste étrangers, et malgré toutes les amendes annoncées et les foudres lancées, la Poste chinoise n'a aucune action sur eux; elle ne peut même rien sur les postes locales des concessions, tant qu'elles opèrent dans la limite de ces concessions, et tant que leurs sacs se trouvent à bord de navires étrangers. Elle ne peut donc en rien toucher aux bureaux de poste des différentes puissances qui sont établis dans tous les ports de Chine. La seule chose qu'elle puisse faire, c'est d'empêcher les vapeurs de la compagnie chinoise (China merchants) de transporter d'autres sacs de dépêches que ceux que leur remettent les postes impériales chinoises; quant à refuser l'expédition de navires étrangers portant des sacs de dépêches, c'est une plaisanterie à laquelle on ne s'est pas risqué, et pour cause.

III. — Aujourd'hui donc, le service chinois fonctionne de pair avec les services européens en tout ce qui concerne l'étranger, et il fonctionne en participation avec les entreprises particulières pour tout ce qui regarde l'intérieur de l'Empire. Les Postes impériales, il faut bien le dire, gagnent en importance d'année en année; elles sont maintenant admises partout régulièrement comme le service naturel et nécessaire pour la transmission de la correspondance; les mandarins n'emploient plus que ce canal pour toutes leurs commandes. Les agences indigènes, elles-mêmes, s'en vont peu à peu et cèdent la place au service impérial; il est bien évident d'ailleurs que les Sin-Kiu ne continueront à prospérer que dans les endroits très éloignés où il n'a pas encore été possible à la Poste impériale de pénétrer; et elles continueront seulement dans les autres à se charger du transport des sapèques et des taels d'argent, marchandises dont la Poste ne tient pas à se charger. Toutes ces entreprises particulières reconnaissent franchement le nouvel ordre de choses, et demandent même l'appui et l'aide de la Poste impériale pour la transmission de leurs paquets.

Le trait prédominant de l'année sus-indiquée a été un accroissement considérable dans toutes les branches de l'administration postale. Le nombre total des bureaux a été élevé de 2.803 à 3.493; les articles divers : lettres, cartes postales, journaux, livres et échantillons qui, en 1907, s'élevaient à un total de 168.000.000, ont atteint le chiffre de 252.000.000, augmentation frappante et qui fait présager un avenir plus florissant. Les colis ont passé de 1.920.000 à 2.455.000, le poids en kilogrammes étant de 7.155.000 contre 5.509.000 l'année précédente, avec, naturellement, une augmentation correspondante de valeur ; cette progression est à remarquer, surtout étant donné qu'on exige l'assurance de tout colis ayant une valeur de 30 piastres et plus. Les lettres chinoises des entreprises privées se sont élevées de 6 à 8.000.000, avec un poids de 83.000 kilog., contre 74.000 l'an passé, ce qui montre non pas que les entreprises privées deviennent de plus en plus prospères, au détriment de la Poste impériale, mais qu'elles se servent de plus en plus des facilités qui leur sont accordées par cette Poste. Les mandats d'argent ont également augmenté ; ils représentent, tant en émission qu'en paiements de mandats, un mouvement de fonds de 5.000.000 de taels, soit un demi-million de plus que l'année dernière.

Le revenu postal a beaucoup augmenté, et dans de meilleures proportions, étant donné que, d'année en année, le développement du service exige de nouvelles dépenses par suite d'améliorations introduites dans l'organisation générale, et aussi vu l'augmentation du traitement du personnel.

En général, les opérations postales ont été faites partout avec régularité, quoique certaines difficultés aient été éprouvées sur quelques points.

Des arrêts se sont produits sur la ligne Pékin-Hankeou, occasionnés par l'enlèvement des rails, à la suite de grandes inondations. Des inondations ont eu lieu également dans le district de Wou-Hou et ont amené des retards au service des courriers et des chaloupes de transport.

Cha-Che (Shasi) n'a pas donné comme d'habitude, par suite d'un ralentissement dans le commerce et de la rareté de l'argent. Au Yunnan la brusque suppression de la culture du pavot tend à diminuer. Quant à présent, avec l'esprit d'entreprise, on espère que, grâce à la plantation du maïs, le Yunnan va retrouver une ère de prospérité dont profitera naturellement la Poste, mais il faudra, comme on l'a fait l'année dernière en Mandchourie, qu'on relâche un peu les restrictions qui pèsent sur l'exportation des céréales aux frontières du Tonkin.

Comme on le remarquera plus loin, le progrès a été général, les lignes de courriers ont été étendues, la transmission accélérée ; les communications par chemin de fer se sont développées dans plusieurs directions, et dans tous les districts de nouveaux bureaux postaux ont été ouverts, plus particulièrement dans la vallée du Yangtseu.

IV. — On pourra mieux se rendre compte de l'œuvre poursuivie en se référant aux renseignements ci-dessous qui montrent l'œuvre accomplie par la Poste depuis plusieurs années.

Le Haut et le Bas-Yangtseu possédaient en 1909 (janvier), 969 bureaux ou agences, et avaient expédié ou reçu 123.000.000 d'articles divers de correspondance et 1.017.000 colis postaux.

Le groupe de la Chine centrale comprend le Sseu-Tchuen, le Kouei-Tcheou, le Houpe, le Hounan et le Kiang-Si, et dans cette vaste étendue de territoire le progrès postal a été constant, l'augmentation se chiffrant par 86 nouveaux bureaux, 8.000.000 de dépêches, 28.000 colis.

Au Sseu-Tchuen, la direction principale du district a été transportée de Tchong-King à Tcheng-Tou et placée

Sur le Haut Yangtseu.

sous la haute main d'un directeur provincial. Cette transformation a été bien accueillie par tous les fonctionnaires de la province, et il est à croire que le service va se développer normalement. Quelques pas en avant ont été déjà faits : les bureaux ont passé de 151 à 178. Le sous-district de Wouan-Chien, bien que se trouvant dans la province du Sseu-Tchuen, relève encore du directeur des postes d'Itchang. L'extension du service a été poursuivie systématiquement dans les districts au nord et au sud du fleuve, et les bureaux ont passé de 15 à 34, les dépêches de 320.000 à 404.000. Dans la province de Kouei-Tcheou, où un seul employé européen, résidant à Kouei-Yang, surveille les opérations, les dépêches ont augmenté de 167.000 à 408.000, et l'extension a été activement poursuivie, surtout dans la section nord.

Le Houpe, avec ses trois centres de Itchang, Cha-Che et Hankeou, montre également une avance continue, mais cependant pas en proportion des résultats obtenus dans les provinces du nord. Hankeou, avec les deux villes très peuplées de Hanyang et Wou-Tchang tout à côté, est considérée comme destinée à un grand avenir ; cependant les entreprises particulières ou Sin-Kiu y tiennent bon ; le progrès est continu, mais lent. La correspondance figure au tableau pour 16.000.000 ; les colis pour 113.000 ; 38 bureaux auxiliaires ont été ouverts dans tout le district, qui sous peu seront convertis en bureaux.

Dans la province du Hounan, à l'entour des deux centres de Yo-Tcheou et Tchang-Cha, le service postal a donné de bons résultats : à Tchang-Cha, 1.000.000 de correspondances ; les colis par contre ont diminué sensiblement. Ceci est dû probablement à ce qu'on expédie maintenant par le Tonkin les colis destinés au Koueit-Tcheou et au Yunnan.

Du Kiang-Si dont la direction principale est à Kieou-Kiang, on a eu également des résultats appréciables : les bureaux ont augmenté de 61 à 84, et le total des recettes fait supposer que d'ici peu ce district couvrira tous les frais.

Le Bas-Yangtseu. — Cette division, comprenant les provinces du Ngan-Houei, du Kiang-Sou et du Tche-Kiang, donne une augmentation de 42 bureaux, 34 millions d'articles de correspondance et 83.000 colis. Dans le Ngan-Hoei, les districts de Ta-Tong et Wou-Hou font plus que couvrir leurs dépenses et vont sans cesse en augmentant.

Le Kiang-Sou, avec ses quatre centres importants : Nankin, Tchen-Kiang, Changhai et Sou-Tcheou, continue à faire des progrès énormes. En les passant en revue, on trouve que Nankin est en voie de devenir un des bureaux les plus productifs et que, en dépit de la pauvreté si discutée de sa région, l'avenir postal semble devoir être brillant : les opérations en une année se sont élevées de 4.000.000 à 7.000.000. Tchen-Kiang également a été de l'avant, les opérations ayant augmenté de près de 3.000.000 et les recettes balançant presque les dépenses. L'ouverture du chemin de fer de Changhai viâ Sou-Tcheou et Tchen-Kiang à Nankin a bien accéléré les opérations, et il faut rendre ce qui leur revient aux autorités du chemin de fer, qui ont bien voulu donner toutes les facilités pour rendre plus rapide et plus efficace le service postal. Le district de Tchen-Kiang a pris de telles proportions actuellement, qu'un sous-directeur y a été nommé, qui viendra en aide au directeur principal (le commissaire de la douane) trop chargé de travail.

Le principal marché de la Chine, Changhai, continue à prendre un développement postal énorme, ce qui est tout naturel puisqu'il est, grâce aux nouvelles lignes de chemin de fer, de plus en plus en communication avec les autres provinces. Aussi les matières expédiées, correspondances et autres, donnent-elles un chiffre de 51.000.000. Si rapide est l'accroissement dans chaque branche du service postal (lettres, journaux et colis), qu'on croit que le nouvel hôtel des postes, construit cependant tout récemment, sera tout à fait insuffisant pour les besoins du service. Le système des boîtes de ville a donné de bons résultats. Les journaux ont fourni beaucoup : 108 journaux sont édités aujourd'hui à Changhai, contre 80 en 1907.

A Sou-Tcheou les articles postaux sont passés de 3 à 5.000.000, et les colis de 27.000 à 30.000. Cette direction a acquis de l'importance parce qu'elle est devenue le bureau d'échange des courriers venant de Hang-Tcheou, de, et pour Changhai et les ports de la rivière. Les recettes sont très élevées. Les transactions postales de la province du Tche-Kiang sont à la charge des bureaux de Hang-Tcheou, Ning-Po et Wouen-Tcheou (Wenchow). Dans ces trois localités, des progrès satisfaisants ont été notés, et le premier de ces bureaux, celui de Hang-Tcheou (Hangchow), depuis déjà quelques années, couvre ses frais et améliore constamment ses revenus.

La province du Yunnan a aussi donné d'assez bons résultats, malgré les circonstances désastreuses qu'elle a traversées, telles que les révoltes du Tonkin, l'occupation de Ho-Keou (Hokow) par les soi-disant réformistes et la crue anormale de la rivière Rouge en novembre, qui a dévasté Man-Hao et Ho-Keou et causé la destruction du chemin de fer à Yen-Bay et Laokay. Dans le district de Mong-Tseu le chiffre de la correspondance a passé de 855.000 à 1.242.000, et les colis de 9.000 à 25.000. Les dépêches lourdes ont toutes pris le chemin de Hai-Phong au lieu d'être expédiées sur Yo-Tcheou comme autrefois. Quant à Sseu-Mao et Teng-Yueh, ils ont réalisé tout ce qu'on peut attendre de districts aussi éloignés et aussi inaccessibles.

En 1908, 2.455.000 colis sont passés par les mains de la poste, ce qui représente une augmentation de 535.000 par rapport à l'année précédente. Cette augmentation est surtout remarquable dans les localités suivantes :

Hankeou	85.000	113.000
Tchen-Kiang	87.000	122.000
Changhai	302.000	317.000
Mong-Tseu.	9.000	25.000

L'administration estime qu'il y avait 2.229.000 colis ordinaires représentant une valeur de 22.000.000 de piastres et 216.000 colis assurés pour 14.435.000 piastres et 10.000 autres colis commerciaux d'une valeur de 109.000 piastres. La valeur totale des colis assurés s'est élevée de 3.000.000 de piastres à plus de 14.000.000 de piastres, ce qui est dû à l'obligation d'assurer les colis d'une valeur de 30 piastres et plus. Le commerce par colis des soies de Sou-Tcheou, Nankin, dans toutes les provinces de Chine, continue à être florissant, mais c'est surtout pour la transmission d'objets de nécessité journalière entre les ports et la côte, que le colis postal est employé. Il faut observer une fois de plus que, considérant les conditions de transport par courriers, sur des routes difficiles, pour ne pas dire inexistantes, le prix des colis pour l'intérieur et principalement pour les provinces éloignées du Sseu-Tchuen, du Yunnan et du Kouei-Tcheou, n'est pas en rapport avec les dépenses occasionnées. En général, le service des colis postaux est fait par des chars, des animaux de bât loués dans l'intérieur des districts ; mais sur les routes souvent impraticables et toujours pénibles du Yunnan et du Kouei-Tcheou ou du Sseu-Tchuen, les conditions sont telles qu'on ne peut employer que des hommes. Dans beaucoup d'endroits on court des risques par suite du brigandage, bien qu'en général les pillards ne s'attaquent pas aux sacs de dépêches, lesquels sont presque toujours retrouvés.

Les articles de valeur expédiés, consistant surtout en soie, broderies, fourrures, perles, jade, livres, médecines, pilules, vêtements, souliers, conserves alimentaires, objets manufacturés, sont communément envoyés par colis postal. A Sou-Tcheou et Hang-Tcheou, la majeure partie des colis expédiés contenaient des pièces de soie et broderies, se chiffrant respectivement par 21.800 et 38.000. C'est une chose assez ordinaire à Sou-Tcheou de livrer 300 colis par jour, et le chemin de fer a dû faire construire des hangars spéciaux pour arriver à loger la quantité de colis expédiés journellement. Il est à noter que le deuil national à l'occasion de la mort de l'Empereur et de l'Impératrice a, pour un temps, tout à fait arrêté l'expédition des colis postaux. Tous les colis payent un droit, et à Sou-Tcheou il fut perçu une somme totale de 45.000 piastres, soit

25 pour 100 du revenu total du port, et cela sur les colis renfermant de la soie.

A Nankin, la valeur des colis pour l'intérieur est montée de 176.000 à 348.000 piastres. Parmi les colis internationaux reçus à Changhai, 15.500 provenaient des bureaux de poste étrangers.

Les articles recommandés ont passé de 15 à 19 millions.

La poste chinoise possède comme le Japon un service de distribution rapide moyennant une surtaxe. Actuellement ce service ne peut fonctionner dans l'intérieur et sept bureaux seulement en font l'essai. Ce service semble prendre assez bien, puisque de 221.000 lettres délivrées par lui en 1907, il est passé à une distribution de 317.000 en 1908.

Dans le Yangtseu, Changhai et Hankeou sont les deux villes où ce service fonctionne.

Les articles d'argent ont continué de progresser, et, en réalité, plus que ne le désire l'administration impériale des postes qui, avec ses moyens très restreints, trouve ce service bien compliqué et difficile, et ne désire nullement prendre la place des banquiers. Ces opérations sont un sujet d'ennuis constants dus aux risques à courir, en faisant un transport de fonds dans l'intérieur, et aux difficultés du change sur les différentes provinces. Malgré toute l'attention et toute la bonne volonté, toute la vigilance des agents de la poste, il est très difficile, par exemple, d'arriver à une taxe exacte entre les différentes provinces. Néanmoins on a expédié 2.578.000 taels au lieu de 2.221.000 l'année dernière, et la poste a payé 2.570.000 taels au lieu de 2.204.000 en 1907.

Dans beaucoup de provinces il y a encore du terrain à gagner par l'administration postale ; ainsi les Sin-Kiu possèdent d'excellents services au Sseu-Tchuen, et le programme à exécuter par la poste impériale dans cette province est d'accélérer les services sur les longues distances, d'établir des courriers de jour et de nuit, comme ceux que l'on va créer entre Wouan-Chien et Tchong-King et Wouan-Chien et Tcheng-Tou ; il est nécessaire d'en établir rapidement sur d'autres points importants de la province. Dans le district de Wouan-Chien, une plus grande extension a été donnée aux lignes de courriers vers Tong-Lieng (500 li), Kouei-Tcheou-Fou (90 li), Miao-You-Tsao (90 li), pays qui jusqu'alors n'avaient pas été desservis par la poste impériale. Dans le district de Cha-Che (Shasi), trois nouveaux services ont été inaugurés, le plus important étant King-Meun-Tcheou, dans le nord, lequel promet d'être très fructueux. Yo-Tcheou a été relié avec le district de Tchong-King par Sieou-Chou, et avec le district de Canton par Kou-Yi, à l'aide de nouveaux services au nombre de six, faits par des courriers qui couvrent une distance de 5.600 li.

Kouei-Yang-Fou, capitale du Kouei-Tcheou, à la tête d'un district vaste mais fort peu peuplé, a augmenté le service de ses courriers sur 1.400 li. Kieou-Kiang a de même poussé vigoureusement l'amélioration de son service et y a ajouté treize nouvelles lignes d'une longueur totale de 2.000 li. Wou-Hou a organisé trois nouveaux services ; Nankin, deux ; Tchen-Kiang, sept.

Dans le district de Mong-Tseu, les courriers couvrent 9.400 li et se rejoignent tous en un seul réseau ; l'attention de l'administration impériale a été surtout attirée vers l'amélioration des routes existantes, les plus importantes étant Yuen-Kiang — Sin-Ching qui est destinée à abréger la route Yunnan-Fou — Sseu-Mao, et la ligne de Heou-Yen-Tsing à Yuan-Meou qui évite un détour de 500 li par Yunnan-Fou, à la correspondance qui provient des puits de sel de Houei-Li.

De même que les lignes de courriers par terre, le service par eau se développe également, le total des lignes de navigation intérieure étant passé de 18.500 à 20.500 li. La flottille de Tchong-King — Wouan-Chien, composée de sept jonques, marche très bien, malgré les difficultés et les dangers ; l'été dernier l'une d'elles naufragea près de Tchang-Cheou ; toutes les dépêches furent submergées, mais finalement repêchées. Le temps moyen pour le voyage en remontant le fleuve est de sept jours ; le plus rapide jusqu'à présent a été de cinq jours dix-huit heures. La communauté de Tchong-King est unanime à rendre hommage au mérite de ces hommes qui dirigent les jonques postales, humbles mais loyaux serviteurs qui donnent leur temps, leur force et aussi, malheureusement, quelquefois leur vie à la tâche difficile de piloter leurs bateaux dans les gorges dangereuses et rapides du terrible Yang-Tseu-Kiang. Six d'entre eux furent noyés dans l'été de 1908.

Wouan-Chien, où un inspecteur des postes réside, à moitié chemin entre Itchang et Tchong-King, est le point où convergent les deux services de jonques postales de Tchong-King et d'Itchang ; de ces deux services, les sept bateaux allant de Wouan-Chien à Itchang ont fait 160 voyages en 1908, couvrant 326.400 li ; et ceux qui courent entre Wouan-Chien et Tchong-King ont fait 180 voyages couvrant 316.000 li. Yo-Tcheou a des jonques postales faisant le service de Tchang-Cha (360 li), de Tchang-Te-Fou (580 li) et de Tchang-Te à Tchen-Yuan (1.510 li), en tout 2.540 li.

Hankeou a ouvert récemment un service entre Tien-Kia-Tchen et Wou-Siue.

Kieou-Kiang se sert d'une jonque pour faire un service de nuit entre Yao-Tcheou et Che-Tchen-Kai.

Tchen-Kiang emploie trente-sept jonques qui font en moyenne 10 li par heure.

Sou-Tcheou possède quarante-deux bateaux sur 837 li et Hang-Tcheou, quarante-quatre sur 2.000 li.

Les chemins de fer, sur lesquels l'administration des postes compte tant pour son développement futur, continuent de couvrir peu à peu le sol chinois, et déjà des lignes d'une certaine étendue relient entre eux quelques-uns des plus grands centres. La voie ferrée pénètre à Hankeou, à Nankin, et ces deux villes reçoivent très rapidement les correspondances d'Europe, grâce à la ligne Hankeou-Pékin. Lorsque sera achevée celle qui doit courir entre Hankeou et Canton, le bassin du Yang-Tseu-Kiang sera admirablement desservi par son port central, Hankeou.

Au Yunnan, la construction du chemin de fer français, terminée complètement jusqu'à Yunnan-Fou, rend un service inappréciable à l'administration des postes.

Une notable portion de la correspondance confiée à l'administration impériale des postes est transportée par des vapeurs entre les ports et dans les endroits qui leur sont accessibles dans l'intérieur ; aucune opportunité n'est négligée pour se servir autant qu'on le peut de ce moyen utile et rapide pour accélérer la transmission des correspondances. Sur le Haut-Yangtseu, entre Itchang et Cha-Che (Shasi), les services des compagnies chinoise, anglaise et japonaise sont mis à contribution, et la transmission se fait régulièrement ; de courtes interruptions se sont produites cependant en mars et en novembre, par suite de la baisse des eaux de la rivière. Pendant le mois d'août les malles furent confiées à des chaloupes chinoises entre Itchang et Itou ; mais cet essai fut malheureux et on dut y renoncer à cause du peu de régularité des voyages de ces chaloupes. Des chaloupes transportent également la correspondance entre Yo-Tcheou et Tchang-Cha. De Han-keou, une vraie flotte de navires de nationalités variées fait le service : anglais, allemands, français, japonais et chinois ; des arrangements ont été conclus avec tous pour le transport des malles de l'administration impériale.

Qu'est donc devenu dans tout ceci le service des entreprises particulières ? Si, comme on l'a déjà vu, les lettres portées par le service impérial pour le compte de ces agences a dépassé 2.000.000, la conclusion à en tirer est que ces agences indigènes renoncent à leurs propres courriers et se servent du service de la poste ; elles limitent leurs opérations à la levée et à la distribution locales. Chaque lettre paye le tarif ; donc il est juste de dire que ces agences travaillent pour la poste et lui viennent en aide pour la levée et la distribution de la correspondance. Dans beaucoup de centres, les populations chinoises sont si nombreuses, qu'il faudra des années avant de pouvoir installer la poste officielle d'une façon saine et régulière ; les entreprises particulières viennent donc naturellement suppléer au service de la poste, et cela a été une excellente chose de les obliger à se faire enregistrer au bureau de poste le plus proche. Les statistiques prouvent que, en bloc, plus de la moitié des entreprises privées qui existent actuellement ont été enregistrées ; le reste continue à ses risques et périls et, comme il est difficile de les rechercher partout et d'avoir recours contre elles à la coercition, on les laisse faire. Elles mourront toutes seules. Des enquêtes ont été entreprises sur la condition présente des Sin-Kiu, et elles ont donné des chiffres intéressants et qui montrent bien la décroissance continue des entreprises particulières, sauf dans les districts montagneux de Sseu-Tchuen et du Yunnan, où cependant elles finiront également par disparaître comme ailleurs.

Les postes étrangères continuent de fonctionner dans les principaux ports ouverts, et notamment, dans le bassin du Yangtseu, Changhai et Hankeou possèdent des bureaux anglais, allemands, français, japonais et russes.

Un bureau de poste français existe aussi à Tchong-King, mais comme ses transactions se bornaient à fort peu de chose, le gouvernement de l'Indo-Chine, duquel il relevait, a décidé sa suppression.

V. — Le télégraphe a été installé pour la première fois dans l'Empire chinois en 1877. Il existait le câble danois à Changhai pour les relations avec l'Europe et l'Amérique, mais aucune ligne télégraphique n'avait touché le sol chinois dans l'intérieur. En 1876, lors des négociations avec la Russie pour l'évacuation de Kouldja, l'Impératrice douairière fut surprise de voir que les réponses à ses demandes ou objections arrivaient si rapidement de Saint-Pétersbourg ; le ministre de Russie lui fit comprendre qu'elles venaient par fil jusqu'à la frontière même de Mandchourie, ce qui simplifiait beaucoup les choses, et que les négociations seraient encore bien plus rapides si le télégraphe arrivait jusqu'à Pékin. L'Impératrice se fit expliquer le fonctionnement du télégraphe et ordonna immédiatement de l'installer entre Pékin et toutes les capitales de provinces. Aujourd'hui chaque localité un peu importante possède un bureau télégraphique, et les lignes chinoises sont reliées par le nord aux lignes russes, par le sud aux lignes françaises, et par l'ouest aux lignes anglaises.

Un vocabulaire des principaux caractères usuels a été composé, comprenant environ dix mille signes idéographiques représentés chacun par un groupe de quatre chiffres arabes, de sorte qu'on peut télégraphier en chinois comme en n'importe quelle langue du monde. Ce service étant infiniment plus simple à organiser que le service postal a fonctionné tout de suite d'une façon normale; toutefois, un télégramme de l'intérieur peut quelquefois se faire attendre trois ou quatre jours; car l'employé, qui n'a généralement pas à transmettre beaucoup de correspondances, n'est pas toujours à son poste et en prend à son aise.

CHAPITRE XVI

I. — La Chine traverse actuellement une période de crise politique et financière. Les esprits, mécontents de la défaite subie dans la guerre avec le Japon, et surexcités à la suite de la guerre russo-japonaise, se sont révoltés un peu partout dans l'Empire ; quelques Chinois plus ou moins versés dans les langues et les sciences de l'occident se sont mis à la tête d'un mouvement de réforme, la vieille Chine en est ébranlée jusque dans sa base ; il est question de parlement et, pour le moment, déjà les assemblées provinciales se réunissent. La Chine se réveille d'un long sommeil ; elle va se remettre à vivre et le commerce général ne pourra qu'en bénéficier. Les Anglais, eux, ont déjà pris position et depuis longtemps ; quand les premiers ports furent ouverts deux puissances étaient plus que toutes les autres en état d'en profiter : l'Angleterre et la France. Mais seule la première sut, comme partout ailleurs dans le monde, tirer parti de la situation. Négociants et capitaux affluèrent sur les rives du Houang-Pou et dans le Yang-tseu, et bientôt l'on ne vit plus que le pavillon britannique et l'on n'entendit plus que la langue anglaise sur tout le littoral chinois. Cependant les Français avaient fait quelques timides essais à Changhai et à Hankeou. Dans le premier de ces ports ils conservèrent une situation tout à fait subalterne, dans le second ils disparurent. Si j'en crois de vieux documents, il y avait à Hankeou, en 1864, cent Anglais et quinze Français ; les cent Anglais sont devenus mille ; quant aux Français, ils s'étaient complètement évanouis jusqu'en 1895 où reparaissent quelques rares représentants de maisons de Changhai. Il résulte de cette mainmise britannique sur les ports ouverts et sur le trafic, de cet afflux de capitaux et de bonne volonté, de l'effort de travailleurs énergiques et persévérants, que pendant cinquante ans l'Angleterre seule a compté en Chine et que, même maintenant, malgré les compétitions, malgré les concurrences, elle est encore au premier rang ; sa langue est devenue la langue officielle sur tous les points du territoire chinois.

Pourquoi donc n'avons-nous pas conquis notre place sur le marché chinois, puisque nous en avions toute la latitude ? On peut donner beaucoup de raisons de notre effacement : la vraie est, je crois, que nous ne sommes pas négociants, nous ne sommes pas commerçants, nous sommes des terriens et des guerriers, et la preuve en est dans nos occupations coloniales ; nous y restons toujours, comme les Espagnols, une manière de conquistadores. A cela s'ajoute le manque de persévérance, de patience, et la peur de risquer. Enfin la plaie de la France, au point de vue du commerce extérieur et du développement des affaires avec l'étranger, c'est l'économie avare qui sévit sur toutes les classes de la population. Cette fureur d'économiser qui nous rend riches chez nous, brise l'esprit d'entreprise et d'initiative personnelle. Aussi, tandis que des pays moins riches que le nôtre, comme l'Allemagne et le Japon, prennent dans les affaires du monde une place de plus en plus considérable, nous reculons.

Et puis, ceux qui se décident à essayer du commerce avec la Chine semblent ne pas s'en former la moindre idée. Le nombre de lettres fantastiques que reçoivent nos consuls est incroyable. Je citerai deux exemples. Une maison française propose la combinaison suivante : « Le consul la mettra en rapport avec une maison chinoise, laquelle lui enverra ses produits : ces marchandises seront vendues en France, mais au lieu de l'argent réalisé par la vente, le Français, lui, qui est marchand de conserves, enverra pour une égale somme de marchandises au Chinois, qui les vendra et se payera ainsi. »

Une autre maison écrit au consul d'endosser les commandes faites à elle par une maison indigène !

Tout cela est-il raisonnable ?

II. — Pourquoi nos maisons n'ont-elles pas, comme les Allemands et les Japonais notamment, des représentants sur place ? Nous avons institué des écoles de commerce où se forment théoriquement des jeunes gens qui sortent munis de diplômes, et les plus forts obtiennent des bourses pour demeurer deux ans dans un pays étranger. Ces jeunes gens, au lieu d'aller pendant deux ans perdre plus ou moins leur temps, ne devraient-ils pas être employés par des maisons de commerce et expédiés, par exemple, en

Chine? Là, au centre même du marché à exploiter, et ayant intérêt à l'exploiter au profit de la maison qui les paye, ces jeunes gens s'initieraient à leurs métiers, apprendraient à connaître les articles, ce qu'ils se vendent, ce qu'ils payent de droits de douanes, le prix du fret, et enfin tout ce qui concerne les différentes marchandises. Il leur serait facile de se procurer sur place tous les échantillons désirables et de les envoyer à leurs maisons qui sauraient ainsi ce qu'il faut expédier et dans quelles conditions; quant à l'exportation, ils seraient au premier rang pour se rendre compte par eux-mêmes de ce qui peut, avec utilité et profit, s'exporter en France.

De cette manière le jeune employé serait mis au courant vite et bien, et pourrait alors créer et installer dans le pays de sa résidence une succursale de la maison qui l'emploie et développer ses affaires au fur et à mesure.

Mais quelle est la maison, même considérable, qui voudrait entretenir, un ou deux ans, un agent à ses frais sans que cela lui rapporte immédiatement? En France on ne sait pas risquer (1). Encore une fois nos principes d'écono-

(1) Il est bon cependant de savoir risquer quelquefois; en voici un exemple. Quand j'ai organisé la concession française à Hankeou, j'ai mis nos compatriotes d'Extrême-Orient au courant de ce qu'ils pourraient tenter, comme affaires, dans ce port qui prenait un développement de plus en plus considérable. Notamment j'avais conseillé la construction d'un hôtel, établissement qui n'existait pas à Hankeou et qui, cependant, était d'une nécessité urgente, étant donnés les nombreux Européens qui chaque semaine, chaque jour même, y débarquaient. Un de nos compatriotes établi au Japon accourut et mit le projet d'hôtel à exécution. Il réussit si bien que, au bout de trois ans, il revendit son fonds avec terrain et immeuble. De là il alla reprendre une affaire qui tombait, à Changhai, et la remit en bonne voie; survint la guerre russo-japonaise et le blocus de Port-Arthur. Cet homme entreprenant et énergique quitta Changhai et alla s'installer à Nagasaki pour être au courant des nouvelles; puis, achetant trois vapeurs, il risqua sa fortune dans le ravitaillement de Port-Arthur; il réussit et ses bateaux passèrent malgré l'escadre

mie et de prévoyance rapace qui sont notre force à l'intérieur, sont cause que nous n'osons rien tenter à l'étranger. Pour faire, en effet, du commerce dans ces pays de Chine, il faut savoir oser et ne pas craindre d'avoir à perdre une certaine somme pour un apprentissage qui dans la suite fera rentrer des bénéfices; et puis, enfin, chacun sait que dans le commerce, comme partout, plus que partout peut-être, il faut risquer pour récolter. Or le Français n'aime pas les risques, et je ne suis pas éloigné de croire qu'il voudrait bien se servir des agents consulaires et des attachés commerciaux comme d'agents de placement officiels et garantis par le gouvernement.

III. — Aussi, que les bateaux à vapeur finissent par remonter jusqu'à Tchong-King, que le chemin de fer du Yunnan aille rejoindre Soui-Fou, que la Chine soit enfin ouverte totalement au commerce étranger, les Anglais, les Allemands, les Américains et les Japonais en profiteront, les Français bien peu, à moins de changer leur manière de procéder. Un consul résidant à Hankeou en 1865, 66, 67, disait déjà ces choses et constatait avec peine le peu de succès de ses conseils !

Aujourd'hui, que la Chine est accessible un peu partout, il serait possible d'établir, d'accord avec des négociants chinois sérieux et ayant une certaine surface, des comptoirs mixtes sino-français. C'est ce que conseille en ces termes un de nos agents (1). « Pour étendre le rayon d'action des comptoirs mixtes (fondés avec un personnel

japonaise. Quand la guerre fut terminée, ce vaillant monta une compagnie de navigation à vapeur entre Tien-Tsin et les ports du Sud.

Que n'avons-nous seulement cinq hommes aussi énergiques dans chaque port d'Extrême-Orient !

(1) Rapports commerciaux et consulaires, n° 756.

chinois) et faciliter l'écoulement de leurs stocks, des établissements de second ordre, à la tête desquels seraient placés des parents ou des amis des associés chinois, pourraient être ouverts dans les principales villes de l'intérieur, et tout d'abord dans celles situées à peu de distance des ports où seraient installés les comptoirs.

En dehors des villes ouvertes, on ne connaît guère en Chine les expositions périodiques, les offres exceptionnelles, la vente réclame, l'article réclame. D'un autre côté, si les façades luxueuses ne sont pas rares dans l'intérieur du pays (la façade a son importance en Chine comme ailleurs), les étalages y présentent encore moins d'attrait que sur la côte. Les boutiques y sont mal aménagées, mal tenues, mal éclairées. Le commerçant français pourrait donc y introduire par l'intermédiaire de son associé chinois, avec les améliorations nécessaires, les procédés usités en Europe pour attirer le chaland.

Quels sont les principaux articles qui entreront dans la composition des magasins franco-chinois ?

En outre des vins et des liqueurs, des eaux minérales, des conserves, des confitures, des beurres, des laits condensés et autres produits alimentaires consommés surtout par les étrangers, avec quelques vins spéciaux destinés aux indigènes, on devra y trouver un grand choix de rubans (l'article de Saint-Étienne dont les femmes chinoises font tant de cas), de soieries avec dessins chinois, des velours et peluches, des satins imprimés, des reps, des fils d'or et d'argent, des flanelles de coton, des couvertures de laine, des tulles pour moustiquaires, un peu de mercerie et de papeterie, des instruments d'optique, jumelles marines et de théâtre, petits télescopes, des produits pharmaceutiques, quinine, vins fortifiants, antiseptiques, savons de toilette et en barre, parfums, pommades, eaux de toilette, bougie, bijouterie, horloges et montres, fusils de chasse.

Voici, d'ailleurs, comme indication complémentaire, la traduction d'une annonce de mise en vente d'articles étrangers que je vois dans un journal indigène. La maison chinoise qui a fait insérer cette annonce — il s'agit d'un grand magasin sur un port ouvert — informe le public qu'elle offre à des prix très raisonnables : des médicaments, des longues-vues, des lanternes ordinaires, sourdes et de projection, des lampes-appliques, des suspensions, des pompes à incendie, des coffres-forts et cassettes métalliques avec serrure de sûreté, des piles, coupes et sonnettes électriques, des fusils à air, des engins de pêche, des pièges, des boîtes à musique, des phonographes et des graphophones, des machines à coudre, des horloges, des pendules murales, des montres et des porte-montre en ivoire, des diamants de vitrines, des outils pour menuisiers, serruriers et horlogers, des bicyclettes, des vélocipèdes pour enfants, des jouets, des lunettes et conserves avec monture or et simili-or, des vernis de toutes couleurs, des engrais chimiques.

J'ajouterai qu'à ma connaissance, les boutiquiers de l'intérieur qui font le commerce d'articles étrangers tiennent principalement : des serviettes, des couvertures, manteaux et pèlerines en poils, genre tissu poil de chameau, de petites malles en peau de porc (imitation surtout), de la porcelaine, des conserves de poisson, des cigarettes, des allumettes et des parasols fabriqués au Japon, ainsi qu'une grande variété de drogues de même origine, avec du tabac anglo-américain, des lampes à pétrole, des lanternes, des miroirs, des savons et de la quincaillerie européenne et américaine ; cuvettes, théières, bouillottes, bols, tasses et autres récipients en fer émaillé. Comme on le voit, dans cette partie de l'Empire ce sont les produits japonais dont les prix défient toute concurrence qui font prime sur les marchés de l'intérieur ; mais il y a place à côté d'eux pour plusieurs articles dont notre pays a la spécialité ; les Chinois voyagent beaucoup et s'habituent à la longue au confort européen.

Je suis persuadé que les comptoirs ou bazars franco-chinois qui seront organisés sur les bases et d'après la méthode que j'ai indiqués plus haut feront d'excellentes affaires si les associés sont sérieux, entreprenants, s'entendent bien et ont à cœur de réussir. Rien n'empêchera, d'ailleurs, ces associations d'étendre par la suite le champ de leurs opérations en s'occupant aussi d'exportation, soit pour leur propre compte, soit simplement pour celui d'autres maisons.

Les diverses provinces de l'Empire, principalement celles qui forment le bassin du Yangtseu, et notamment le Sseu-Tchuen, offrent une grande variété de matières premières et de produits manufacturés fort prisés à l'étranger, et dont le trafic est par conséquent rémunérateur. On n'ignore point qu'en dehors des soies et soieries, des tresses de paille, des thés, des pelleteries et fourrures, des curiosités et des porcelaines, qui font depuis longtemps l'objet d'un commerce plus ou moins considérable avec notre pays, nombre d'autres marchandises chinoises ont trouvé également chez nous, ces dernières années, un écoulement facile, grâce à d'intelligentes initiatives :

l'albumine et le jaune d'œuf ; les poils et les cheveux ; les plumes, les fibres (ramie, chanvre et jute) ; cornes de buffles, musc, camphre, noix de galle, rhubarbe, antimoine, le suif animal et végétal, l'huile de bois (wood oil), le sésame et les arachides, etc.

Quelques maisons françaises font à Hankeou et à Changhai l'exportation de ces matières, mais ce trafic peut considérablement augmenter.

Les Japonais, pour leur importation en Chine, ont, les premiers, eu recours aux procédés des annonces destinées à faire connaître leurs produits. Ces dernières années diverses maisons américaines et anglaises ont suivi leur exemple, et elles n'ont pas eu lieu de s'en repentir. On peut voir aujourd'hui, collées aux murs par centaines, dans les rues les plus fréquentées des principaux marchés de l'intérieur, et même dans les villages, de grandes feuilles ornées de dessins aux couleurs vives représentant telle ou telle marque étrangère, et sur laquelle se détachent très nettement quelques caractères chinois renseignant le public sur la nature et l'origine des produits mis en vente et en faisant l'éloge. Quelques-unes de ces affiches sont composées avec goût et attirent tout particulièrement les regards des passants. Il est évident que c'est là un puissant moyen de réclame : il permet aux fabricants étrangers de répandre leurs marques par toute la Chine ; celles-ci s'imposent fatalement à l'attention des consommateurs qui finissent par se laisser tenter. Je ne puis que conseiller à nos négociants d'adopter à leur tour ce procédé si pratique. Si les Japonais continuent à dépenser de grosses sommes en affiches chinoises illustrées, c'est qu'apparemment ils y trouvent leur profit.

Quant aux catalogues de marchandises, il faut qu'ils soient en anglais et en chinois : c'est ce que comprennent fort bien les Allemands et les Belges qui inondent la Chine et le Japon de catalogues et d'annonces en anglais et en chinois ou japonais. Les prix-courants de même doivent être en chinois avec les prix en monnaie ayant cours en Chine.

Au reste, partout on reconnaît la supériorité commerciale des Belges ; il n'y a qu'à voir leurs sociétés Chine-Belgique, et Japon-Belgique. Ce ne sont pas des assemblées de voyageurs, d'artistes et de collectionneurs : ce sont des sociétés commerciales ; les renseignements les plus complets et les annonces y sont en français, en anglais, en chinois ou japonais, et ce sont des annonces et des renseignements commerciaux ; les bulletins sont imprimés non pas sur papier de luxe, mais en grand nombre et distribués partout, jusque sur les paquebots d'Extrême-Orient.

L'envoi d'échantillons aux maisons chinoises honorablement connues et qui sont susceptibles de faire des commandes devrait exister sur une grande échelle, sur une très grande échelle. Et c'est justement à quoi nos maisons de commerce répugnent ; je me rappelle avoir demandé une fois des échantillons de drap pour une maison chinoise très sérieuse ; on les lui a fait payer ! Le résultat ne s'est pas fait attendre. Stupéfaite du procédé, elle a payé les échantillons, mais s'est adressée en Angleterre pour avoir ce qu'elle voulait.

Il ne faut pas, en expédiant des échantillons, se contenter d'envoyer des boîtes, des flacons minuscules, insignifiants, qui ne permettent généralement pas au client

de se rendre un compte exact de la valeur de la marchandise. Qu'on fasse les choses plus largement, avec moins de
parcimonie, afin que les indigènes soient mieux à même
d'établir des comparaisons entre les divers produits qui
leur sont offerts, et aussi pour qu'ils aient, de suite, une
bonne opinion de la maison qui cherche à entrer en rapport avec eux. Ce à quoi il faut viser avant tout, c'est à
inspirer confiance et à asseoir une fois pour toutes la
renommée d'un produit. Voilà la suprême habileté commerciale. Qu'on s'impose donc pour atteindre ce précieux
résultat quelques sacrifices si c'est nécessaire. Qu'on dis-
tribue dans les ports ouverts, qu'on fasse distribuer dans
l'intérieur du pays des paquets, des caisses d'échantillons
et que ceux-ci, je le répète, au lieu d'être de dimensions
réduites, représentent exactement la marchandise telle
qu'elle sera livrée à l'acheteur. La dépense sera nécessairement assez forte, mais elle sera sûrement compensée
par de nombreuses commandes. Tandis que la distribution
de modèles insignifiants risquera fort de ne laisser derrière elle aucune trace ; on n'aura fait, au bout du compte,
que gaspiller et son temps et son argent. En somme, il
ne faut point perdre de vue qu'on ne saurait faire trop
d'avances aux futurs clients et ne jamais hésiter à les
relancer jusque chez eux, de manière à leur imposer pour
ainsi dire la marchandise.

IV. — Les jeunes Français qui viennent s'établir en
Chine pour y tenter quelque entreprise commerciale devraient se mettre, dès leur arrivée dans le pays, à étudier
la langue mandarine ordinaire, c'est-à-dire la langue non
littéraire, que l'on parle dans la bonne société et que,
dans toutes les provinces, de Pékin à Canton, de Changhai

à Tchong-King la majeure partie des commerçants comprennent ; la connaissance d'un dialecte local a beaucoup moins d'utilité. Il est moins difficile qu'on ne le pense d'arriver à posséder suffisamment cet idiome pour pouvoir conclure soi-même un marché, se passer d'interprète en voyage, etc... Il suffit généralement pour cela de deux années de travail assidu. La plupart des jeunes employés de commerce allemands s'astreignent, dès qu'ils ont mis le pied sur le sol chinois, à étudier la langue du pays et, après une année de séjour, ils sont déjà en mesure de soutenir une conversation facile avec un indigène. Quant aux chefs de maisons allemandes, presque tous parlent chinois couramment. Aussi réussissent-ils là où d'autres échouent. C'est à cette connaissance de la langue, qui leur donne une grande supériorité sur leurs rivaux, qu'ils doivent certainement une part de leur succès. Sachant s'exprimer en chinois, et étant par conséquent tout à fait au courant des mœurs, des usages, des rites chinois, ils peuvent, à l'imitation des Japonais qui sont passés maîtres en cet art et en retirent le plus grand profit, entrer en rapports suivis avec le haut commerce chinois, gagner sa confiance et son estime. Ils sont mieux considérés, on ne les regarde plus, dans ce monde un peu fermé, comme des étrangers, mais comme des amis, on cause avec eux des questions locales ou générales susceptibles d'influencer le marché. Ils connaissent mieux que personne les besoins de la place ; ils sont informés les premiers des occasions favorables qui peuvent se présenter ; ils achètent, par suite, à meilleur compte que leurs concurrents et obtiennent des commandes plus facilement qu'eux. Et c'est surtout quand il y a une transaction importante à conclure, une affaire délicate à régler, qu'ils ont lieu de se féliciter de pouvoir se passer d'intermédiaires. Nos jeunes négociants feront donc bien de suivre l'exemple que leur donnent les Japonais et les Allemands, et, depuis peu, quelques Américains sur les conseils de leurs chambres de commerce. C'est là une condition du succès.

Depuis longtemps déjà des conseils de ce genre, et de tout genre, d'ailleurs, ont été donnés à nos négociants. Trop peu d'entre eux les ont suivis ; la France occupe une situation infime dans le commerce chinois : elle achète des soies qu'elle exporte, mais n'importe à peu près rien (1).

En somme, à l'heure actuelle, l'Européen peut trafiquer dans toute la Chine, et notamment sur le Yang-tseu ; depuis son embouchure jusqu'au Sseu-Tchuen, de nombreux ports ouverts lui permettent soit d'importer ses marchandises, soit d'exporter les produits du pays ; une province, la dernière ouverte aux étrangers, a surtout attiré les vues des puissances, et cette province est le Sseu-Tchuen qu'on se figure, à tort ou à raison, renfermer des trésors et contenir une population riche capable d'absorber une quantité relativement grande de produits européens. Mais le Sseu-Tchuen n'est pas pour le moment abordable aux vapeurs et, le fût-il jamais, il est bien évident que ce ne sera pas immédiatement, ni du reste dans un avenir très rapproché. Aussi les puissances les plus

______

(1) Il n'y a, d'ailleurs, pour se convaincre de notre infériorité, qu'à lire les statistiques du commerce extérieur : en 1890 notre commerce extérieur atteignait 8.190 millions ; en 1905 il a atteint 9.438 millions ; mais pendant le même temps, celui de l'Allemagne passait de 9.342 millions à 15.924, et celui de l'Angleterre de 17 milliards à 22 milliards ; pendant la même période les transactions des États-Unis doublaient.

J'estime que c'est faire œuvre de bon Français que de dénoncer toujours et partout notre laisser-aller. Si cela seulement pouvait être utile !

proches du Sseu-Tchuen par leurs possessions, l'Angleterre
et la France, ont-elles eu l'idée de détourner le commerce
de Tchong-King et Tchen-Tou par le Yunnan à l'aide de la
voie ferrée. Déjà les Français ont atteint Yunnan-Fou avec
le rail, et il suffirait maintenant pour eux de continuer la
ligne vers Souifou sur le Yangtseu; mais en dehors des
difficultés politiques avec la Chine qui entend dès maintenant construire elle-même les voies ferrées sur son territoire, il y a la question des difficultés matérielles, et elles
sont considérables. Si nos ingénieurs ont déjà eu de la
peine à atteindre Mong-Tseu, ils auraient encore bien plus
de travail à accomplir pour atteindre, par delà Yunnan-Fou,
à Tong-Tchuan, le bassin du Yangtseu. D'ailleurs, je ne
crois pas, ainsi que je l'ai dit plus haut, que, même achevé
et marchant régulièrement, ce chemin de fer détourne
jamais le commerce du Sseu-Tchuen sur Haiphong; il
préférera toujours la voie fluviale, moins chère pour aller
à Changhai, port central de l'Extrême-Orient, à la voie
ferrée, beaucoup plus chère, pour gagner Haiphong, port
fort mal situé et n'étant pas, ne devant jamais être, à
cause de sa situation même, un marché très fréquenté.

De notre côté donc, il y a peu de chose à espérer.

Du côté anglais, par Bhamo, Teng-Yueh, Yong-Tchang-
Fou et Tali, il y aurait peut-être plus à faire si les immenses
chaînes de montagnes qui bordent les deux rives de la
Salouen et du Mékong parvenaient à être franchies. C'est
là, en effet, le point difficile, la pierre d'achoppement du
projet des Anglais. Depuis des années leurs ingénieurs
étudient le passage de Teng-Yueh à Tali. Arrivé à Tali,
l'établissement de la ligne n'offrirait plus de difficultés
insurmontables; évidemment ce ne serait pas sans beau-

coup de temps et d'argent, mais enfin la ligne se ferait, et alors, de Tchong-King par Tali, Teng-Yueh et Bhamo, le chemin de fer irait rejoindre Rangoon en attendant que par Mandalay et Chittagong il puisse aller gagner Calcutta. Il est probable que la réalisation de ce projet est dans les contingences futures, et alors le commerce du Sseu-Tchuen aurait évidemment tout intérêt à suivre cette voie qui lui épargnerait un parcours énorme. Mais les montagnes de la Salouen et du Mékong pourront-elles être bientôt franchies ? Tout est là.

Quoi qu'il en soit, la situation de l'Angleterre, malgré notre chemin de fer de Yunnan-Fou, est en fin de compte meilleure que la nôtre ; elle pourrait, en effet, voir ses lignes de chemin de fer de l'Inde rejoindre celles de la Chine et ne faire qu'un grand tronçon direct de Bombay à Changhai.

CHAPITRE XVII

I. — Nul pays plus que la Chine, à mon sens, ne pratique le système des associations, associations de parenté, d'intérêts, de professions, voire de non-professions, puisque les mendiants eux-mêmes sont associés. Les associations de parenté sont des réunions des gens portant le même nom de famille et unis pour défendre leurs intérêts familiaux et de clan. Les corporations d'ouvriers se réunissent pour délibérer sur tout ce qui intéresse leur métier ; celles de négociants sur tout ce qui regarde leur commerce : prix courants, taux des salaires, célébration des fêtes de leurs patrons. Mais les plus intéressantes sont les associations de gens de la même province vivant dans une autre province ; dans toutes les grandes villes de l'Empire, souvent même dans des villes de moindre importance mais où il se fait un certain commerce, les voyageurs et les marchands d'une même province, qui parlent le même dialecte, observent les mêmes usages et ont les mêmes intérêts construisent un local plus ou moins vaste, plus ou moins riche, suivant leurs ressources ; ils s'y rassemblent pour traiter de leurs affaires, prendre une tasse de thé et de temps en temps donner des fêtes. Si des compatriotes de la même province se trouvent de passage, sans logement, sans hôtel, ils trouvent là le gîte et le couvert, et les malheureux sont toujours certains d'y être secourus. Quelques-unes de ces maisons ou *houei kouan* (maison de l'assemblée, club, pourrait-on dire) sont réellement très luxueuses ; dans les grandes villes comme Changhai, Hankeou, ce sont de vastes bâtiments bien aménagés à l'intérieur, et où les chambres sont ornées de peintures et de sculptures souvent jolies. A Hankeou notamment, le houei kouan du Chen-Si-Kansou est peut-être le plus beau monument de la ville.

Toutes ces associations sont, bien entendu, absolument pacifiques ; cependant, dans telle circonstance où l'autorité leur semble avoir dépassé ses droits, elles ne craindront pas de résister, et elles triompheront souvent du mauvais vouloir des mandarins. Jamais cependant elles ne susciteront ni révolte ni querelle sans motifs, et elles feront toujours entendre tranquillement mais fermement leurs réclamations à l'autorité.

Il n'en est pas de même des sociétés secrètes qui, à l'abri de rites impénétrables, et dans un but religieux en apparence, mais politique en réalité, ont souvent menacé l'existence de l'Empire. La Chine est le réceptacle des sociétés secrètes : conspirateurs, fanatiques, mécontents, ambitieux, malfaiteurs, tout ce monde se réunit sous la bannière de diverses sociétés redoutables, en dépit de leurs noms inoffensifs. La plus ancienne est celle du « Nénuphar blanc » (Pei lien kiao) qui aurait, d'après ses adeptes, deux mille ans d'existence. Chaque postulant est soumis à un serment avant d'y être admis : il jure de croire et de pratiquer au prix de son sang et de sa vie tout ce qui lui sera enseigné ou commandé, et il se voue, s'il venait à être parjure, à la mort et à la malédiction éternelle des frères. Beaucoup de femmes font partie de cette société ; celle-ci a sa hiérarchie, tout comme la franc-maçonnerie en Europe, à laquelle elle ressemble d'ailleurs en tant qu'organisation ; elle possède des *experts dans les rites, des sous-préfets, des docteurs de la loi, un président de la justice* ; enfin le chef suprême porte le nom de *Wouang, le roi.* Dans chaque province elle a des maisons de réunion, et si les femmes y ont accès, du moins ne sont-elles pas admises aux dignités et aux emplois.

Le Pei lien kiao, au commencement de ce siècle, alluma l'incendie et provoqua la révolte dans une partie de l'Empire sous le règne de Kia-King (1796-1821), et pendant dix ans résista à ses troupes. La société de la Triade ou des Trois points (San tien houei) est du même genre. C'est elle qui, au début, prêta son appui à la fameuse insurrection des Taiping qui prit naissance dans la province du Kouang-Si vers 1850, sous la direction d'un certain Hong-Sieou-Tsouen, et qui s'étendit comme une traînée de poudre sur la Chine entière, principalement dans les provinces bordant le Yang-Tseu-Kiang. Ce Hong-Sieou-Tsouen fut-il un illuminé ou joua-t-il l'illuminé pour s'attirer des disciples ? Toujours est-il qu'il exerçait sur eux un charme qui les entraîna loin. Il était lui-même fils d'un fermier et était né en 1813. En 1833 il essaya de passer un examen à Canton, mais il fut refusé. Pendant qu'il résidait dans cette dernière ville, il eut l'occasion d'avoir entre les mains un certain nombre de brochures sur le christianisme, mais il négligea de les lire. Désespéré de son échec aux examens, il tomba malade et crut voir dans son délire un homme qui lui remit un sabre pour combattre et détruire tous les êtres humains qui s'étaient écartés de la bonne voie. Ce songe devait avoir une grande influence sur sa vie future.

Vers 1843 il se présenta de nouveau aux examens ; mais il fut une seconde fois refusé ; c'est alors qu'il se décida à lire les brochures chrétiennes, pétits tracts protestants, qu'il avait depuis si longtemps en sa possession. Il y vit une corrélation avec le songe qu'il avait eu, et se crut dès lors destiné à être le souverain de la Chine. Il imagina une sorte de christianisme spécial et se mit à détruire les idoles ; il prêcha et convertit un nommé Yun-Chan. Ce dernier obtint un brillant succès et en peu de temps fit deux mille convertis. Tous deux préparaient en silence leurs plans de révolte ; mais les choses, malheureusement pour eux, furent brusquées par les mandarins eux-mêmes, qui voyaient d'un mauvais œil les réunions provoquées par les deux amis.

Alors commença la destruction des temples, la lutte contre l'autorité. Deux commissaires, Sai-Song a et Ta-Hong a furent désignés pour réprimer la révolte ; mais les troupes impériales furent battues partout ; les Taiping s'emparèrent de Nankin en 1853, et en firent leur capitale.

II. — Cette rébellion des Taiping est l'une des plus sérieuses et des plus longues qui aient éclaté en Chine dans les temps modernes, et les provinces de la vallée du

Mandarins en grand costume.

Yangtseu ont eu particulièrement à en souffrir. Le premier acte de révolte fut, en 1850, la prise de la petite ville de Lien-Tcheou, dans le Kouang-Si, que les rebelles fortifièrent ; mais ils s'aperçurent bien vite que cette place ne leur serait d'aucune utilité et ils l'abandonnèrent pour occuper Tai-Tsoun. L'ordre et la discipline qui au début régnaient parmi les Taiping attirèrent dans leurs rangs de nombreux adhérents, et notamment les chefs de la société *Les trois points*. Ces derniers, cependant, ne restèrent pas longtemps des alliés fidèles ; car ils n'avaient pas pour but, comme les Taiping, de renverser la dynastie régnante.

C'est à Tai-Tsoun que Hong-Sieou-Tsouen lança ses premières proclamations comme fils du Ciel ; il s'empara ensuite de la ville de Yan-Ngan et essaya de marcher sur la capitale du Kouang-Si, Kouei-Lin, d'où il fut repoussé par les troupes impériales et qu'il renonça à occuper ; il détourna ses troupes vers le Hounan et s'empara d'une place forte qui lui donnait le commandement de toute la région arrosée par la rivière Siang. Il parvint très rapidement à Tchang-Cha-Fou et de là envahit le Yang-Tseu-Kiang. Ayant, en effet, essayé en vain pendant trois mois de prendre la ville murée de Tchang-Cha, il la laissa derrière lui après avoir ravagé et dévasté le pays aux environs et, franchissant le lac Tong-Ting, il lança ses bandes sur Wou-Tchang et Han-Yang qui furent occupées sans grande résistance. Rien alors ne s'opposa plus aux progrès des Taiping ; poursuivant leur chemin le long du grand fleuve, ruinant tout, détruisant tout sur leur passage, ils s'emparèrent de Ngan-Kin (province du Ngan-Houei) et de Kieou-Kiang (province de Kiang-Si) et finalement, le 8 mars 1853, ils entrèrent dans Nankin dont, ainsi que je l'ai mentionné plus haut, ils firent leur capitale.

Les succès des Taiping avaient été extraordinaires; il est vrai de dire que les troupes impériales, mal conduites et sans organisation aucune, n'opposaient qu'une bien faible résistance aux insurgés. Hong, en effet, put envoyer plusieurs milliers d'hommes à la conquête de Pékin, et cette armée arriva près de Tien-Tsin, après avoir battu toutes les troupes impériales envoyées contre elle, et avoir en six mois traversé quatre provinces, pris vingt-six villes, semé la ruine et la famine partout où elle passait.

Cependant Pékin ne fut pas pris et les rebelles regagnèrent le Yangtseu en 1855, après avoir tout saccagé autour de la capitale. La division s'était mise dans leurs rangs, et ils s'étaient forcément affaiblis; ils pouvaient se battre et conquérir, non organiser, et ils n'avaient rien à mettre à la place du système de gouvernement qu'ils prétendaient renverser. Un an après leur retour dans le Yangtseu, ils ne possédaient plus que Nankin et Ngan-King, où ils étaient assiégés par les troupes impériales. Ils firent cependant, le 6 mai 1860, un nouvel effort, battirent leurs assiégeants, les dispersèrent et allèrent s'emparer de Sou-Tcheou dont ils massacrèrent la population avec la plus atroce barbarie. Ils s'avancèrent alors sur Changhai qui, grâce aux Européens, fut hors de leur atteinte.

C'est alors que le gouvernement impérial, sentant son impuissance et sa faiblesse vis-à-vis des rebelles, demanda l'assistance des Européens pour venir à bout des Taiping. Un américain, nommé Ward, réunit une petite armée et reprit Song-Kiang, près de Changhai ; il fut tué dans la bataille, mais un compatriote prit sa succession dans le commandement de la petite armée qui, à cause des prouesses accomplies par elle fut surnommée : *l'armée toujours victorieuse*. Il fallait en finir ; le colonel anglais Gordon fut chargé de poursuivre les insurgés ; en juillet 1864 il réoccupait Nankin et, dans l'espace d'un an, les Taiping chassés de partout se débandèrent et n'offrirent plus aucune résistance. La révolte était réprimée.

Neuf provinces avaient été ruinées ; des millions de vies humaines avaient été sacrifiées. Les Taiping étaient vaincus mais non les sociétés secrètes ; et on le vit bien, il y a dix ans, lorsqu'en 1900 la société des Boxeurs (Yi-Kiuen-Houei) voulut recommencer à Pékin ce que les Taiping avaient fait à Nankin. (Il est vrai qu'ici ils étaient soutenus, non combattus par le gouvernement, lequel d'ailleurs aurait été culbuté s'ils avaient réussi.)

Ces sociétés ont des rites secrets inconnus aux simples mortels, et les grands chefs font croire aux adeptes une foule de stupidités et d'insanités très bien acceptées par les âmes naïves. Ainsi les chefs boxeurs avaient persuadé à leurs troupes qu'elles étaient invulnérables à la suite de certaines incantations et de certaines cérémonies, et qu'elles pouvaient se présenter sans crainte aux coups de fusils ! Leur persuasion a dû être de courte durée ; mais à l'époque de la révolte, on citait à Pékin des faits de ce genre : des soldats boxeurs s'étaient exposés bénévolement au feu de leurs camarades, les uns et les autres convaincus que les balles s'aplatiraient sur leurs poitrines ; et la mort des uns était expliquée par les autres d'une façon toute naturelle : ils n'avaient pas procédé aux incantations selon les rites.

Parmi les autres sociétés politiques on peut citer le Tsaï-Li-Houei (société de l'idéal), moins connu que les deux autres ; le Ko-Lao-Houei (les vieux frères) qui fit tant de mal dans le Yang-tseu en 1890 et 1893-95 ; les Tchang-Tao-Houei (les longs couteaux).

Comme confrérie religieuse, on remarque le Yen-Wouang-Houei ou Confrérie du roi des enfers, qui est en même temps une espèce de société musicale ; on n'accepte, en effet, comme adeptes que ceux qui ont quelques notions de musique vocale ou instrumentale. Il s'agit en effet, aux jours de fêtes de jouer de toutes sortes d'instruments afin d'adoucir à l'égard des morts le caractère féroce de Yen-Wouang, le roi des enfers. Les principaux instruments sont le tambour et la flûte et l'ensemble produit une cacophonie des plus remarquables.

Parmi les sociétés dont le but est utile ou humanitaire, je citerai : les sociétés de sauvetage (Fou-Che-Houei), les sociétés de pompiers (Ho-Houei) et la confrérie pour récolter les ossements abandonnés et leur donner une sépulture (Yen-Ko-Houei).

L'une des sociétés philanthropiques les plus parfaites qu'ait connues la Chine, et dont l'origine remonte, dit-on, à Confucius, est celle du Magnolia ou Yu-Leng-Houei. Elle a perdu son principal caractère qui était de protéger l'innocence des enfants, de les encourager dans la pratique des vertus et de leur inculquer le respect de l'autorité, la piété filiale et l'amour du foyer. Chaque ville, chaque village avait son petit groupe, et on enseignait aux jeunes associés la musique et les jeux récréatifs et innocents. La grande fête avait lieu chaque année le quatrième jour de la septième lune ; les enfants revêtus de leurs habits de fête, accompagnés de leurs parents, donnaient au public une représentation de jeux et de courses, de prestidigitation et d'adresse. Actuellement la société n'existe plus, le nom seul reste, et il couvre une société secrète de gens sans aveu adonnés à tous les vices.

J'ai parlé de la société des mendiants ; c'est bien l'une des plus ennuyeuses et des plus répugnantes qui existent en Chine. Quel est l'Européen ayant vécu dans ce pays qui n'a pas remarqué dans les rues ces bandes de bancals, de bossus, d'aveugles, d'estropiés, déguenillés, traînant leurs loques et poursuivant le passant jusqu'à ce qu'il ait versé son obole, infectant les rues et poussant des cris lamentables. Jamais spectacle plus navrant n'a frappé mes yeux, surtout quand je voyais de malheureux enfants, presque nus, traînés par leurs pitoyables parents ou mendiant au coin d'une rue, dans la boue glacée, sous l'œil indifférent des passants. Que de fois ai-je dû enjamber un cadavre absolument nu dans la rue la plus fréquentée de Hankeou, et voir le cadavre rester là trois ou quatre jours sans que personne s'en occupe ou y fasse attention ! Oh ! que la Chine a donc encore de progrès à faire au point de vue de l'humanité et de la charité ! Tous ces beaux noms de société philanthropique ne couvrent aujourd'hui qu'un égoïsme immense ; en était-il ainsi dans la Chine d'autrefois ? Est-ce la décadence de l'Empire qui est la cause de ces horreurs ?

Les voleurs eux-mêmes ont leur association, et elle est si bien admise que les paisibles bourgeois s'assurent contre les risques en payant tribut au chef. Malheur à celui

qui ne consent pas à servir de rente régulière à ces ban-
dits : sa maison est connue et, tôt ou tard, lors d'une
occasion propice elle sera cambriolée.

III. — C'est sur cette esquisse de la vie sociale que
j'arrêterai cette étude du bassin du Yangtseu. Pour le
moment, cette partie de la Chine n'est guère intéressante
que pour le négociant, l'homme d'affaires. Le voyageur,
le touriste y sont rares, et pour cause. C'est que depuis
Changhai jusqu'à Hankeou et Itchang, la nature est triste
et monotone : vastes plaines sans horizon, rivières jaunâtres, ne sont point faites pour éveiller l'admiration, et
c'est seulement dans la Chine occidentale que l'on pourrait
trouver des paysages d'un caractère vraiment attrayant,
tantôt grandioses comme dans les gorges du Yangtseu
et les montagnes du Kouei-Tcheou et du Yunnan, tantôt
gracieux et élégants comme dans les plaines du Sseu-
Tchuen. Mais pour atteindre ces régions les moyens de
communication manquent, et les rares voyageurs qui les
ont parcourues étaient pour ainsi dire de véritables explorateurs. J'ai fait moi-même plus de 2.000 kilomètres à
pied et à cheval dans la Chine occidentale, et je sais par
expérience ce que c'est que de marcher sur des routes
défoncées, sur des sentiers de chèvres et quelquefois dans
les lits des torrents pour arriver dans quelque auberge
infecte où souvent on ne trouve pas une poignée de riz et
une botte de paille propre !

Aussi faudra-t-il attendre encore quelques années, de
nombreuses années peut-être, avant que la Chine ne soit,
comme le Japon ou les Indes, un pays fréquenté par les
excursionnistes ; il faut attendre les chemins de fer avant
qu'il ne s'élève des hôtels confortables pour recevoir les

voyageurs sur les cimes du mont Omei ou sur les hauteurs de Tali-Fou, comme il y en a à Nikko ou à Dardjeeling. Ce temps-là arrivera sans nul doute, mais ce sera la génération suivante qui le verra; nous, vieux résidents de la Chine ancienne, nous ne faisons que l'entrevoir en rêve.

INDEX ALPHABÉTIQUE

---

*Signification des principaux mots chinois usités
dans le langage géographique :*

Li, mesure de distance (500 mètres environ); *Fou*, préfecture ; *Chien*, sous-préfecture dépendant d'un Fou ; *Tcheou*, sous-préfecture dépendant du gouverneur de la province ; *Ting*, sous-préfecture frontière ; *Chan*, montagne ; *Kiang*, fleuve, rivière ; *Ho*, id ; *Hou*, lac ; *Hai*, mer.

A

Atien-Tseu, 196, 232.
Allemands, 117.
An-Houa, 159.
Anglais, 34, 117.
Amherst (lord), 34.
Amoy, 34.

B

Belges, 118, 120.
Birmanie, 195.
Bubbling well, 64.

C

Canton, 34.
Cha-Che, 145, 146.
Chai-Yang, 159.
Chang-Kouan, 229.
Chang-Chou-Long, 152.
Changhai, 3, 34, 241.
Chan-Toung, 14, 35.
Chao-Hing, 79.
Chen-Si, 3.

Cheng-Siuen-Hoai, 74.
Che-Nan-Fou, 124.
Che-Lieou-Hong, 147.
Chia-Kwan, 89, 229.
Compagnie des Indes, 36.
Confucius, 26.

F

Fa-Pou, 49.
Fan-Tcheng, 132.
Feung-Chien, 152.
Feung-Chouei, 27.
Foutai, 50.
Fou-Tcheou, 34.
Français, 117, 271, 272.

H

Han, 3, 196.
Hankeou, 3, 114, 115 et
  suiv., 241.
Han-Yang, 3. 114, 115.
Han-Lin, 118.
Hang-Tcheou, 76.
Heng-Tcheou, 153.
Hiue pou, 49.

Hoa che, 40, 41.
Hollandais, 34.
Ho-Kien, 225.
Hong-Sieou-Tsouen, 289.
Hong-Kong, 140.
Hong-Wou, 89.
Houang-Pou, 59.
Hou-Kouang, 113, 114.
Hounan, 2, 14, 153.
Houpe, 2, 14, 114.

I

Itchang, 4, 6, 146-148.

J

Japonais, 122, 123.

K

Kaolin, 40.
Kan-Kiang, 3, 109.
Kan-Tcheou-Fou, 43.
Kai-Feung, 90.

TABLE DES MATIÈRES

CHAPITRE V

CHAPITRE VI

CHAPITRE VII

CHAPITRE VIII

E. GREVIN — IMPRIMERIE DE LAGNY

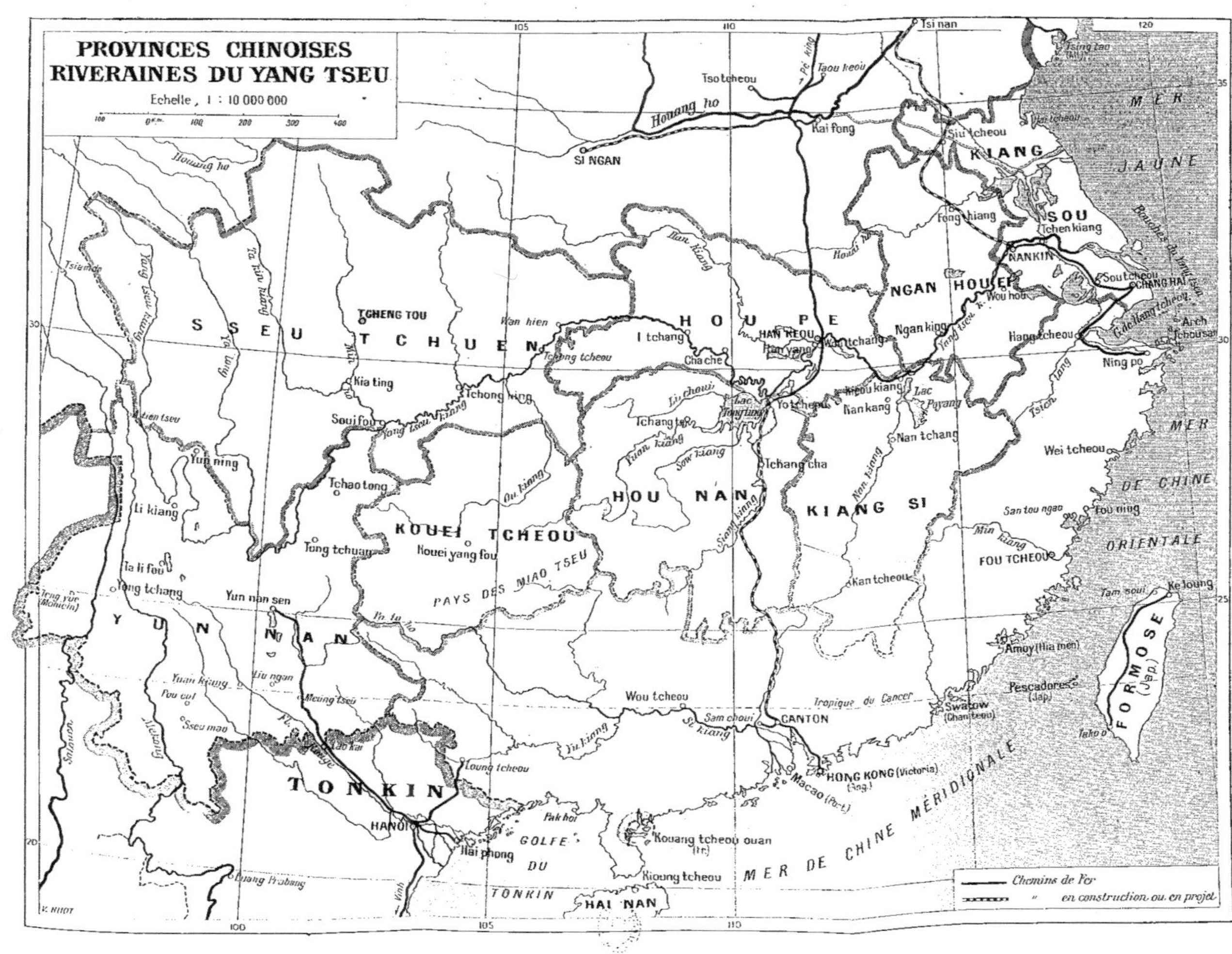

PROVINCES CHINOISES
RIVERAINES DU YANG TSEU
Echelle, 1 : 10 000 000
100 0km 100 200 300 400
Chemins de Fer
" en construction ou en projet
Houang ho
Tso tcheou
SI NGAN
Kai fong
Tsi nan
Pé king
Tsou keou
Siu tcheou
KIANG
SOU
Fong kiang
Tchen kiang
NANKIN
NGAN HOUEI
Wou hou
Sou tcheou
CHANG HAI
C. de Kiang tcheou
Arch. Chousan
MER JAUNE
Wei tcheou
Bouches du Yang Tseu
TCHENG TOU
Wan hien
I tchang
HOU PE
Han yang
HAN KEOU
Wan tchang
Ngan king
Han tcheou
Ning po
SSEU TCHUEN
Tchong tcheou
Cha che
Kia ting
Tchong king
Souifou
Yong Tseu kiang
Liu tcheou
Tchang te
Lac Tongting
Yo tcheou
Nan kang
Kieou kiang
Lac Payang
Tseu
Tang
MER
DE CHINE
Yun ning
Tchao tong
Ou kiang
Tchang cha
HOU NAN
Sin kiang
Nan tchang
KIANG SI
San tou ngao
Fou ning
Li kiang
KOUEI TCHEOU
Kouei yang fou
Yuan kiang
Sow kiang
Min kiang
FOU TCHEOU
ORIENTALE
Tong tchuan
Ta li fou
PAYS DES MIAO TSEU
Kan tcheou
Tong tchang
Yun nan sen
Pa ta ho
Tam soui
Ke loung
Teng yue (Momein)
YUN NAN
Amoy (Hia men)
FORMOSE (Jap.)
Liu ngan
Yuan kiang
Pou cul
Sseu mao
Meung tseu
Wou tcheou
Tropique du Cancer
Sam choui
CANTON
Swatow (Chanteou)
Pescadores (Jap.)
Iako
Lao kai
Si kiang
Loung tcheou
Yu kiang
HONG KONG (Victoria) (Ang.)
Macao (Port.)
MER DE CHINE MÉRIDIONALE
TONKIN
HANOI
Pak hoi
Kouang tcheou ouan (Fr.)
Hai phong
GOLFE DU TONKIN
Kioung tcheou
MER DE CHINE MÉRIDIONALE
Luang Prabang
Vinh
HAI NAN
Salouen
Ménam
V. HIIOT
Houang ho
Ta kiu kiang
Tsiamo
Nan kiang
Houei

LIBRAIRIE ORIENTALE ET AMÉRICAINE

LE P. S. COUVREUR

Dictionnaire Français-Chinois. Nouvelle édition. Un
fort volume in-8°, broché . . . . 40 »
Même ouvrage, relié . . . . 45 »

LE P. L. WIEGER

Bouddhisme Chinois. Tome I : Vinaya ; Monachisme
et Discipline. Un volume in-8°, broché . . . . 12 »

ANTOINE CABATON
*Ancien Membre de l'École Française
d'Extrême-Orient,
Chargé de cours à l'École des Langues Orientales*

Les Indes Néerlandaises. Un volume in-8° broché, avec
carte . . . . 8 »

M. GAUDEFROY-DEMOMBYNES
Professeur à l'École des Langues Orientales

Les Cent et Une Nuits. Traduites de l'Arabe. Un volume
in-8°, broché . . . . 8 »

G. MASPERO
*Membre de l'Institut,
Professeur au Collège de France,
Directeur général du Service des Antiquités du Caire*

Ruines et Paysages d'Égypte. Un volume in-8°,
broché 6 50

MARCEL DUBOIS
*Professeur de Géographie Coloniale à la Sorbonne,
Président de la Société d'Économie politique nationale,
Membre du Comité de la Ligue Maritime française*

La Crise Maritime. Un fort volume in-8° écu, broché
(*Bibliothèque des Amis de la Marine*) . . . . 6 »

MARCEL A. HÉRUBEL
*Docteur ès sciences,
Professeur à l'Institut maritime*

Pêches Maritimes d'autrefois et d'aujourd'hui.
Un volume in-8° écu, broché (*Bibliothèque des Amis de la
Marine*) 6 50

2967. — Paris. — Imp. Hemmerlé et Cⁱᵉ. — 2-11.

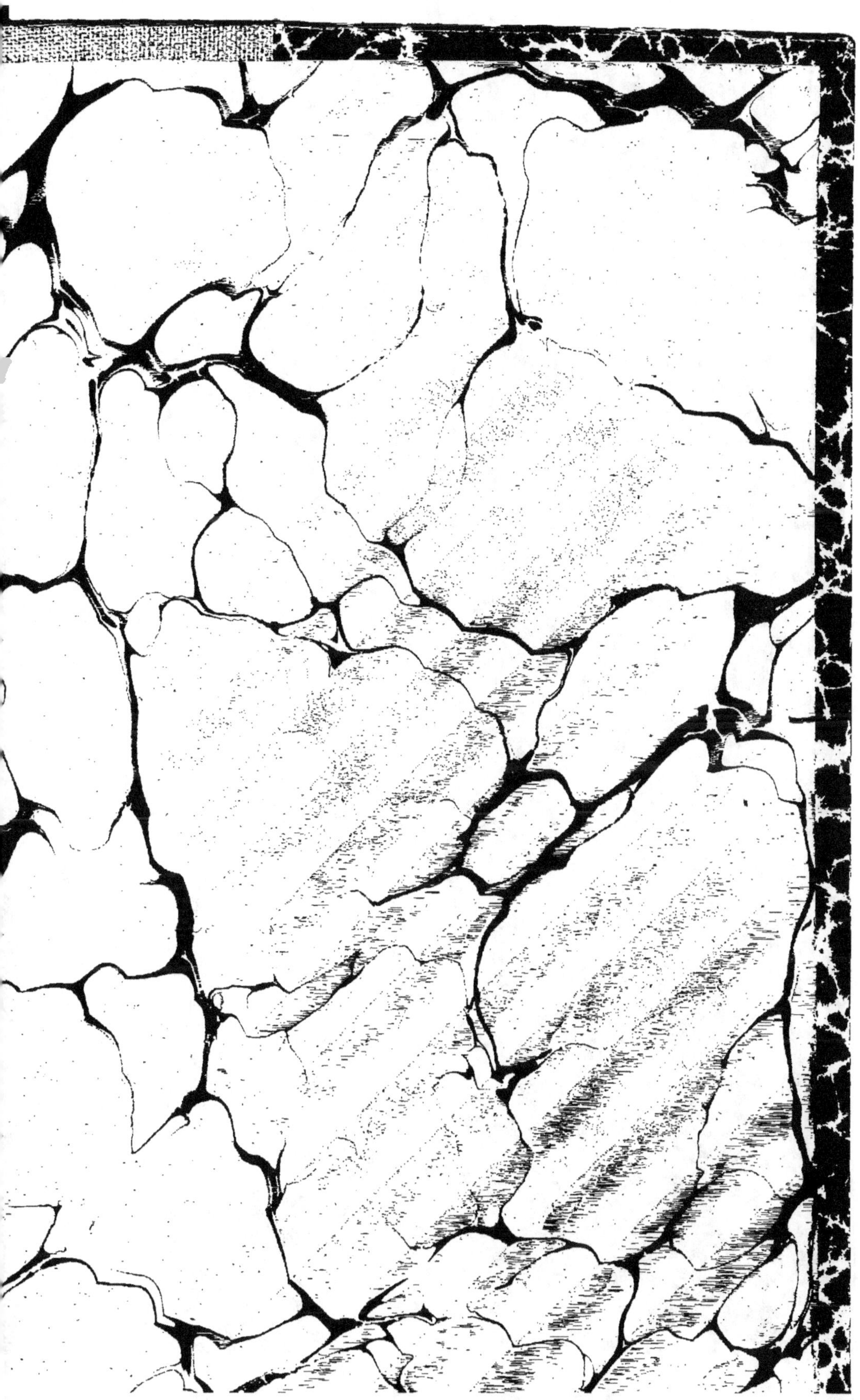

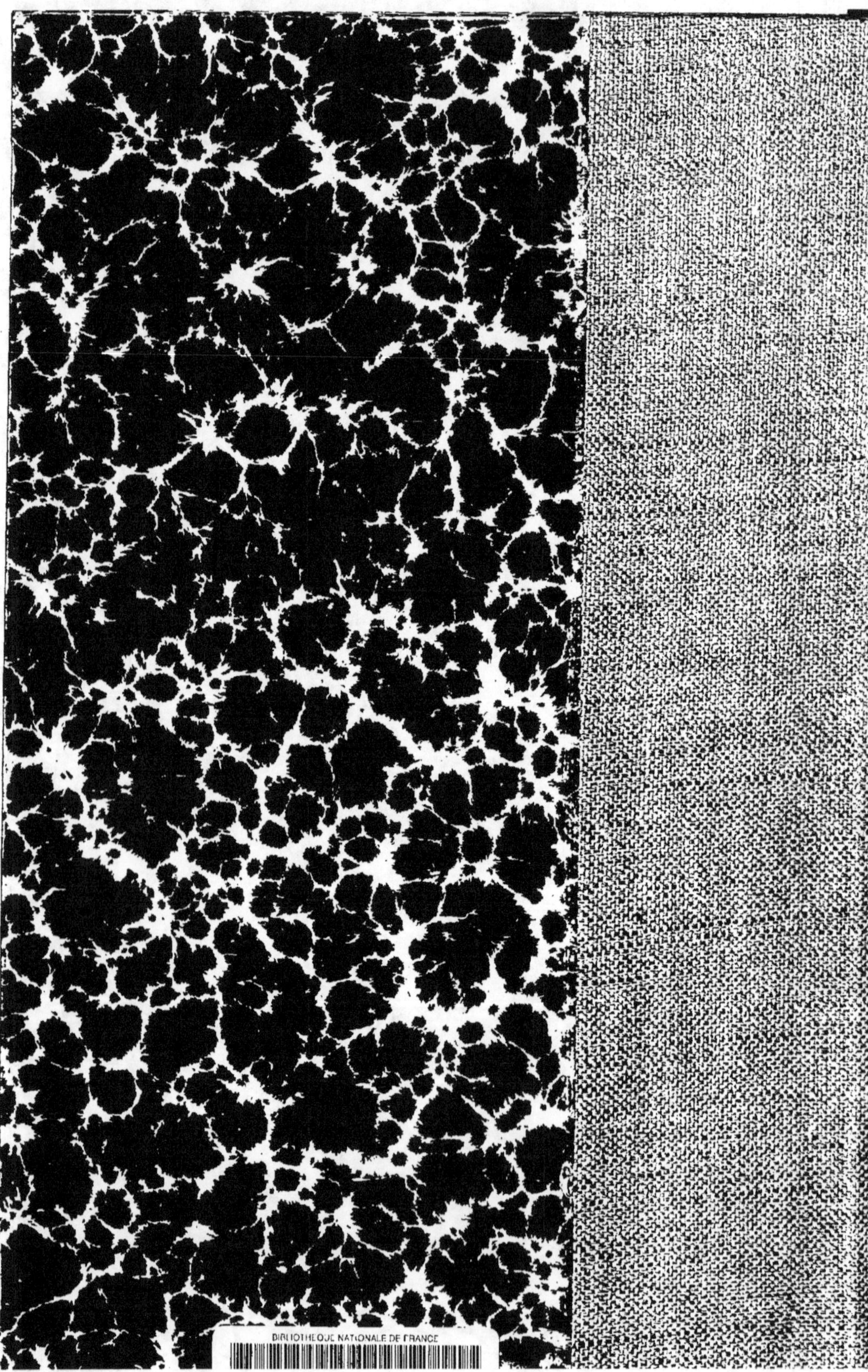
BIBLIOTHEQUE NATIONALE DE FRANCE

www.ingramcontent.com/pod-product-compliance
Lightning Source LLC
Chambersburg PA
CBHW051234050726
47594CB00001B/160